2017 上海服务业发展报告

2017 ANNUAL REPORT ON SHANGHAI SERVICE INDUSTRY DEVELOPMENT

上海市商务委员会　编著
Shanghai Municipal Commission of Commerce

上海科学技术文献出版社
Shanghai Scientific and Technological Literature Press

图书在版编目（CIP）数据

2017上海服务业发展报告 / 上海市商务委员会编著．—上海：上海科学技术文献出版社，2018
（2017上海商务发展系列报告）
ISBN 978-7-5439-7655-9

Ⅰ．①2…　Ⅱ．①上…　Ⅲ．①服务业—经济发展—研究报告—上海—2017　Ⅳ．①F726.9

中国版本图书馆CIP数据核字(2018)第127881号

责任编辑：祝静怡

2017上海服务业发展报告
2017 SHANGHAI FUWUYE FAZHAN BAOGAO
上海市商务委员会　编著
出版发行：上海科学技术文献出版社
地　　址：上海市长乐路746号
邮政编码：200040
经　　销：全国新华书店
印　　刷：常熟市华顺印刷有限公司
开　　本：787×1092　1/16
印　　张：19.5
字　　数：354 000
版　　次：2018年8月第1版　2018年8月第1次印刷
书　　号：ISBN 978-7-5439-7655-9
定　　价：48.00元
http://www.sstlp.com

编审委员会

顾　　问：周　波

主　　编：尚玉英

副 主 编：殷　欧　吴星宝　钟晓敏　申卫华　刘　敏
杨　朝　张国华　桑　琦　徐文杰　李　泓

编委成员：徐士良　盛弘彦　郑步芬　周　岚　陈晓明
朱文群　李子顺　孔福安　刘　炜　李　磊

组织编写：朱　桦　盛弘彦　俞　玮

编写成员：俞　玮　马薇薇　杨海霞　诸红亮　柳菁华　杨震华
朱冰心　杨　珞　叶庆双　仲国栋　廖　涛

翻　　译：马薇薇　单佳灵

研究单位：上海市商务发展研究中心

合作单位：上海市各区商务(经济)委员会

前　言

2016年是“十三五”规划的开局之年，是上海按照当好全国改革开放排头兵、创新发展先行者的要求，着力推进创新驱动发展、经济转型升级的关键之年。为全面反映2016年度上海市商务发展情况，加快推进政府职能转变和信息公开，上海市商务委员会组织编写“2017上海商务发展系列报告”。本书作为上述系列报告之一，上海市商务委员会有关处室、上海各区商务委员会、部分企业提供了基本素材，由上海市商务发展研究中心承担具体的编撰工作。报告在分析2016年上海服务业发展状况与趋势的基础上，汇总2017年上海推进服务业的政策支持重点，对生活性服务业、部分生产性服务业、服务业管理和创新、上海各区服务业发展情况等进行了介绍。

2016年，上海服务业呈现出总体平稳、结构优化、稳中提质的良好态势。2016年，上海第三产业增加值实现19 663亿元，比上年增长9.6%，增速分别高出第二产业和全市经济8.4个和2.7个百分点。第三产业增加值占上海市生产总值的比重为69.8%，比2015年提高2.4个百分点，对全市经济增长的贡献率达到94.7%。2016年，上海服务业产业结构持续优化升级，服务业重点领域平稳增长，金融业增加值比上年增长12.8%；信息传输、软件和信息技术服务业增加值比上年增长15.3%。服务业中的新技术、新模式、新业态、新产业发展态势良好，电子商务交易额达到20 049亿元，比上年增长21.9%；平台经济交易额18 400亿元，比上年增长14.1%。2016年，中国（上海）自由贸易试验区（以下简称“自贸试验区”或“自贸区”）聚焦制度创新和复制推广，改革开放效益进一步显现，带动上海国际贸易中心建设加快推进。上海全年商品销售总额首次突破 10 万亿元，达 100 793 亿元，比上年增长 7.9%；社会消费品零售总额达 10 947 亿元，比上年增长 8.0%；举办各类展会 880 个，总展出面积1 605 万平方米，比上年增长 6.2%；对外贸易回稳向好，全年货物进出口 28 664 亿元，增长 2.7%，规模居全国各城市首位；服务进出口 2 019 亿美元，增长2.6%。商业对经济增长的贡献继续保持领先，全年完成商业增加值 4 420 亿元、商业税收 1 763 亿元、商业固定资产投资 577 亿元。消费成为经济增长的重要动力，社会消费品零售总额增速分别超过固定资产投资总额和货物出口 1.7 个和 8.5 个百分点，对全市经济稳增长起到了“压舱石”和“稳定器”的作用。2016 年，《上海市服务业发展“十三五”规划》《“十三五”时期上海国际贸易中心建设规划》等“十三五”期间上海服务业相关规划正式发布，为未来服务业发展提供了重要指引，服务业领域进一步深化改革创新，发展环境不断优化。随着《中国(上海)跨境电子商务综合试验区实施方案》《上海市推进“互联网＋”行动实施意见》等发布，电子商务发展制度环境日趋成熟；上海作为国家内贸流通体制改革发展综合试点成果斐然，9 项试点成果纳入全国可复制推广经验清单，现代市场体系建设日趋完善；上海开通商务诚信公众服务平台，信用信息覆盖近 6 万家企业，商务诚信建设取得突破。

2017 年是我国全面深化改革实施“十三五”规划的重要一年，是党的十九大召开和贯彻之年，以习近平新时代中国特色社会主义思想为指导，推进供给侧结构性改革的深化之年。在统筹推进“五位一体”总体布局和协调推进“四个全面”战略布局的引导下，上海服务业进一步深化改革，扩大开放，推进自贸试验区新一轮发展，积极促进服务业创新提质，增强服务经济发展新动能。2017 年，上海服务业在国内外宏观环境趋于改善的形势下，保持稳中向好，服务业的经济地位有望继续巩固，服务业总量规模进一步扩大，增幅约 7%，增加值占全市比重约 70%。一是依托上海“四个中心”联动发展，发挥自贸试验区先行先试的优势，促进金融、贸易、航运等领域的进一步改革开放，提升重点领域服务业能级；二是科技创新中心加快建设，新技术应用推动服务业创新能力不断增强，服务业进一步呈现智能化、个性化、定制化趋势，服务业结构向中高端迈进；三是在创新、协调、绿色、开放、共享的发展理念指引下，服务业以标志性城市空间为载体和平台，引导产业合理布局，融合共享、协调联动的服务业发展格局加快形成。

2017年，上海服务业的发展以贯彻落实新发展理念为引领、深化供给侧结构性改革为主线，围绕自贸试验区和科创中心建设两大国家战略，坚持提能级、强功能、补短板，夯实统一开放竞争有序的现代市场体系、高标准的贸易投资制度环境体系两大支撑，进一步推动服务业发展的质量和效益迈上新台阶。深化流通创新发展，加快完善现代市场体系，充分发挥流通衔接供需作用，促进流通降本增效，大力提升流通信息化标准化集约化水平。推进内贸流通领域供给侧结构性改革，深化内贸流通体制改革发展综合试点，实施市场流通创新专项行动计划，大力发展平台经济和贸易型总部，启动智慧供应链示范城市建设；完善现代市场流通治理模式，深化商务诚信体系建设，推进重点领域对接上海商务诚信公共服务平台；建设服务全国、面向国际的大宗商品市场，推动大宗商品期货和现货市场联动发展，修订并复制推广自贸试验区大宗商品现货市场交易管理规定与规则；加强食用农产品市场流通体系建设，大力发展绿色流通模式，规范提升典当、拍卖、融资租赁等专业服务业。加快建设国际消费城市，顺应消费结构升级和需求变化趋势，着力发展品质消费、时尚消费、健康消费、绿色消费、信息消费等，满足人民群众日益增长的新消费需求。引导提升商业消费供给品质，实施新消费引领专项行动计划，增强上海商业影响力、辐射力和吸引力；促进服务消费供给质量提升，实施生活性服务业提质专项行动计划，试点推动市场准入改革、监管模式创新，深化投资管理开放，落实税制和政策保障，优化新业态新模式发展环境。

编 者

2017年12月

Preface

2016 is the first year of the 13th Five-Year plan, as well as the key year of Shanghai to promote innovation-driven development and economic transformation and upgrade by acting its role of the vanguard of reform and opening up and innovative development. In order to fully reflect the development of Shanghai commerce and trade service industry in 2016, to accelerate transformation of government functions and to promote government information disclosure, Shanghai Municipal Commission of Commerce has organized the compiling of 2016 Annual Report Series on Shanghai Commercial Development. As part of the report series, this book, supported by the basic material provided by relevant sections of Shanghai Municipal Commission of Commerce, the commerce commissions of all district government in Shanghai, and some enterprises, is compiled by Shanghai Municipal Commerce Development Research Center. Based on the development and trends of Shanghai service industry in 2016, the report issues key policies in support of Shanghai service industry in 2017, and gives an introduction of consumer service industry, part of producer service industry, management and innovation of service industry and the development of service industry in all the districts in Shanghai.

In 2016, Shanghai service industry maintained a good momentum of steady growth, structural improvement and higher quality. The added value of Shanghai tertiary industry rose by 9.6% to 1.97 trillion Yuan, up by 8.4 and 2.7 percentage points compared with secondary industry growth and the city's economic growth respectively. The tertiary industrial added value accounted for 69.8% of Shanghai's GDP, which was 2.4 percentage points higher than the previous year, contributing to

94.7% of the economic growth of Shanghai. In 2016, Shanghai service industry realized continuous optimization and upgradation in industrial structure, enjoyed steady growth in key areas. The added value of the financial sector increased by 12.8% over the previous year. The added value of information transmission, software and IT services increased by 15.3% over the previous year. New technologies, new models, new formats and new industries maintained a good development momentum in the service sector. E-commerce transactions in Shanghai reached 2 trillion Yuan, up by 21.9% year-on-year. The volume of platform economics reached 1.84 trillion Yuan, up by 14.1% year-on-year. Last year China (Shanghai) Pilot Free Trade Zone focused on the system innovation and model replication to accelerate the pace of construction Shanghai into an international trade center. The total sales of commodities of the whole year broke the 10 trillion for the first time and reached 10.08 trillion Yuan, which has increased by 7.9% over the previous year. The retail sales of consumer goods reached 1.09 trillion Yuan, 8.0% against the previous year. There were 880 exhibitions held in Shanghai in 2016, and the total exhibition space rose by 6.2% to 16.05 million square metres. Foreign Trade picked up and registered steady growth. The annual import and export volume of goods rose 2.7% to 2.87 trillion, ranking first in cities across the country, while the service exports and imports volume rose 2.6% to $201.9 billion. The contribution of business to economic development maintained leading position, with business add value, business tax and business fixed-asset investment reaching 442 billion, 176.3 billion and 57.7 billion Yuan respectively. Consumption has become the mainspring of economic growth and played a role as 'ballast stone' and 'stabilizer' for the steady growth of Shanghai's economy. The growth rate of the total retail sales of consumer goods is up by 1.7 and 8.5 percentage points respectively compared with the growth of gross fixed investment and total export of goods. Such planning related to service industry like *The '13th Five-Year' plan for the development of service industry in Shanghai* and *Construction plan of Shanghai international trade center during the '13th*

Five-Year' period released in 2016, became important guidance for the development of service industry in Shanghai, thus further deepened the reform and innovation in the field of service industry and optimized the development environment. With the release of *Implementation Plan of China (Shanghai) Cross Border E-commerce Comprehensive Test Area* and *Guidelines of Shanghai to Promote the 'Internet plus' Action*, the system and environment of e-commerce are coming of age. As the comprehensive pilot city of domestic trade circulation system reform, Shanghai has achieved extraordinary accomplishments, with 9 pilot achievements on the list of replicable experiences throughout the country, which bring the modern market system to completion. Shanghai has opened business integrity public service platform, whose credit information covered nearly 60 thousand enterprisers, which achieved breakthroughs in business integrity building.

2017 is a vital year of comprehensively deepening reform and implementing the 13th Five-Year plan. It's also the year of the 19th National Congress of CPC to deepen supply-side structural reform guided by Thought on Socialism with Chinese Characteristics for a New Era. In accordance with the overall plan to seek economic, political, cultural, social, and ecological progress and the Four-pronged Strategy, the service industry in Shanghai continued to deepen reform and open wider to the outside world, promoted a new round development of the China (Shanghai) Pilot Free Trade Zone, and actively promoted innovation and quality improvement to increase new driving forces of service economy. Benefiting from the improvement of macro environment both abroad and inland, the service industry in Shanghai maintained good momentum for growth and its position in economy. Its scale is expected to further increase, and the rise may reach 7% or so while the added value accounted for 70% of the proportion of the city. The year of 2017 will start off by promoting further reform and opening up in the field of finance, trading and shipping, and improving the level of service industry in key areas through the coordinating development of Shanghai's 'Four Centers' Construction and the advantage of Shanghai

Free Trade Zones in pioneering. And this will followed by the construction of Global Hubs of Technological Innovation brings a lot of new technology, which boost the innovation capability of service industry to see an upward trend of intelligence, individuation and customization while the structure of service industry is moving towards higher end. Last but not least, under the concept of innovation, harmonization, green, openness, and sharing, service industry will take the landmark city space as carrier and platform, to speed up the realization of reasonable layout with fusion, sharing and coordination.

In 2017, guided by the new development concept and focus on deepening the structural reform of the supply side, Shanghai's service industry will concentrate on the construction of Free Trade Zone and Global Hubs of Technological Innovation which represent the national strategy, adhered to improving level, function and weak links, and consolidated the modern market system of unified, opened, competitive and orderly as well as the trade and investment environmental of high standard, to further promote the quality and efficiency of service industry to a new level. This year will also see further development of circulation innovation by accelerating improvement of modern market system and making full use of circulation as the bridge between supply and demand to reduce cost and increase efficiency so as to improve IT application, standardization and intensification of the industry. It is expected in 2017 to promote the structural reform of supply side, to deepen the comprehensive pilot of the reform and development of system of domestic trade and circulation, to implement a special action plan for market circulation innovation, to strive to develop platform economy and trade headquarters, to launch a model city of smart supply chain, to improve the governance mode of modern market circulation, to deepen the construction of business integrity system, and to promote priority areas docking with Shanghai business integrity public service platform, to build an international-oriented commodity market to serve all Nation, to promote the linkage development of commodity futures and spot markets, and to revise then replicate the regulations and rules for the management of commodity spot markets in pilot free trade zones; and to enhance the construction of circulation system for the edible agricultural products, to strive for developing green circulation pattern, regular and improve such professional services as pawn, auction, finance lease. The year of 2017 is crucial for Shanghai as an international consumption city. Tasks are as follows: first, in comply with the high level consumption structure and new demand trend by developing high-quality consumption, fashion consumption, healthy consumption, green consumption, and information consumption to meet people's growing demand for new consumption; secondly, to level up the quality of commercial consumption and implement a special action plan for leading new consumption, to enhance the influence, radiation and attraction of Shanghai commerce; lastly, to promote the high quality of service consumption by such measures as implementing the special action plan for upgrading quality, making experiments on market access reform and regulatory mode innovation, deepening the opening of investment management, guaranteeing tax system and policy, and optimizing the development environment of new mode and format.

The Compiler

December, 2017

目 录

第三篇　生产性服务业(部分)

第四篇　服务业布局

Contents

Part Three: Producer Service Industry(not all-inclusive)

Part Four: Layout of Service Industry

Case Indexing

第一篇

总　论

第一章　2016 年上海服务业发展总体概况

2016 年是“十三五”规划的开局之年，上海市深入贯彻习近平总书记系列重要讲话精神和治国理政新理念、新思想、新战略，按照当好全国改革开放排头兵、创新发展先行者的要求，主动适应经济发展新常态，坚持稳中求进工作总基调，坚持新发展理念，着力加强供给侧结构性改革，着力推进创新驱动发展、经济转型升级，完成了市十四届人大四次会议确定的目标任务，实现了“十三五”发展的良好开局。上海服务业呈现出总体平稳、结构优化、稳中提质的良好态势，为全市经济社会发展做出了新的贡献。2016 年上海服务业发展呈现出以下主要特点。

一、服务业持续增长，对总体经济的贡献持续增强

1. 服务业规模继续扩大，全面引领经济增长

2016 年，上海市服务业发展规模和增速持续扩大，成为拉动经济增长的主要动力。2016 年，第三产业增加值实现 19 662.9 亿元，比上年增长 9.6%，增速分别高出第二产业和全市经济 8.4 个和 2.7 个百分点。第三产业增加值占上海市生产总值的比重为 69.8%，比 2015 年提高 2.4 个百分点，对全市经济增长的贡献率达到 94.7%(图 1.1)。

2. 产业结构持续向好，新经济发展势头良好

2016 年，上海服务业产业结构持续优化升级，服务业重点领域平稳增长，新业态、新产业、新技术蓬勃发展。金融业实现增加值 4 765.83 亿元，比上年增长 12.8%；信息传输、软件和信息技术服务业全年实现增加值 1 647.66 亿元，比上年增长 15.3%；批发和零售业实现增加值 4 119.59 亿元，比上年增长 4.6%；房地产业实现增加值2 125.62 亿元，比上年增长 4.5%。服务业中的新业态保持良好发展态势。信息

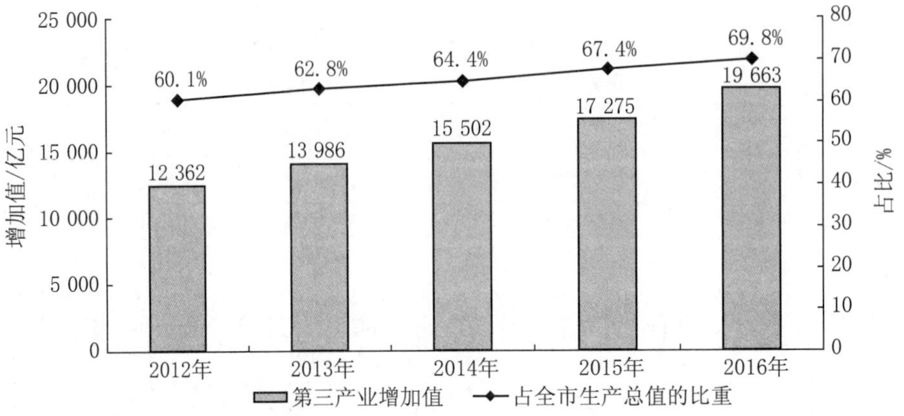

图 1.1 2012—2016 年上海市第三产业增加值及其占全市生产总值比重

服务业增加值 1 963.79 亿元,比上年增长 11.9%,电子商务交易额达到 20 049.3 亿元,比上年增长 21.9%。新产业发展势头良好,战略性新兴产业实现稳定增长。2016 年战略性新兴产业增加值 4 182.26 亿元,比上年增长 5%,其中,服务业增加值 2 374.51 亿元,增长 6.9%,战略性新兴产业增加值占上海市生产总值的比重为 15.2%(图 1.2)。

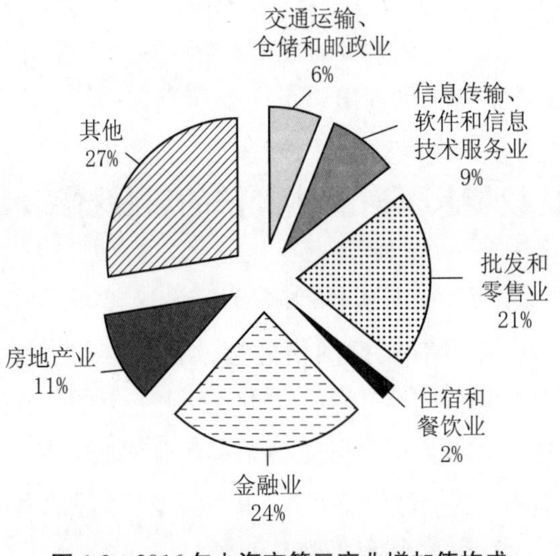

图 1.2 2016 年上海市第三产业增加值构成

3. "四个中心"建设持续深化,科创中心建设全面推进

科技创新中心建设成效显现,推进智慧城市建设。2016 年,上海继续加快实施创新驱动发展战略,加快建设具有全球影响力的科创中心,全年研发经费支出占全市生产总值的比例达 3.72%,每万人口发明专利拥有量从 2015 年的 29 件提高到 35 件,

技术合同成交额增长16.2%。科技创新能力持续增强。2016年，张江综合性国家科学中心建设方案、上海系统推进全面创新改革试验方案先后获国家批准实施，基本确立科技创新中心建设的重大布局。组建上海张江综合性国家科学中心理事会，编制张江科学城规划，启动建设上海光源二期、超强超短激光等重大科技基础设施，实施脑科学、材料基因组等重大科技项目。建设创新集聚区，推动大众创业、万众创新，各类众创空间达到500多家。科技体制机制不断创新。2016年，上海市不断完善人才发展政策，制定财政科技投入统筹管理等配套政策，科技创新中心建设的政策体系基本形成。智慧城市建设持续推进。2016年，上海市着力提升信息基础设施服务能级，光纤宽带网络和第四代移动通信网络基本覆盖全市域。实施一批“互联网+”重点行动，建成一批便民惠民信息化平台，成立数据交易中心，城市信息化应用水平进一步提高。

国际贸易中心建设持续深化，贸易功能稳步提升。2016年，上海市编制发布《“十三五”时期上海国际贸易中心建设规划》，聚焦优化贸易环境、提高贸易竞争力、扩大贸易规模、增强贸易功能等目标，提出6大任务举措和8个行动计划，明确了到2020年上海基本建成国际贸易中心的路线图和任务表。2016年，上海市场流通规模稳步扩大。全年商品销售总额突破10万亿元大关，实现100 792.84亿元，比上年增长7.9%，增速比上年加快1.5个百分点；电子商务保持较快增长，首次突破2万亿元大关，实现电子商务交易额20 049.3亿元，比上年增长21.9%；平台经济交易额1.84万亿元，比上年增长14.1%。展览业规模稳步扩大，国际化水平持续提升。全年举办各类展览会项目880个，总展出面积1 605.08万平方米，比上年增长6.2%。对外贸易回稳向好，贸易结构进一步优化。全年货物进出口28 664亿元，增长2.7%，好于全国3.6个百分点，在全国的占比由2015年的11.4%提升至11.8%，规模居全国各城市首位。服务进出口2 019亿美元，增长2.6%，在全市对外贸易总额中的比重较上年提高1.5个百分点，达31.8%。

国际金融中心建设持续推进，金融制度创新成效显著。2016年，上海实现金融业增加值4 765.8亿元，比上年增长12.8%。2016年，上海市在自贸试验区推出金融综合监管试点，实施自由贸易账户拓展等改革措施，金融制度创新框架基本形成，国际金融中心建设成效显著。上海保险交易所、上海票据交易所、中国信托登记公司正式开业，自贸试验区“国际版”大宗商品交易平台已有7家通过验收，全球清算对手方协会、中保投资有限责任公司落户，开展互联网金融风险专项整治，金融市场直接融资额近10万亿元。

国际航运中心建设稳步推进，邮轮经济增势强劲。2016年，上海积极推进国际航运中心建设步伐，上海航运保险指数发布，中远海运集团等航运机构落户上海。全年港口货物吞吐量达到 70 176.56 万吨，比上年下降 2.2%；集装箱吞吐量 3 713.31 万国际标准箱，增长 1.6%。集装箱水水中转比例为 46.5%，国际中转比例为 7.2%。上海港集装箱吞吐量连续七年位居世界第一，空港旅客吞吐量超过 1 亿人次。邮轮经济实现较高增速，2016 年，上海港接待邮轮靠泊 509 艘次，其中以上海为母港的邮轮 482 艘次。邮轮旅客吞吐量 289.38 万人次，比上年增长 76.2%。

二、 商贸业发展稳中有进，市场消费平稳增长

1. 商业规模持续扩大，消费成为经济增长重要动力

2016 年，上海商业运行总体平稳、稳中有进，全年商品销售总额首次突破 10 万亿元，达 100 793 亿元，比上年增长 7.9%，增速较上年加快 1.5 个百分点。社会消费品零售总额再次超过 1 万亿元，达到 10 947 亿元，比上年增长 8.0%。2016 年，上海商业完成增加值 4 508.57 亿元，对全市经济增长贡献率保持领先。其中，批发零售业完成增加值 4 119.59 亿元，比上年增长 4.6%，增速加快 0.3 个百分点；住宿餐饮业完成增加值 388.98 亿元，比上年增长 0.6%，呈现止跌回暖态势。上海商业增加值占第三产业增加值和全市生产总值的比重分别为 22.9%和 16%。2016 年，上海商贸业税收 1 763 亿元，占第三产业税收的 21.2%。

2016 年，在拉动上海市经济增长的“投资、出口、消费”这三大需求中，消费成为经济增长的重要动力，社会消费品零售总额增速分别超过全市固定资产投资总额和货物出口 1.7 个和 8.5 个百分点，对稳定全市经济增长起到了“压舱石”和“稳定器”的作用。

2. 商业消费持续升级，新消费引领态势凸显

2016 年，在技术进步、消费升级等因素的带动下，上海市场消费热点频现。从零售大类看，受益于平行进口汽车试点的稳步推进、新能源汽车需求的持续增长等有利影响，汽车零售额比上年增长 13.2%，其中，新能源汽车实现零售额 48.48 亿元，比上年增长 50.9%，成为汽车类商品销售额增长的主要推动力。受上海市房地产旺销影响，家具、家用电器类商品销量实现快速增长，分别比上年增长 15.0%、11.9%。从业态结构看，新兴业态引领消费增长，以网上商店为主的无店铺继续领先增长。2016 年，上海无店铺零售额实现 1 584 亿元，比上年增长 13.8%，其中，网上商店实现零售额 1 249.77 亿元，比上年增长 15.8%。据上海市商务发展研究中心(上海市商业信息中心)监测数据显示，截至 2016 年末，全市已开业城市商业综合体达 189 家，其中，商

场建筑面积10万平方米以上的有44家。全年全市城市商业综合体实现营业额达1 360亿元，比上年增长16.9%。从区域和商圈分布来看，郊区消费增速普遍快于中心城区，2016年，嘉定、金山、奉贤、青浦、崇明5个区社会消费品零售总额增速均在10%以上，成为拉动全市消费增长的重要动力；中心城区除黄浦、普陀和虹口以外，其余区的增速也在5%以上。据上海市商务发展研究中心监测数据显示：城区、郊区商圈增速快于市级商圈，8个城区商圈零售额平均增长16.8%，增速比上年同期加快13个百分点；9个郊区商圈零售额平均增长5.1%，12个市级商圈零售额平均增长1.5%。

3. 商业深化创新发展，转型升级成效显著

国际消费城市建设加快推进。2016年，黄浦、静安成为国际消费城市示范区，聚焦制度创新、功能拓展、服务提升、品牌集聚等重点，创造新供给、释放新需求。上海零售商集聚度居全球第三，国际知名高端品牌入驻率达90%，全国180个设计师和80个买手店品牌入驻上海，成为国际高端品牌、国内知名品牌聚集地和全国最大进口消费品集散地。深入实施国家境外旅客购物离境退税政策，235家退税商店开具退税单1.6万单，退税物品销售额2.4亿元，业务规模居全国第一。健全"会商旅文体"联动合作机制。2016上海购物节举办主题活动100余场，覆盖2万余家门店，销售同比增长10.2%，"魔都消费卡"注册用户突破10万人，"双十二"线下促销活动有5万家商家、300多万名市民参与。重点商圈、重点商业项目建设和改造升级加快。开展智慧商圈建设试点，三年滚动实施90项商业转型升级重点项目，涉及总投资793亿元；商圈改造升级成效显著，升级67条特色商业街区，建立特色商业街区发展联盟，打造多业态多功能融合的新型立体商业模式，上海大悦城、七宝万科广场等成为消费新地标。生活性服务业提质发展加速。启动实施家政、餐饮、美丽时尚、幸福婚庆、家电维修五大生活性服务业提质计划，长宁"互联网+生活性服务业"创新试验区"一照多址"等政策创新试点取得重要进展；开展家政持证上门服务试点，50家服务机构1.4万名从业人员获得家政上门服务证；创建"绿色餐厅"1 400多家，新建早餐示范门店31家，早餐工程企业已占全市正规早餐网点供应量的70%左右。

三、 重点服务业均衡增长，呈现持续平稳发展

1. 金融业保持稳定增长

2016年，上海市实现金融业增加值4 765.8亿元，比上年增长12.8%。截至2016年年末，全市各类金融单位达到1 473家，2016年新增各类金融单位43家。截至

2016 年年末，全市中外资金融机构本外币各项存款余额与贷款余额分别为 110 510.96 亿元与 59 982.25 亿元，分别比年初增加 6 750.32 亿元与 6 595.04 亿元。2016 年通过上海证券市场股票筹资 8 056.45 亿元，比上年减少 7.5%；发行公司债 25 547.2 亿元，比上年增长 46.7%。全年金融市场交易总额达到 1 364.66 万亿元，比上年减少 6.7%。上海证券交易所总成交金额 283.87 万亿元，比上年增长 6.6%；上海期货交易所总成交金额 84.98 万亿元，比上年增长 33.7%；中国金融期货交易所总成交金额 18.22 万亿元，比上年减少 95.6%；银行间市场总成交金额 960.15 万亿元，比上年增长 36.3%；上海黄金交易所总成交金额 17.44 万亿元，比上年增长 61.7%。

2. 信息服务业健康稳定发展

2016 年，上海市实现信息产业增加值 2 994.33 亿元，比上年增长 8.5%，信息产业增加值占全市生产总值比重达到 10.6%。其中，信息服务业增加值 1 963.79 亿元，比上年增长 11.9%，信息服务业保持稳定发展。全市光纤到户覆盖总量达 941 万户，比上年末增加 31 万户，实际使用用户数达到 515.74 万户，比上年末增加 54.62 万户。全市第三代移动通信技术（3G）和第四代移动通信技术（4G）用户总数达到 2 390.09 万户，比上年末增加 178.82 万户。开展 i-Shanghai 服务优化升级，公共场所服务场点累计开通 1 400 余处，比上年末增加近 600 处。互联网网民数 1 791 万人，互联网普及率为 74.1%。城市公共区域 WLAN 接入热点累计达 13.72 万个。互联网宽带接入用户 804.12 万户，比上年末增加 119.30 万户。数字电视用户数达 562 万户，增加 20 万户。

3. 交通运输、仓储业保持平稳增长

2016 年，上海市交通运输、仓储和邮政业实现增加值 1 237.32 亿元，比上年增长 6.3%；全年各种运输方式完成货物运输量 88 689.16 万吨，比上年下降 2.8%。旅客发送量 19 564.44 万人次，比上年增长 5.3%；全年上海港口货物吞吐量达到 70176.56 万吨，比上年下降 2.2%；集装箱吞吐量 3 713.31 万国际标准箱，比上年增长 1.6%。上海浦东、虹桥两大国际机场全年共起降航班 74.19 万架次，比上年增长 5.1%；进出港旅客达到 10 646.25 万人次，比上年增长 7.3%。2016 年，上海市完成邮政业务总量 564.25 亿元，比上年增长 46.3%；电信业务总量 1 101.73 亿元，比上年增长 41.2%。

4. 房地产业在调控中平稳发展

2016 年，上海市房地产业实现增加值 2 125.62 亿元，比上年增长 4.5%。上海市实现房地产开发投资 3 709.03 亿元，比上年增长 6.9%；商品房施工面积 15 111.24 万平方米，增长 0.1%；竣工面积 2 550.64 万平方米，下降 3.6%；商品房销售面积 2 705.69

万平方米，增长 11.3%。2016 年，商品房销售额 6 695.85 亿元，增长 31.5%，其中，住宅销售额 5 233.29 亿元，增长 21.1%。全年存量房买卖登记面积 3 398.31 万平方米，增长 28.3%。

5. 旅游业持续向好

2016 年，上海旅游产业实现增加值 1 689.7 亿元，比上年增长 6.9%，全年接待国际旅游入境者 854.37 万人次，比上年增长 6.8%；全年接待国内旅游者 29 620.6 万人次，增长 7.4%。2016 年，入境旅游外汇收入 65.3 亿美元，增长 9.6%；国内旅游收入 3 443.93 亿元，增长 14.6%。

四、发展基础进一步巩固，发展质量显著提升

1. 中国(上海)自由贸易试验区改革开放效益进一步显现

2016 年，中国(上海)自由贸易试验区聚焦制度创新和复制推广，《总体方案》和《深化方案》明确的主要试点任务有序推进并取得积极成效。开展市场准入负面清单制度试点，深化外商投资、境外投资管理和商事制度改革。截至 2016 年年末，自贸试验区"集中登记地"增至 61 处，已注册企业 21 400 户。推行"企业简易注销登记"，惠及经营者 1 289 户；推出网上预约、预登记服务，试行手机 APP"掌上预约"。截至年末，受理网上预约登记 29 448 件，企业平均等候时间缩短 2/3。截至年末，自贸试验区内共有企业 79 669 户，其中内资企业 62 365 户，涉及注册资本 41 403.62 亿元；外资企业 17 304 户，涉及注册资本 2 436.86 亿美元。

深化"三互"大通关建设改革。2016 年，自贸区在通关一体化改革试点中引入"三自一重"(自主报税、自助通关、自动审放、重点稽查)理念，建立符合高标准贸易便利化规则的贸易监管制度。2016 年内，全年受理"三自一重"报关单 5 155 单、货值 69.83 亿元、征收税款 12.04 亿元，同比分别增长 7.5 倍、3.0 倍和 3.1 倍。全年区内外贸进出口总额 7 836.80 亿元，增长 5.9%，其中出口额 2 315.85 亿元，增长 14.5%。

推出金融综合监管试点等一批实施细则和创新案例，金融制度创新框架基本形成。上海保险交易所、上海票据交易所、中国信托登记有限责任公司正式开业，自贸试验区"国际版"大宗商品交易平台已有 7 家通过验收。至年底，上海自贸试验区开设 FT 账户超过 6.34 万个，账户收支总额 5.74 万亿元。人民币跨境交易规模持续扩大，全年保税区跨境人民币境外借款 40.70 亿元，跨境人民币结算总额已达 11 518 亿元，跨境双向人民币资金池业务收支总额累计 3 520.13 亿元。

自贸试验区商务领域制度创新取得新突破。推进大宗商品、消费品、跨境电商等

平台建设，开展“仓单、提单、订单”交易试点，建成有色金属、棉花等6家面向国际的大宗商品交易中心。新加坡国际仲裁中心、国际商会仲裁院等国际商事争议解决机构在区内设立办事处。融资租赁企业准入实现了内外资一致。平行汽车进口试点解决了3C强制认证、落地保税等问题，全年有1 550辆平行进口车辆实现报关。建成国际贸易“单一窗口”，实现口岸通关的申报、查验、支付、放行、提离、运抵等业务环节全覆盖，出口退税和商务、环保等贸易许可办理，船舶申报达到99%，口岸货物申报超过80%。亚太示范电子口岸网络已有9个APEC成员经济体的12个口岸加入，推动“电子原产地证互认”“海运物流可视化”等试点项目。

2. 服务业引进外资和固定资产投资态势良好

服务业固定资产投资增长领先。2016年，上海市完成服务业固定资产投资总额5 769.11亿元，比上年增长7%，继续快于全社会投资增速，占全社会固定投资投资总额的比重为85.4%，占比比上年提高0.6个百分点(图1.3)。其中，2016年，上海市商业固定资产投资总额完成577.19亿元，比上年增长8.7%，增速较上年加快7.2个百分点；商业竣工面积为270.52万平方米。

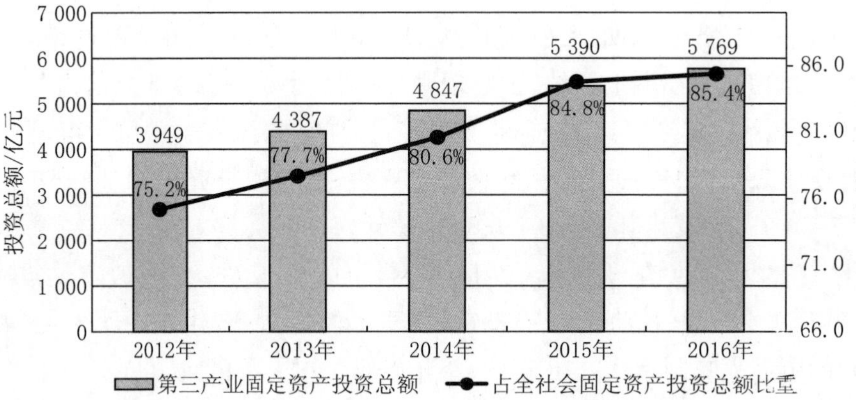

图1.3 2012—2016年上海市第三产业固定资产投资额与占全社会固定资产投资总额的比重情况

服务业引进外资保持增长，结构优化升级加快。2016年，上海市服务业利用外资稳定增长，全年服务业实际利用外资达163亿美元，增长2.5%，占全市实到外资的88.3%。从产业及行业看，以总部项目为主的租赁和商务服务业实际利用外资48亿美元，增长68.6%，成为本市利用外资第一大领域；金融服务、信息服务业实到外资快速增长，分别达到27亿美元和15亿美元，分别增长27.8%和95.7%。从国别及地区看，截至2016年底，在上海投资的国家和地区增至168个，其中前十位国家和地区合计实到外资165亿美元，占全市89.2%。欧洲对沪投资19亿美元，增长42.4%。日本对沪投资呈恢复态势，实到外资 4.9 亿美元，微降 0.9%。

2016 年，地区总部、研发项目持续增长，投资不断增加。跨国公司地区总部数量稳定增长，全年新设跨国公司地区总部 45 家，累计达 580 家，其中亚太区总部 56 家，上海作为内地跨国公司地区总部最集中的城市地位继续巩固。新增投资性公司 18 家，累计达到 330 家。新增研发中心 15 家，累计达到 411 家，其中全球研发中心 40 余家，外资成为吸引和培育全球高端创新要素的重要载体(图 1.4)。

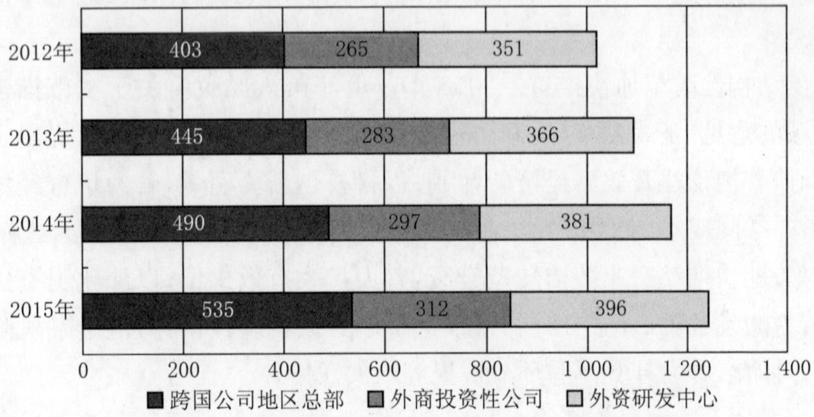

图 1.4　2012—2016 年上海市外资功能性机构数量

3. 服务业发展环境不断优化

“十三五”规划引领服务业发展。2016 年，上海市召开市政府常务会议，审议并通过《上海市服务业发展“十三五”规划》，“十三五”期间，上海将着眼于建立和完善与现代服务业相适应的体制机制，分门别类提出更具针对性的政策措施，大力推动服务业更快更好地发展。同时，上海还将加大对服务业发展的前瞻性、综合性研究，加强整体性、系统性谋划，特别注重与金融、贸易、航运等相关专业规划的有效衔接，统筹协调好各项制度安排和政策措施，继续发挥服务业促进产业结构调整、稳定经济增长、消费需求升级的基础作用。2016 年，上海市《“十三五”时期上海国际贸易中心建设规划》正式发布，提出到 2020 年基本建成具有国际国内两个市场资源配置功能、与我国经济贸易地位相匹配的国际贸易中心，基本形成商品和要素自由流动的现代市场体系，基本形成与高标准国际贸易投资规则衔接的制度体系。

电子商务发展制度环境日趋成熟。2016 年，上海市政府发布《上海市推进“互联网＋”行动实施意见》，提出“互联网＋”行动的八大举措和 21 个具体专项行动，努力实现互联网与经济社会各领域深度融合，形成有利于互联网创新的宽松制度环境，确立上海互联网发展的优势地位，形成经济发展新动力，营造互联网发展新环境，打造互联网城市新品牌。2016 年，上海市政府办公厅印发《中国（上海）跨境电子商务综合试验区实施方案》，加快建设跨境电商公共服务平台，提升服务能级，推进跨境电商园区建设，促进线下线上协同发展，集聚跨境电商企业主体，培育完整产业链，完善跨境电商监管制度，促进多种模式协同发展，加强开放合作，探索形成国际通用规则。2016 年，上海市政府办公厅印发《关于本市加强互联网领域侵权假冒行为治理的实施意见》，努力遏制互联网领域侵权假冒行为，初步形成互联网领域政府高效监管、行业自觉自律、社会高度参与的综合治理格局，规范网络交易行为，促进电子商务健康有序发展。

供给侧结构性改革加快推进。2016 年，《上海市人民政府关于本市推进供给侧结构性改革的意见》正式发布，明确了供给侧结构性改革的总体要求，提出了以制度创新为核心，着力构建开放型经济新体制；以科技创新为引领，着力培育经济发展新动能；多措并举降成本，着力减轻企业生产经营负担；加快政府管理制度创新，着力提高行政效率；加快推动产业结构转型升级，着力扩大有效供给；以深化国资国企改革为重点，着力激发各类市场主体活力；推进金融开放创新，着力防范金融风险和聚焦城乡发展一体化，着力补齐薄弱环节短板等八大任务。

现代市场体系建设日趋完善。2016 年，作为国家内贸流通体制改革发展综合试点之一，上海形成一批可复制可推广成果。围绕“流通创新、市场规则、市场治理”三大领域，完成全部 12 个方面 37 项试点任务，内贸流通领域负面清单管理模式、以商务信用为核心的现代流通治理模式等 9 项试点成果纳入全国可复制推广经验清单，得到国务院领导的充分肯定。

商务诚信建设取得突破。2016 年，上海开通商务诚信公众服务平台，在全国率先打通公共信息和市场信用数据壁垒，信用信息覆盖近 6 万家企业，月均访问量达 1.7 万余次。建立政府间“事前告知承诺、事中分类评估、事后联动奖惩”的信用监管模式，形成了“政府监管、行业自律、企业自治、社会监督”四位一体的现代共治模式。开展打击侵权假冒工作，加强互联网领域侵权假冒行为治理。单用途商业预付卡专项治理成效显著。

第二章　2017 年上海服务业发展环境分析

2017 年,全球经济呈现持续温和复苏态势,国内经济在迎接十九大召开之际呈现稳中有进、稳中提质的发展态势,中央全面深化改革实施进展顺利等内外部因素对上海服务业发展总体有利。上海在持续推进供给侧结构性改革、加快构建开放型经济新体制、积极创建国际消费城市的带动下,有利于加快形成服务业持续健康发展的体制机制和软环境,进一步促进服务业创新提质,进入全面跃升的新阶段。

一、全球经济温和回暖,国内经济稳中有进,对上海服务业发展总体有利

从国际环境来看,2017 年全球经济整体运行有望改善,逐步摆脱持续六年低速运行的态势,发达经济体经济走势整体回暖,主要新兴经济体经济走势总体向好,市场信心有所增强,国际金融市场和大宗商品价格有望趋稳,将为服务业发展提供较好的外需环境。与此同时,受国际贸易保护主义约束、美国特朗普政府政策不确定性大、欧盟内部分化、美联储加息和美元升值等复杂因素影响,资本外流风险增加,服务业吸引外资的压力明显加大。

从国内环境来看,国内经济正从高增长阶段进入结构性减速阶段,"增速换挡、结构优化、动能转换、方式转变"的经济发展新常态特征将更趋明显。2017 年是党的十九大召开之年,也是我国步入全面深化改革和推进供给侧结构性改革的深化之年,供给侧结构性改革和一系列组合政策的效果将持续显现。伴随改革阶段性成果的固化定型,改革效益和红利将切实释放,有利于推动服务业发展和创新。

综合来看，国际国内宏观环境温和改善，虽仍面临经济减速、资本外流等风险因素的影响，但总体上积极因素持续增加，新经济动能持续成长，这对上海服务业发展总体有利。面对国际上各国加快推进高水平、高标准的投资贸易自由化改革，国内继续深化供给侧结构性改革的大形势，上海将进一步对标最高水准的国际通行规则，提升上海服务业发展质量和水平，发挥服务全国、服务全球的引领性作用。

二、聚焦国家战略，上海全面深化改革、全方位对外开放，为服务业发展提供新动力

上海作为全国改革开放排头兵、创新发展先行者，2017 年将进一步融入和服务国家战略，聚焦自贸试验区、“一带一路”和科技创新中心建设，以供给侧结构性改革为主线，全面推进深化改革，以《关于进一步扩大开放加快构建开放型经济新体制的若干意见》为指引，全方位实施对外开放。在此过程中，上海将加快形成促进服务业持续健康发展的体制机制和软环境，助力服务业提质升级。

供给侧结构性改革对服务业的促进作用体现在三方面：一是放松管制、促进竞争。围绕“放管服”，上海将深化政府管理创新，进一步加大简政放权力度，强化事中事后监管，创新政府服务，形成更多创新制度供给，从而促进服务业市场的公平有序竞争；二是深化改革，增加供给。上海将持续深化教育、文化、医药等领域的体制改革，推动相关服务业的市场化、社会化，从而扩大服务业供给；进一步深化劳动力、土地、资本等领域创新，促进要素优化配置和自由流动，激发市场主体活力，增进服务业发展效益；三是完善机制、提高标准。上海将继续深化服务业综合改革试点，加快健全金融、航运物流、信息服务、旅游会展、家庭服务、健康服务等重点领域的制度规范，推行更高质量的服务标准，推进服务业提质升级。

2017 年，上海将在更大范围、更广领域、更高层次上实现对外开放和区域合作。根据《市政府关于进一步扩大开放加快构建开放型经济新体制的若干意见》等文件要求，上海将在金融保险、专业服务等重点服务业领域进一步放开、放宽对外资的准入限制，在文化旅游、教育医疗等高端服务领域将推进贸易便利化，创新服务贸易发展模式。上海将举全市之力做好利用外资工作，包括进一步加大吸引外资的政策支持力度、积极构建面向全球的投资促进网络、深化外商投资管理体制改革、创新国际合作模式，服务国家“一带一路”建设等具体措施。可以预见，通过更高开放度、更高层次的“引进来”和“走出去”，上海服务业将拓展更广泛的国际国内发展空间，通过深入参与国际经贸合作，全面提升产业能级和服务功能。

三、 打造国际消费城市，对上海服务业迈向高端化、精细化、智能化、标准化提出新要求

上海城市发展已迈入新阶段，依据《上海市城市总体规划（2016—2040）（送审稿）》提出的，至2040年将上海建成卓越的全球城市的新目标，为加快完善上海全球城市的核心功能，2017年上海将重点建设具有引领性、集聚性、示范性的国际消费城市，打造全球商品和品牌集散地、消费服务和体验引领地、国际宜居宜创城市示范地。以此为契机，为上海服务业发展明确了高端化、精细化、智能化、标准化的新要求。

一是以建设全球商品和品牌企业集散地为目标，要求上海进一步集聚全球消费品牌和企业，重点发展高附加值服务环节，进而提高在全球创新链、价值链、产业链、供应链中的地位和控制力，由此将推动生产服务和流通服务等生产性服务业向专业化和价值链高端延伸；二是以建设消费服务和体验引领地为目标，上海将积极拓展消费内涵，扩大时尚、艺术、休闲、娱乐、社交等更多领域的消费供给，重点发展复合型消费新业态，从而加快商、旅、文、体、娱等消费服务业进一步向高端化、融合化发展；三是以建设国际宜居宜创城市示范地为目标，上海将进一步完善多层级、便捷性商业服务设施，发展精细化、高品质、智能化的生活性服务业体系，这将有助于推动社会服务和居民服务等其他生活性服务业向精细化、智能化方向深耕。

四、 城市更新提速提质，为新时期上海服务业转变空间格局提供新举措

上海已经迈入土地资源以存量开发为主的新阶段。针对社区服务、创新经济、历史传承、慢行生活等四项城市功能的主要短板，上海启动了“共享社区、创新园区、魅力风貌、休闲网络”城市更新四大行动计划，将以智能、高效且可持续发展为特征最大限度的利用现有空间资源，促使服务业在核心区域进一步集聚，空间布局更趋优化。

“共享社区计划”将打造“衣食住行”“文体教卫”的15分钟生活圈，利用新技术、最先进的基础设施，将购物、餐饮、医疗、健身、教育、文化、娱乐等生活服务设施有效联通，促进各类生活服务资源得以更加有效的利用，生活服务业整体服务效率大幅提高。“创新园区计划”将加快各类产业园区“社区化”，一方面促进园区及周边区域的教育、医疗、文化等生活服务业集聚发展，另一方面通过提升服务功能进一步吸引创新创业人才，从而增强城市服务业的竞争力和可持续发展能力。“魅力风貌计划”将

从保护和发展的角度推进历史建筑和城市文化的“有机更新”，通过提升城市文化内涵，建设更富魅力的人文之城，带动文化、旅游、商贸等服务行业发展。“休闲网络”计划将公园、绿地、广场、体育场馆、轨交、公交站点等开放设施与商务区、产业园区等各类产业空间相串联，打造连续的、网络化、舒适可达、健康生态的城市慢行系统，一方面提升城市的出行效率，另一方面强化释放更多服务空间，增强城市的旅游、休憩功能。2017 年，黄浦江两岸慢行系统、苏州河岸线休闲系统即将贯通，随之有望崛起新兴的服务业聚集区。

第三章　2017 年上海服务业发展趋势预测

2017 年是我国全面深化改革实施“十三五”规划的重要一年，是党的十九大的召开之年，更是推进供给侧结构性改革的深化之年。在统筹推进“五位一体”总体布局和协调推进“四个全面”战略布局的引导下，上海服务业将进一步深化改革，扩大开放，推进自贸试验区新一轮发展，积极促进服务业创新提质，增强服务经济发展新动能。

一、服务业能级和创新水平更上新台阶

预计 2017 年，上海服务业在国内外宏观环境趋于改善的形势下，仍将保持稳中向好，服务业的经济地位有望继续巩固，服务业总量规模进一步扩大，增幅达 7%左右，增加值占全市比重 70%左右，服务贸易进出口增长 10%左右。

一是依托上海“四个中心”联动发展，发挥自贸试验区先行先试的优势，促进金融、贸易、航运等领域的进一步改革开放，提升重点领域服务业能级。金融服务业方面，自贸试验区“金改”效应将持续放大，适应人民币国际化和国际资本可兑换的金融开放创新体系将加快建立，人民币国际化进程稳妥推进，金融业开放创新步伐加快；服务于“一带一路”建设的人民币投融资平台、跨境资金清算中心、金融大数据中心等加快建设，上海的金融服务能级和功能全面提升；金融业的制度标准将对接国际化水平，防控风险能力持续增强，金融环境建设加快优化。贸易服务业方面，“互联网+”模式引领新型贸易业态不断涌现，跨境电商及市场采购贸易为代表的外贸新业态发展迅速，平台经济为代表的流通和交易模式创新发展。“一带一路”沿线国家经贸合作深入推进，对外投资进一步带动商品出口，口岸贸易持续扩大；贸易型总部企业加

快集聚，总部经济服务辐射功能不断提升，参与全球资源配置能力不断增强。内贸流通领域供给侧结构性改革深入实施，开放创新的市场体系更趋完善。航运服务业方面，上海口岸国际航运船舶联合登临检查模式有效实施，促进船舶通关效率和查验效率提升，上海国际航运中心软环境建设不断优化，航运功能性机构和专业服务机构加速聚集。科创中心建设与国际航运中心建设联动，各类航运科技创新成果率先实施，航运产业服务功能不断创新，高端航运服务产业链稳步延伸升级。文化服务业方面，以技术集成创新、科技成果推广与转化为目标，将大数据注入文化领域，全球文创资源持续汇聚，公共文化资源有效利用，围绕新技术、新材料、新模式、新业态，对文化项目不断培育与推广，文化装备系统提升、文化大数据、“互联网＋文化”等领域稳步创新发展。专业服务业方面，依托自贸试验区先试先行的政策机遇，互联网、文化、文物、维修、教育、医疗等专业服务业的对外开放进一步扩大，海外高层次人才在沪创业发展的便利性提升，外商投资有望持续增长，带动相关领域的硬件设施、技术应用、功能水平将全面提升，推动专业服务向国际化、规模化、高端化加快升级。

二是科技创新附能传统服务业，推动要素资源整合，服务业供给升级，出现智能化、个性化、定制化趋势，服务业结构向中高端迈进。人工智能、生命科学、物联网、区块链等新技术研发及其在服务领域的转化应用正进入重要窗口期，新技术、新工艺、新产品、新服务层出不穷。金融服务领域，智能技术已开始应用于风控、精准营销、机器人客服、智能投顾等多个方面，对金融服务提高效率、节约成本、业务创新和增强用户体验等方面将产生积极影响。零售服务领域，人脸识别、智能支付、物联网、区块链、大数据等技术综合应用大力推进零售新业态发展，智能商店、无人便利店等层出不穷，运营成本大幅下降，用户体验显著提升。教育服务领域，云计算、虚拟现实、传感器技术、移动终端技术、3D 打印技术、录播技术、交互式电子白板技术等使网络化、弹性化、移动化、定制化的教育服务加快普及，教学交互和教育管理精细化水平大幅提升。医疗服务领域，人工智能技术创造了全新的服务供给，以医疗影像为例，新一代人工智能技术在精确度上已经实现了“超越人类水平”的技术临界点。医疗 AI 是对医疗服务业从表层到实质、从边缘到中心的全面升级，将可能从根本上突破医疗服务资源的供给瓶颈。家庭服务业领域，智能家居通过物联网产生并收集海量的数据存储于云平台，再通过大数据分析，渗透进更多家庭场景，帮助用户实现更高层次的智能生活。专业服务业领域，财务、法律、管理咨询、翻译等服务采用人工智能等新技术后，服务效率将显著提升。

三是在创新、协调、绿色、开放、共享的发展理念指引下，服务业以标志性城市空间为载体和平台，引导产业合理布局，融合共享、协调联动的服务业发展格局加快形成。2017 年，黄浦江两岸杨浦大桥到徐浦大桥 45 公里岸线公共空间将全线贯通开放，一方面实现了"风貌重现"，释放了市民健身、旅游休闲等公共开放空间；另一方面实现了"功能重塑"，徐汇滨江、杨浦滨江、南外滩、北外滩、前滩、世博地区等滨江地区通过历史建筑保护性改造和重点项目建设逐步投放市场，为中心城区集聚金融、航运、科技、贸易、信息、文化、创意设计、知识产权等高端服务业拓展了高品质、高标准、崭新的发展空间。在产业结构调整和实体经济发展中，郊区将以科创服务为平台，积极推进"先进制造业＋生产性服务业"的融合发展模式，围绕高端智能制造、新能源汽车等战略新兴产业，总部研发、技术平台及产业基金等生产性服务业项目加快集聚。

二、 消费结构调整升级动力转换

随着供给侧结构性改革深化推动消费增长和消费升级，实体商业改造提升加速，社会保障体系日益健全以及促消费政策效力逐渐释放，预计 2017 年上海消费市场将呈现消费规模持续扩大、消费结构加快升级、消费贡献不断提高的发展态势，社会消费品零售总额增长达 7%以上，主要特征如下。

一是政策持续发力提升消费供给。国家先后出台了《关于积极发挥新消费引领作用加快培育形成新供给新动力的指导意见》《加快发展生活性服务业促进消费结构升级的指导意见》《关于进一步扩大旅游文化体育健康养老教育培训等领域消费的意见》等政策，加上上海市出台配套政策，进一步健全流通领域消费供给转型政策体系。结合上海建设国际消费城市的契机，启动"新消费引领专项行动计划"，实体商业改造升级加速，品牌集聚度、消费贡献度、消费创新度、时尚引领度和消费便利度同步提升，将促进供需匹配，便利居民消费。

二是深化改革激活新的消费热点。深入推进简政放权、放管结合、优化服务改革，放宽市场准入，逐步消除制约养老、教育、文化、医疗、体育等消费的体制机制障碍，将扩大旅游、文化、养老、健康、教育培训等领域有效供给，加快健身休闲产业发展，推动热点领域消费提质扩容。国际消费城市示范区、夜上海特色消费示范区、迪士尼国际旅游度假区等重点项目开发建设将吸引外来旅游、商务人流大幅增长，推动上海消费市场进一步开放国际化。

三是共享经济促进消费规模扩大。随着社交网络的日益成熟，当前共享内容已不再局限于虚拟资源，知识付费、单车分享、短租平台、网络直播、互联网金融等分享经济领域不断创新，分享经济平台探索信用保障体系建设初见成效，监管新政相继出台，创造了全新的消费模式。一方面共享经济通过互联网社会化平台，将社会闲置的存量资源变成新供给，同时有效地扩大消费需求。以餐饮类分享平台为例，通过分享个人经验等方式吸引消费，促成了很多体验型、尝鲜型消费，刺激了消费意愿。另一方面，分享经济有效扩大就业，促进创业创新，增加居民收入，对提振居民消费预期、扩大消费规模作用积极。

四是消费主体蜕变推动消费结构加快升级。目前，18～35岁的新生代、日益壮大的中产阶层构成了上海的消费主体，这类消费者更加注重商品和服务的品质、品牌，以及生活质量和效率，崇尚健康生活、注重环保和可持续理念，对新兴消费产品和高品质服务的消费倾向提升，对绿色消费、生态消费的意识不断增强，跨境消费需求不断增加，个性化、社交化、娱乐化的消费特征鲜明，将加速推动居民消费结构由商品消费向服务消费转型升级。

五是二胎政策效应显现释放消费潜力。2016年起，全面放开二胎政策效应开始显现。随着二胎政策效应的不断释放，婴童经济将为消费市场注入新动能。短期来看，食品、玩具、母婴医疗、儿童服饰、家用汽车、教育培训等相关商品需求将迅速扩大；中期来看，将促进住房需求，并带动扩大建筑装潢、家具家电等商品需求。

三、 商贸业深化改革加快创新发展

2017年，上海商贸业将进一步提能级、强功能、补短板，内贸流通发展的体制机制更趋完善，上海建设国际消费城市步伐加快。上海商贸领域将实施“新消费引领”“市场流通创新”“生活性服务业提质”等一系列专项行动计划，出台“十三五”推进平台经济发展行动计划，启动智慧供应链示范城市建设等，推动商贸业发展质量和效益迈上新台阶。

一是在“新消费引领”专项行动计划的引领下，在“新消费”和“新技术”的共同作用下，上海的“新零售”变革方兴未艾。“新消费”体现在“全、便、特、新”，即全方位的需求、省时省力的快捷服务需要、与众不同甚至独一无二的个性化满足以及追求时尚、猎奇等兴奋感的体验需求。“新消费”驱动下，“新零售”将呈现以“多维服务”满足“全方位需求”，以“多媒体链接”满足“全时空需求”，以“全供应链管理”满足“便捷化需求”，以“发现性采购”满足“特色化需求”，以“创新型运营”满足“体验化需求”等方面特点。

“新技术”则以数字化技术为核心，驱动传统零售在供应链、渠道、门店、用户、营销全链条上全面实现数字化，使前端营销能力和后端供应链效率大幅提升。在“新技术”驱动下，“新零售”趋向于“人、货、场”的重构。人的方面，人工智能提供了模拟人类思维方式的算法，结合线上线下数据，呈现多维清晰消费者画像，保障了个性化营销的精准性。货的方面，大数据、云计算等数字经济基础设施的完善保障了生产端到消费端的数据高速传输和分析，促使供应链向智能化、柔性化发展，进而实现零售业按需供货。场的方面，AR/VR 技术创造虚实结合的全新消费体验，物联网、传感器技术带动线下实体门店实现自动结账、个性化导购等全面智能化升级。

2017 年，上海“新零售”的发展趋势：首先业态上将持续泛零售拓展。以消费者体验为核心，零售业将进一步深化与餐饮、文化、休闲、娱乐、教育等多元消费服务功能的融合，混合跨界业态，嫁接文化和艺术元素，构建多业态结合的休闲娱乐场景，实现关联消费、交叉互补。其次后台趋向全供应链管理。从采购、库存、包装、上架、销售到配送构建全数字化供应链管理系统，通过智能设备完成各环节作业，提升服务效能。再次零售主体加快转型。商业企业将由单纯的“零售商”向“消费服务商”转型，积极利用互联网技术、实现全渠道运营；利用大数据建立数据库，进行数据挖掘，识别目标消费者；整合目标消费者需求，实施跨业经营，形成服务组合；利用一切可利用的渠道和方式，随时随地同顾客保持接触。

二是围绕国际消费城市建设，上海商贸业总体布局进一步调整优化。2017 年，上海计划实施新消费引领专项行动，进一步增强上海商业影响力、辐射力和吸引力。中心城区将以静安、黄浦两大国际消费城市示范区为引领率先突破。静安区将依托大数据分析与挖掘技术的支撑，打造智慧商圈大数据服务平台，形成以南京西路商圈为核心，大宁商圈、苏河湾商圈为拓展区域的商业布局体系。黄浦区将以淮海路商圈调整为抓手优化布局，寻求商圈、品牌与街区之间平衡发展，为全市建设“国际消费城市”积累可复制可推广的经验。

2017 年，上海将新增一批大型商业设施，包括南京西路商圈的“兴业太古汇”(12 万平方米)、中山公园商圈的“长宁来福士广场”(12 万平方米)、虹桥商务区“龙湖虹桥天街”(25 万平方米)、杨浦北外滩“东方渔人码头”(5 万平方米)、以及首次入驻上海的新加坡最大购物中心“怡丰城”(12 万平方米)、华润集团“万象城”(24 万平方米)等，这些设施主要布局于中心城区核心商圈、滨江地区以及新兴的虹桥商务区，将形成新的商业地标，另一部分布局于近郊大型生活社区，则填补了市场空白。从开发主体看，这些大型商业设施均由国内外运营经验丰富、资本实力雄厚、品牌价值较高的企业主导，在功能定位和业态结构上各有特色，集中入市将进一步展现上海都市商业的繁荣繁华。

2017 年，上海商业的便民利民将继续体现在社区商业的智能化、体验化和自动化等方面。上海计划实施生活性服务业提质专项行动,将以便民利民为目标,以"互联网+"为抓手,推进家政、餐饮、菜篮子、养老、家电维修等传统生活性服务业态将加快全面升级。同时,上海还将实施"服务到家"计划,推进社区便民服务到家示范点建设,公益性、民生类必备业态和功能将进一步覆盖服务到家示范点。

三是供应链创新发展将推动上海更深更广融入全球供给体系,商贸流通规模持续扩大,流通效率进一步提升,流通现代化水平不断提高。大数据、云计算、人工智能、VR 等创新技术日益成熟,互联网与物联网深度融合,将推动商贸领域供应链、价值链、产业链重组再造,供应链的前端成为消费数据的采集触点和用户体验中心,供应链后端则逐步转变为服务于终端的集成大平台,中间商、生产商和供应商将逐渐被整合,设计、生产、制造、分销和物流等供应链环节更加柔性和灵活,各环节、各主体之间将形成跨国界、跨行业、跨地域的互利共赢的利益共同体、共享共治供应链商业生态圈,贸易流通的效率和现代化水平都将显著提升。

2017 年,上海计划实施市场流通创新专项行动,传统商品交易市场加快全产业链、全供应链、全互联网、全信息化方向转型升级。其一,向全产业链发展转型,实现从产品制造,到流通、信息、市场、融资、批发、零售的全覆盖,进而强化集聚效应;其二,交易市场的竞争已经演化为全供应链的竞争,未来交易市场将加强全供应链金融配套服务和物流支撑服务,从而使制造商、物流商、经营商、分销商等各环节各主体提升竞争力;其三,通过"互联网+"实现网上交易与网下实体两种交易方式紧密结合,实现线上结算、支付、补货、查看数据和线下运输、体验、配送、包装等完全结合的一体式采购批发平台;其四,向全信息化发展,通过交易数据收集、挖掘、分析,实现交易市场的商业价值增值,指导未来发展。

2017 年,上海还将启动智慧供应链示范城市建设,利用大数据、物联网、云计算、区块链、人工智能等方面提高供应链协同效率率先探索创新模式。一是供应链协同平台稳步建设,实现流通企业与供应商、生产商系统对接,实现需求、库存和物流信息的实时共享,提高协同计划、自动预测和补货能力;二是资源配置效率不断提升,聚焦供需信息,提供信息发布、支付结算、仓储物流、质量追溯等综合服务,降低交易和物流成本,助力去产能、去库存;三是供应链生态圈重塑,通过提供研发设计、集中采购、组织生产等供应链服务,构建跨界融合、平台共享、共融共生的供应链商业生态圈,减少流通环节,提高流通效率;四是监管与治理并行,通过完善政策咨询、信息聚集、经济预警、研发支持和人才培训等供应链公共服务,制订供应链环节关键共性标准,提高供应链协同和整合效率,服务于产业供应链体系。

第四章 2017年上海服务业政策关注重点

2017年，上海服务业的发展将以贯彻落实新发展理念为引领、深化供给侧结构性改革为主线，更好地适应经济发展新常态，围绕自贸试验区和科创中心建设两大国家战略，坚持提能级、强功能、补短板，夯实统一开放竞争有序的现代市场体系、高标准的贸易投资制度环境体系两大支撑，加快推动上海国际贸易中心建设向纵深发展，进一步推动服务业发展的质量和效益迈上新台阶。

一、推进内贸流通领域供给侧结构性改革

深化内贸流通体制改革发展综合试点，加快9项试点成果在本市的复制推广。实施市场流通创新专项行动计划，推动传统商品交易市场转型升级，大力发展平台经济，出台"十三五"推进平台经济发展行动计划，建设6个千亿级交易市场(平台)，新增20家左右贸易型总部企业。研究制定高新平台技术企业认定标准，发布平台企业景气指数。启动智慧供应链示范城市建设，推广物流标准化降本增效模式，建立城市物流服务标准体系。

二、完善现代市场流通治理模式

深化商务诚信体系建设，推出一批商务信用评价企业、团体等标准，探索提出若干行业商务信用评价行业标准草案。出台《上海市商务诚信平台管理办法》《上海市商务信用信息归集和使用管理办法》。推动成立"上海商务诚信联盟"，挖掘培育一批市场信用子平台，推进重点领域对接上海商务诚信公共服务平台，进一步健全现有各

领域市场应用子平台的市场应用机制。牵头开展本市打击侵权假冒工作，加强对互联网、知识产权、城郊接合部市场、食品药品领域等侵权假冒的治理力度。完善行业管理与行政执法衔接，以落实分类监管、风险监管、诚信建设等“五位一体”监管措施为核心，探索加强事中事后监管的有效方式。建立单用途商业预付卡“啄木鸟”暗访机制以及备案、信用和警示信息发布机制，推动单用途预付卡立法。推进药品流通追溯体系建设示范项目建设。

三、 建设服务全国、面向国际的大宗商品市场

推动大宗商品期货和现货市场联动发展，在钢铁、有色金属等领域率先实现联动项目对接、交易品种上线。坚持管住风险、做大规模，修订自贸试验区大宗商品现货市场交易管理规定与规则，协调落实信用证以及 FT 账户结算、海关异地监管等政策，在棉花、铁矿石等领域探索大宗商品预售模式。复制推广自贸试验区大宗商品现货市场“四分开”与“第三方协同监管”管理经验，研究出台加强上海市大宗商品现货市场管理相关规定。支持上海宝玉石交易中心能级提升。

四、 加强食用农产品市场流通体系建设

创新食用农产品流通模式，完善大市场、大流通、公益性农副产品市场体系建设，“五管齐下”抓好“菜篮子”工程，落实保供稳价“区长负责制”，确保市场供应充足、价格稳定。推动菜市场规划落地，加快西郊国际和新上农批建设，推动传统菜市场逐步向规模化、连锁化、公司化模式转型，新建 30 家新型示范性标准化菜市场。加强产销对接，建立 30 家控成本、可追溯、稳供应的紧密型外延蔬菜基地。加快建设 300 家基地直采、冷链配送、自助售菜为一体的社区智慧微菜场。建立上海市重要产品追溯体系建设工作联席会议制度，完成重要产品追溯体系建设示范项目建设。

五、 大力发展绿色流通模式

加快构建汽车全生命周期流通体系，提升行业管理信息化水平。发布二手车行业发展规划和报废车行业发展规划，推动二手车交易线上线下融合发展、拆车企业技术能级提升。深入开展再生资源回收与生活垃圾清运“两网协同”试点，完成垃圾综合治理再生资源回收利用体系建设专项调查，研究制定再生资源低价值可回收物补

贴政策。

六、规范提升专业服务业

以深入推进“证照分离”改革为契机，进一步优化典当、拍卖行政审批流程。支持浦东新区率先试点典当行业向外资开放，指导浦东新区研究制定外资典当行管理办法。加强融资租赁行业监管，推动符合条件的融资租赁公司接入人民银行征信系统，加快推进完善融资租赁物登记公示制度，探索建立融资租赁业产业合作联盟。修订完成《上海市商业保理试点暂行管理办法》，建立商业保理行业监管平台。

七、引导提升商业消费供给品质

实施新消费引领专项行动计划，增强上海商业影响力、辐射力和吸引力。推进静安区、黄浦区国际消费城市示范区建设，深化会商旅文体联动示范项目效应。办好上海购物节等系列消费促进活动，积极推动老字号改革创新发展和上海优礼布局，举办2017中华老字号博览会，开展“上海优品行”活动。支持特色商业街区联盟发展，推进67家特色商业街区升级。积极引进全球知名离境退税机构，增加优质进口商品直销渠道，进一步扩大离境退税商店规模。完善商业布局和大消费统计体系，加强商业布局规划执行评估，合理调控商业增量和存量。支持商业企业加快转型，引导商业企业调整业态结构、区域结构和商品结构，推动商业企业线上线下融合发展，培育和引进一批本土品牌商品和具有高品牌价值的商业企业。探索发布消费人气指数，更好地引导中高端消费需求，提高外来消费比重。继续深化上海时装周与伦敦、米兰、巴黎时装周合作机制，打造国际时尚之都。

八、促进服务消费供给质量提升

实施生活性服务业提质专项行动计划，推进长宁“互联网＋生活性服务业”创新试验区建设，试点推动市场准入改革、监管模式创新，深化投资管理开放，落实税制和政策保障、优化新业态新模式发展环境。编制发布《上海市生活性服务业“十三五”规划》。推进家政服务体系建设，完善家政管理办法草案，推广家政服务人员持证上门服务，培训3万名持证人员，试点探索家政服务信息追溯系统建设，持续推进家政从业人员灵活就业登记工作。推进餐饮服务业提质发展，在早餐网点薄弱社区建设早餐示范门店,全年创建 500 家“绿色餐厅”。推进家电维修行业规范提升,开展家电维修人员持证上门服务培训,完善家电维修“李鬼”电话查处机制,倡导家电维修标准化服务。提升美丽时尚、幸福婚庆服务业影响力,支持举办上海国际美发美容节、中国(上海)现代婚博会等活动,启动建设宝山“幸福产业示范区”。实施“服务到家”计划,推进社区便民服务到家示范点建设,重点推进服务到家示范点完善公益性、民生类必备业态和功能。

九、 加快电子商务发展

贯彻落实《本市大力发展电子商务加快培育经济新动力实施方案》,发布《上海市电子商务发展“十三五”规划》,形成钢铁、化工品等产业电子商务集聚高地,力争全年电子商务交易总额达到 2.4 万亿元。开展第二批“互联网+创新”实践区建设工作,创建一批电子商务示范园区、示范社区和示范企业,建设一批集聚全球创新人才的创新创业孵化机构,新设 300 个电子商务末端配送综合服务点。完善中美“互联网+商务”协同创新开放共享平台功能,建立中美“互联网+商务人才库”。支持举办全球电商互联网大会、国际电子商务博览会等具有国际影响力的电子商务会展及论坛。提升电子商务企业商务应用水平,推进互联网可信交易平台建设。研究建立商务大数据研究中心。

第二篇

生活性服务业

第五章 商贸服务业

第一节 零售业发展态势

2016年,在全市经济稳中有进的大背景下,在新业态、新模式快速发展的带动下,全市社会消费品零售总额增速低开后回暖,保持了上海零售规模领先全国中心城市的态势,对全市经济增长和国际贸易中心建设的贡献进一步增加。2016年,上海零售市场消费品零售额达到9 803.02亿元,比上年增长8.4%。

一、大型综合超市[①]

2016年,上海大型综合超市实现销售额666.9亿元,其中上海市内零售额为363.1亿元。2016年末,全市共有大型综合超市门店198家,比上年末减少3.9%。2016年大型综合超市发展主要呈现以下特点。

1. 推动线上布局,加快转型升级

2016年,受租金上涨、经营不善、电商冲击等影响,大型综合超市顺应市场变化,加速线上布局,下滑趋势趋缓。2016年,家乐福在北京、上海、成都、昆明、无锡、江苏、武汉等城市逐步启动"家乐福网上商城",拓展O2O业务,整合线下门店资源,消费者通过网上商城和手机APP下单后,系统会把订单自动推送到距离最近的家乐福门店,通过顺丰快递进行配送,上午下单下午到,最快4小时送货上门。永辉超市为整合酒类供应链,推出了线上专业酒类零售平台"咏悦汇",全面整合全球名酒品牌,垂

① 数据来源:上海连锁经营协会。

直采购，建立优质的名酒供应体系。2016 年 6 月，沃尔玛与京东宣布达成深度战略合作，沃尔玛旗下的 5 家官方旗舰店铺相继入驻京东，销售额得到大幅提升。

2. 加速便利店布局，小型化趋势加强

2016 年，大型综合超市继续加快便利店布局，探索新型经营业态，提供更加便捷、高效的服务，迎合消费者需求的变化。2016 年，家乐福继续推进“Easy 家乐福”便利店的开店速度，并且试水 24 小时营业模式，取得较好成效。2016 年，麦德龙旗下便利店品牌“合麦家”首批两家店在上海开业，并计划打通其网上商城到“合麦家”线下自提点的服务，实现“最后一公里”的服务覆盖。同时，麦德龙正在加快研究加盟条件，计划通过特许经营方式加速推进便利店业务。2016 年，大润发依托遍布全国的强大供应链优势及丰富的零售管理经验，打造首家互联网超级便利店。

3. 重构物流系统，提升配送效率

2016 年，大型综合超市顺应市场趋势加速转型，通过自建物流体系、与第三方物流体系达成战略合作等方式提升配送效率，提高销售额取得显著成效。2016 年，沃尔玛为契合建设电商生态的需要，牵手新达达，多家沃尔玛门店接入京东到家平台，并由新达达负责全部订单的配送，大大提升了沃尔玛在电商方面的布局速度。麦德龙入驻天猫超市，借力菜鸟联盟。华润旗下零售门店接入美团外卖，线上线下打通。大润发架构“多地多仓”采用“门店与仓库结合”的模式，打通全国每一个仓库和门店，实现门店直送。

二、 超市[①]

2016 年，上海标准超市实现销售额 187.0 亿元，其中上海市内零售额为 129.4 亿元。2016 年末，全市共有标准超市门店 2 132 家，比上年末减少 5.8%。2016 年超市发展主要呈现以下特点。

1. 标准超市加速调整，转型升级效果显现

2016 年，随着新业态的不断导入、面对电商冲击、消费者需求不振、行业间竞争加剧等不利因素，上海市多家标准超市企业加速调整转型，取得初步成效。一是调整开店数量，关闭低效益店铺。2016 年，全年标准超市关店超过 200 家，是连锁企业中调整最大的业态；二是迎合消费升级需要，加速战略调整布局。2016 年，屈臣氏全面改变其“自有品牌战略”，引进进口商品，增加外购商品占比。联华超市持续加强传统

① 数据来源：上海连锁经营协会。

渠道的门店转型升级工作，通过调整经营布局、完善供应链、提升生鲜经营能力等措施改善门店业绩。

2. 精品超市扩张趋势未改，进口商品销售增长稳健

2016年，随着消费者对生活品质的追求日益提升，进口商品的销售规模也进一步扩大。一方面，精品超市门店呈扩张趋势。2016年华润万家旗下的blt超市在上海新开3家，门店总数达到11家；绿地全球商品直销中心(G-super)发展强劲，上海新开门店7家，全国门店总数达到26家；上海外高桥进口商品直销中心(DIG)，依托保税区优势，逐步向外省市扩张，已在南京、成都、合肥、常州、遵义、重庆、嘉兴等地陆续开店。另一方面，传统连锁超市也紧跟消费趋势，进口商品铺货面积较上年有了较大提高，据上海市商业信息中心监测统计，传统连锁超市2016年进口商品的销售额比上年增长8.1%。

3. 新零售业态异军突起，探索超市发展新路径

2016年，随着盒马鲜生、永辉生活等融合型创新业态在上海零售市场率先出现，新零售呈现快速发展态势。新零售的初期探索大多以标准超市业态为基本载体，以生鲜食品为主要经营品类，结合餐饮、外卖、社区配送等多种服务模式，较好地适应了新时代大都市生活的新型消费需求，实现了快速扩张。同时，也为上海超市业态的发展探索了一条新的路径。

案例1 “生鲜超市＋餐饮＋电商＋物流配送”新零售探索

——阿里巴巴旗下“盒马鲜生”

2016年1月15日，“盒马鲜生”(以下简称“盒马”)首店在上海开业，“盒马APP”同步上线。盒马创造了一种“生鲜超市＋餐饮服务＋电商＋物流配送”的复合业态，线下门店提供生鲜食品和餐饮服务，并自建物流团队，为门店3公里范围内的线上订单提供30分钟送达的服务。这种新零售商模式与传统零售模式最大的区别是，盒马运用大数据、移动互联、智能物联网、自动化等技术及先进设备，实现人、货、场三者之间的最优化匹配，对零售业全面数字化升级作出了积极探索。

一、基本概况

1. 业态定位

盒马的定位是以大数据支撑、线上线下一体化(O2O)的超市。具体表现在三方面：一是以线下门店提供体验服务，引流线上消费；二是通过APP将线上消费者引导至线下实体店体验；三是除线上、线下单独购买以外，还可实现线上、线下智能拼单，

共同配送。

盒马的商品定位为中高端，生鲜占比20%以上。店内生鲜产品偏中高档，包括进口澳洲龙虾、波士顿龙虾、帝王蟹等。盒马鲜生售卖103个国家超过3 000多种商品，其中80%是食品，生鲜产品占到20%，未来将提升到30%。

2. 选址依据

线下门店选址方面，盒马以阿里大数据为指导，针对不同消费阶层的活动商圈划定门店范围。从目前盒马的门店选址可以看出，盒马鲜生所选的商场多为中高档精品生活广场，周边有写字楼、中高端社区等配套功能。附近楼盘价格偏高，居民消费水平偏中上。

3. 目标消费群体

盒马鲜生定位80、90后的年轻消费群，该群体是典型的互联网用户人群，年龄在25岁到35岁之间，其中已婚女性约占65%。这个群体对商品的新鲜度和品质要求第一，对服务也十分看重，对价格的敏感度不高。根据阿里大数据平台的“阿里指数”，这部分人群占据了当前移动支付购买行为的绝大部分。

4. 经营内容及模式

盒马鲜生与市场上其他传统连锁卖场、超市、生鲜电商等不同，它以消费者复购率较高的生鲜产品为切入口，辅助标准化的食品，同时提供大量可以直接食用的成品、半成品等差异化商品，致力于构建“生鲜食品超市＋餐饮＋电商＋物流配送”多业态复合体，满足消费者对于“食物”的各种场景需求。其特点有四方面：一是提供当日最新鲜商品，不卖隔夜蔬菜、肉和牛奶；二是采用“生熟联动”和“熟生联动”模式；三是菜品全程可溯，食品安全有保障；四是可以无条件退款，在食品领域属于首创。

(1) 线上业务：“餐饮外卖和生鲜配送”。盒马鲜生的线上业务入口为盒马APP，APP中分为“盒马外卖”与“盒马鲜生”两个模块。盒马外卖主打专业餐饮外卖，盒马鲜生主打生鲜配送。其中，盒马外卖板块区别于传统外卖形态，定位于专业外卖服务，不提供堂食。截至2016年底，盒马外卖在上海共有陆家嘴、人民广场等10家厨房，在北京三里屯等已有4家厨房，立足于各大CBD，目标客户为白领阶层。据盒马外卖CEO介绍，单个厨房硬件投入在500万元左右，一般需要2～3个月建设，客单价35～40元。盒马鲜生板块主营生鲜、食品配送，基于门店发货。线上订单配送范围为体验店周围3公里内，配送时间为8:30—21:00。盒马鲜生通过电子价签等新技术手段，可以保证线上与线下同品同价，通过门店自动化物流设备保证门店分拣效率，最终保证顾客通过APP下单后3公里内30分钟送达。

(2) 线下业务：“生鲜超市和餐饮体验”。截至2016年底，盒马鲜生在上海共有金桥店、大宁店、虹桥店、八佰伴店、宝地店、杨高南路店、KiNG88店共7家线下体验店，并在持续扩张中。2017年1月宁波店在东岸里广场开业，3月北京店将在华堂商场十里堡店开业。其中，上海八佰伴店以及盒马鲜生北京首店是以盒马集市的形式面世。盒马集市被定义为"盒马鲜生基本定型的2.0版"，与盒马鲜生最大区别在于门店面积扩大，进一步提高了餐饮的经营面积，发挥超市与餐饮的联动效应。

5. 门店规模及坪效

由于盒马鲜生的模式原因，其门店要有足够的面积，构建丰富的商品品类，同时需要保留一定的就餐、厨房、仓储等面积，所以目前最小的门店面积在4 000～6 000平方米。以盒马上海首店为例，其面积共4 500平方米，其中零售区域约1 200～1 400平方米，餐饮体验区400～500平方米（公共就餐区和曦牛餐厅各200～250平方米，不包括后厨），配送合流区300平方米，据店员所述仓储面积与零售面积相近。盒马上海首店开业一年基本实现盈利，且坪效达到5万元/米^2/年（为传统超市的4～5倍）。

二、经验借鉴

1. 一个核心，两大系统

盒马模式作为一种新零售模式，以数字化为核心，由两大系统支撑运转。一是运营系统，即通过WiFi探头、射频捕捉、盒马APP等技术手段，从门店周边、货架陈列、线上平台等渠道抓取用户数据，建立数据模型，从而为实体店优化商品结构、升级门店陈列、增强顾客黏性等方面提供参考；二是供应链系统，为了兑现线上订单"3公里范围，半小时送达"的承诺，盒马鲜生门店内采用了全自动物流模式，从前端体验店拣货到后库装箱，都由物流带传送，因此，从接单到装箱开始配送仅需10分钟左右。以上海首店为例，店内几乎所有商品都已使用电子价签，电子价签的画质类似迷你版Kindle，主要提供了品名、价格、单位、规格、等级、产地等传统纸质价签提供的商品信息及对应条形码，还可以通过APP扫码了解产品信息并加入移动端购物车，实现线上线下共同配送。

2. 商品和消费者全面数字化

新零售是线上线下的相结合，即电商与线下实体商业的不断融合和促动发展，通过精准化、体验为主的模式，去了解消费者，满足并引导消费需求。零售商通过互联网技术、大数据、云计算来运营匹配消费需求，商品和消费者都将实现数字化，这样不但可以实现精准的营销服务，而且又能提升自身运营效率，也能通过预测消费数据，把控生产，达到零售升级。以盒马的经验看，消费者数据通过支付方式获取。盒马不接受现金付款，只接受支付宝结账。消费者到店消费时，服务员会指导首次消费者安装盒马APP，注册成为其会员，最后通过APP或支付宝完成付款。支付宝统一付款形成了消费闭环，使盒马掌握消费者的线下大数据，进而形成广告及营销价值。商品的数字化体现在电子化、可追溯的信息标签(前文提及，不再赘述)。

3. 探索新零售升级三大路径

一是零售+体验式消费。盒马将生鲜超市零售与餐饮的结合，所购生鲜可在餐饮区直接加工，能提升消费转化率、优化线下体验、带动客流增长。

二是门店数字化升级。盒马以自动化物流设备实现店内分拣。线上下单门店配送的难点在于店内分拣，传统超市的动线设计就是为了增加顾客门店停留时间，接触更多的商品，就导致O2O业务的店内分拣环节非常低效。盒马鲜生店内四通明亮，每件商品均配有电子标签，通过电子标签，可扫码获取商品信息并在线上下单，也使店内分拣更加高效方便。

三是零售+产业生态链。盒马的细分业态种类包括：盒马餐饮、盒马鲜生店、盒马集市店、盒马便利店等。在这个集合中，盒马餐饮最为核心，为盒马鲜生店提供了前置中央厨房，为盒马集市店提供了联营餐饮商，为盒马便利店提供快餐西点和茶饮，最终形成生态链。

三、便利店①

2016年，上海便利店实现销售额144.0亿元，比上年增长12.9%。其中上海市内零售额113.3亿元，比上年增长13.7%。2016年末，全市共有便利店门店4 949家，比上年末增加3.77%。2016年便利店继续处于高速发展中，主要呈现以下特点。

1. 创新发展模式，加快O2O布局

2016年，随着中国互联网经济的深入发展，大数据、新技术与新金融相融合，便利店经营模式也在不断的发展和创新中，O2O进程持续加快。2016年，家乐福旗下便利店“Easy家乐福”启动O2O业务，推动线上线下融合发展，一站式提供便利店商品类目，并与网上商城完全对接，采用线上购买线下体验，网购商品一日两次配送。好德依托农工商超市的网购平台“便利通”开展线上订货、线下自提或送货上门服务。联华超市依托“i百联”，推出到家服务，还与“京东到家”的送货团队联手，承诺3小时送达。

2. 拓展加盟体系，扩大市场规模

2016年，上海便利店通过建立高效加盟体系，转变加盟方式，提高加盟比例，扩

① 数据来源：上海连锁经营协会。

大市场规模，提高市场占有率。上海罗森的加盟店比例不到60%，远低于日本国内的92%的加盟比率，2016年，罗森推出新的加盟计划，除新开店加盟之外，增加了内部员工承包的“内加盟”、白领合伙承包加盟等两种加盟方式。依托麦德龙品牌知名度的“合麦家”便利店，也在加快研究加盟条件，计划通过特许经营方式加速推进“合麦家”的市场占有率。

四、百货店[①]

据上海市商务发展研究中心对全市45家重点百货店的监测数据显示，2016年，全市45家百货店实现零售额235.3亿元，2016年上海百货销售前20强排行见表5.1。2016年百货店发展主要呈现以下特点。

表5.1　2016年上海百货销售20强排行(单体)

排　名	企业名称	排　名	企业名称
1	上海新世界城	11	太平洋百货徐汇店
2	第一八佰伴	12	东方商厦南京东路店
3	久光百货	13	上海高岛屋百货
4	第一百货商店	14	永安百货
5	汇金百货徐汇店	15	上海周浦万达百货
6	新世界大丸百货	16	上海宝山万达百货
7	东方商厦中环店	17	上海六百
8	东方商厦徐汇店	18	东方商厦青浦店
9	置地广场	19	虹桥友谊商城
10	东方商厦奉贤店	20	东方商厦杨浦店

1. 着力装修升级，优化硬件设施

2016年，上海百货店加大硬件的改造力度，力图给消费者提供更好的购物环境。永安大厦邀请国际设计师对内部改造进行设计，重新规划动线及布局，形成主题式、场景化、创造性的商业空间。第一八佰伴全面开展硬件改造升级，增设卫生间和母婴休息室，改造地下车库，解决停车难的问题，整体打通二、三、四楼中庭公共空间，优化消费者的视觉效应和消费体验。

① 数据来源：上海市商务发展研究中心。

2. 加快结构调整，引入多元业态

2016年，上海百货业加速业态调整步伐，取得显著成效。华联商厦引进时尚、个性化品牌旗舰店和流行服饰多品牌集合店，增加餐饮等配套业态，实现业态组合上的丰富性和多元化。第一八佰伴也在硬件升级同时对业态进行了调整，商厦的零售比例从原先的75%降低到70%，餐饮娱乐、服务休闲等设施的比例相应增加。

3. 细化商业定位，转型特色经营

2016年，上海百货店积极探索转型突破，注重细节创新，专业化、内涵式发展，走出特色化经营之路。东方商厦徐汇店向"买手孵化基地"转型，首次引入买手机制，商场二至四楼每层都开辟500～600平方米的国际采买区域，扩大自营空间，推出管家式私人订制服务，增强中高端顾客黏性。上海新世界大丸百货对各楼层的定位进行了细化和调整，一楼商场引进GUCCI、Dolce&Gabbana等高端品牌，二楼定位于国际名品时尚，三至五楼依次为经典女装、淑女装及运动品牌等，六楼为儿童用品、居家用品等，销售和人气齐增长。

五、 购物中心①

据上海市商务发展研究中心统计，2016年末，上海共有189个营业面积不少于1万平方米、经营商户不少于50家的购物中心，商业建筑总面积1 376万平方米，总商户数2.21万余家，总停车位11.7万个，总从业人员28.5万人，2016年销售总规模1 360亿元，年客流总量18.7亿人次，成为重要的城市综合消费地。2016年，上海购物中心发展主要呈现以下特点。

1. 新开购物中心众多，大型化趋势明显

2016年，上海新开业购物中心39家，新增商业建筑面积271万平方米，比上年增长24.6%，是近年来增长速度最快的一年。新增的购物中心主要为中型、大型的购物中心，并且单体规模有进一步增长的趋势。从区域分布来看，外环以外新增购物中心较多，特别是集中在浦东、嘉定、闵行等区。截至2016年，上海共有20万平方米以上特大型购物中心5家，10万～20万平方米的大型购物中心39家，5万～10万平方米的中型购物中心62家，1万～5万平方米的小型购物中心83家。

2. 经营结构持续优化，服务业态占比增加

2016年，上海购物中心服务业态占比进一步增加。零售业继续保持了其一直以

① 数据来源：上海市商务发展研究中心。

来在购物中心中的龙头地位，但比重持续下降。餐饮业和其他服务业的经营比重持续上升，二者2016年商户数量和经营面积的合计占比均超过43%，分别比上年增加了6.7%和0.6%；销售额合计占比为32.9%，增加了6.2%。在其他服务业中，电影院占比最高，面积和销售额占比分别达到18.7%和20.9%，教育培训和游乐游艺分居第二和第三位。从不同业态销售增速来看，2016年餐饮销售额增幅最高，比上年增长29.1%；其他服务业次之，增长21.4%，其中健康养生和教育培训增幅最高，分别为57.8%和57.6%；零售业增幅最低，比上年增长12.5%。

3. 主题互动活动升级，融合创新商业体验

2016年，上海购物中心加大营销模式的调整力度，着眼于主题式互动营销和跨界融合，集聚人气，拉动销售。上海大悦城创新应用差异化、场景化、智慧化的新商业模式，通过打"情感体验"牌与消费者建立连接，以"魔都爱情地标"的理念创新商业体验，打造极致体验的商业标杆。K11购物艺术中心把艺术·人文·自然三大核心元素与商业有机融合，糅合多维的艺术欣赏与体验经济，实现文化与商业的跨界融合、艺术引领消费的全新商业艺术融合模式。

案例2 文化引领商业创新

——美罗城商业转型升级的实践与探索

美罗城购物中心位于徐家汇中心区域，近年来积极探索"文化引领商业创新，商业与文化相结合"的商业模式，致力于为消费者提供个性文化休闲体验，被评为沪上文化(文艺)新地标、"上海商业百强"。在具体实践中，美罗城在形态上适应差异化个性化的消费趋势，打造"街、道、廊、坊、庭、院、网"立体化街区式购物中心；在业态上推进徐家汇商圈内错位竞争，形成"吃、喝、玩、乐、逛"都市型一站式体验性消费结构；在内涵上开掘商业文化的深度，传承文化基因，注入文化元素，打造时尚潮流的美罗城。通过持续转型升级，美罗城经济效益稳步增长，品牌影响力持续提升，企业税后利润连续10年呈两位数增长，2016年利润再创历史新高。

一、透过"文化"主题，附加人文价值，带动产品增值

美罗城的最近一轮大规模调整改造，酝酿始自2009年，以"一年一个新项目"的速度持续推进、有序落实。如今大家耳熟能详的美罗城五番街、美罗内街、欧风街、罗薇道、东来坊，就是近年美罗坚持"文化"主题精心打造的一系列作品，推动了美罗城新一轮"街道廊坊庭院网"更富立体感的转型发展之路。

美罗城在整体规划调改之初，就坚持打破传统百货简单地将同类产品堆砌在同

一楼层的布局定势思维，真正从消费者偏好和体验的角度，创新打造具有商业文化为主题特色的“立体化街区式购物中心”，提供“吃、喝、玩、乐、逛”一站式消费体验。在美罗这座“城”里的每一条街、道，从规划布局、形象设计、店铺招商、商场管理、客户服务、整合营销等各个方面，都始终把握“一层一风、一品一店”，尽最大努力呈现个性化、差异化。曾经有自媒体进行沪上商业地产的洗手间调查，结果有个有意思的发现，美罗城的洗手间和其他商场都不同，似乎没有既定的模式，每一个楼层都不同，与每一层的整体风格相匹配，打破按部就班的思维、传统单一的格局，带给消费者惊喜，呈现独特的“厕所文化”。

与此同时，同一个楼层的商户业态组合却是大胆创新“混搭”，从早年美罗城把女性钟爱的屈臣氏和男性天地百脑汇、手机通信天地的毗邻搭配，到后来五番街食品、饰品、杂品的穿插组合，以创意将不可能变成可能，通过每一楼层的“主题文化植入”，激发消费兴趣，提升消费黏性。美罗城商户大食代，是 1998 年商场开业之初首批进驻的合作伙伴之一，参与了美罗城历次重大调整改造，经历了不断的产品升级换代。2015 年末，大食代再以“上海弄堂”主题打造升级版“海派文化”旗舰店，引进大壶春、功德林、鲜得来、小绍兴、小金陵、大富贵、洪长兴、德兴馆等 20 余家闻名全国的上海“老字号”品牌抱团入场，一店一品呈现老上海风情。2015 年 12 月 31 日，换上全新“中装”的大食代，以一场独特的海派旗袍文化派对，整合经典美食与弄堂杂艺，迎接 2016 跨年，把历史的记忆定格在时尚潮流的美罗城。如今，从学步的幼童到百岁的老人，全家老小都乐于在“上海弄堂”分享回味正宗的“上海味道”，品味老上海餐饮文化底蕴。大食代的转型提升，通过文化主题引领，产生文化集聚效应，带动产品增值，随之带来客流的提升、客单价的提升，并形成良好的口碑。

二、创新“文化”概念，引领升级换代，拉动市场消费

调整后的美罗城，五番街汇日系品牌，演绎潮流文化；内街重商务休闲，崇尚白领文化；罗薇道展法式浪漫，呈现多元文化；欧风街现欧陆风情，力推体验文化；大食代建上海弄堂，回味海派文化；东来坊融亚洲元素，营造东方文化。通过匠心打造，使得美罗城每一层、每一街、每一道、每一铺，都有它的粉丝群。同样的品牌，消费者更乐意到美罗城消费，因为这种体验感不是“键对键”的网购所能比拟。商场不再是单纯购物的场所，其价值体现在满足消费者“面对面”情感交流、文化体验、增值服务的个性化需求。美罗城在实践中体会到，创新文化概念、附加文化价值的产品，其拉动消费、驱动市场的作用，不容小觑。作为美罗城调改排头兵的日系“五番街”，2015 年全年营业额超过百万元天数达 25 天，较 2014 年几近翻番，最高单日营业额突破 150 万元。同样的商家，开在其他商场门庭冷落，而在五番街却需排队等号。2016 年 5 月 1

日，沪上首家动漫大师宫崎骏正版“龙猫”主题店首发入驻美罗，受到粉丝追捧，再掀人气新高。随着“五番街”的声誉鹊起，如今日系品牌商家沪上开店美罗城已成首选。

二楼百脑汇撤场后，美罗城调整为东来坊，取“紫气东来”寓意，布局以潮流眼镜、生活用品为主，规划设计时，将亚洲元素错落有致点缀其中，营造“东方美、国际范”的氛围。民族品牌佰草集传承中国民族文化，于故宫90周年之际，推出由故宫博物院监制出品的12仕女图限量版太极丹，将民族文化融于时尚潮流中；百年老店吴良材摇身变作博物馆式的眼镜店，让人驻足流连于浓厚的历史文化氛围；一代眼镜以酒吧风引领眼镜配饰时尚潮流，带来文化视觉冲击。在坚持整体风格的基础上，遴选优秀品牌，将文化植入商业，激发消费者的购买力，形成特色文化消费的盈利模式。

三、传承“文化”基因，定格历史记忆，创造消费需求

徐家汇，人杰地灵，富含文化底蕴。徐汇剧场、徐汇区工人文化宫、徐汇区文化馆的城市文化记忆，使美罗城注定拥有独特的地缘文化基因。美罗城所在地正是新中国诞生后上海建造的第一个剧场——“徐汇剧场”的旧址。六年前，一次偶然的机会，让美罗有幸结识了著名华人导演赖声川先生，并了解到他有意在沪筹建一座剧场。还一个剧场，圆一个梦想，成了彼此共同的理想。“六年磨一剑”的上剧场由美罗城投资8 000万元，在赖声川导演的精心创意下，由日本北井设计师和现代设计院共同设计，3 335平方米、699个座位，完全符合赖声川导演的剧场理念和演出需求。一流的导演、一流的设施、打造一流的剧场，追求艺术品质的心灵境界，时尚生活的精致表现，成就上海徐家汇又一处文化高地。其对于美罗城核心竞争力的提升，对于商业地产个性化的发展，对于徐家汇4A级旅游景区商旅文功能的丰富，都将产生难以替代的作用。

上剧场开幕季期间，轮番上演的《一粒沙》《弹琴说爱》《叽咕男女》等多部优秀剧目让文艺爱好者纷沓而至，为美罗城聚集人气、拉动消费。2016年3月，上剧场又迎来赖声川经典作品《暗恋桃花源》30周年纪念版，1月5日开票仅3小时即超卖；加演两场，结果开票1.5小时又一售而空，可见上剧场已然不仅是美罗城的亮点、徐家汇的焦点，更成为上海的热点。未来，除了每年定期演出的赖声川优秀剧目，上剧场更将有“度身定制”的驻场剧目。例如7—8月，将推出赖声川首部儿童剧作品《蓝马》，让学生伙伴们在暑期能够走进上剧场，感受戏剧文化的魅力，播下文艺的种子。

如今，位于美罗城5楼的上剧场，与大众书局、上影国际影城三位合一构成美罗“艺文廊”。书香与影院的混搭，两者一脉相承，融会贯通，为消费者提供“阅读＋观影”一站式文化消费体验的可能，观影后“顺手牵书”或是品书后“驻步观影”带动了艺文廊的文化消费。而剧场与商圈的融合，代表着艺术源于生活、又回归于生活，同时强化了美罗城资源优势互补、消费客群互通的竞争优势，只要上戏，商场的人流、商家的营业额亦同步增长。

2016年3月，“上剧场暗恋季”推出，美罗城同步营造文化氛围、制造文化话题、与徐家汇电商合作推出“史上最文艺的交友派对”，吸引众多适龄男女青年报名，提振商场人气，引发媒体关注，带动周边商户，创造消费需求。5月宫崎骏龙猫首馆开业，同样以整场联动营销引人气爆棚，助力美罗城“五一”小长假三天销售同比增长32.78%，其中开业首日销售额同比增长42.19%。

结合2016年上海迪士尼乐园开业，美罗城借势造势形成独具特色的“迪士尼+龙猫+蓝马”整合互动。通过“汇智、汇能、汇力、汇众”，各主题街区联动，各主力商家联动，将人流转化为客流，通过“去商业化”赢得商机，构建起整合、共享、开放、多赢的可持续合作格局。

展望未来，美罗城将继续开拓创新，把握供给侧结构性改革的内涵与精神，探索与实践“商业与文化相结合”的创新发展之路，提升文化含量，创造文化消费，在变与不变、体验与互动中形成特色，推进可持续健康发展。

六、 专业专卖店①

2016年，上海连锁专业专卖店实现销售额824.8亿元，比上年增长0.5%。其中，上海市内零售额为514.6亿元，比上年增长5.0%。2016年专业专卖店主要呈现以下特点。

1. 家电专业店强化物流体系，加速互联网布局

2016年，上海家电专业店实现市内零售额226.4亿元，比上年增长6%，继续保持稳定发展态势。家电专业店不断强化物流体系，持续加快互联网布局，取得较好的成效。苏宁上海奉贤物流基地完成仓库自动化升级，发货能力和出货效率显著提升，截至2016年年底，苏宁物流仓储面积达到600万平方米；苏宁2016年计划投入50亿元，新建1 500家易购直营店和200个线上地方特色馆，加速布局电商。2016年，国美以微店的形式，实现实体店与互联网的无缝结合，2016年上半年，国美微店突破10万家，销售额近千万，日活跃小店17 000家。

2. 书报专业店加速转型升级，线上线下联动效应凸显

2016年，上海书报专业店实现市内零售额11.6亿元。上海实体书店加速转型升

① 数据来源：上海连锁经营协会。

级，线上线下联动，谋求特色化、多元化发展，取得初步成效。一方面各品牌书店加速布局上海市场。2016 年，全国知名品牌实体书店如大众书局、西西弗、言几又等纷纷落户上海，本地品牌钟书阁发展迅猛，开出多家新店；另一方面实体书店加速转型升级，营销手段多样化。2016 年，钟书阁芮欧店通过举办"读者分享会""新书分享会"等活动增强消费者之间的互动和分享，拉动销售，增加人气取得显著效果。上海新华书店加速线上线下联动效应，深挖消费者需求，线下推进实体门店的换标升级，打造雅致的读书空间，引入售卖咖啡等服务，同时加强线上信息化、智能化服务。

案例 3 以"粉丝"为核心驱动商业模式的重构与升级

——淮海中路商业中心新一轮年轻时尚化转型

近年来，淮海路商业中心积极探索发展商业新业态、新模式，从商业业态、街区形态、文化神态、消费生态着手，"四态并举"推动整体转型升级。2016 年，淮海路商业业态与项目更新力度大，Line Friends、Gentle Monster 等一批品牌旗舰店先后开业，为淮海路带来旺盛人气。这些新品牌具有互联网时代粉丝经济、社群经济的显著特征——以"粉丝"为核心驱动商业模式的重构与升级。其共性包括：一是以个性化、时尚化的年轻消费群体为目标，通过线上虚拟互动、明星效应等创造情感联结；二是将粉丝转化成高活跃度、高黏性、高忠诚度、强韧性（可以包容偶尔的瑕疵）的消费者，并为线下实体店引流；三是混合跨界经营，不断扩充、延伸周边产品，实现利润增加。新品牌、新业态的引入，与淮海路的"时尚文化"基因相结合，将使淮海路迸发年轻、个性、时尚的消费活力。本案例以"Line Friends" "Gentle Monster"为例，展现新淮海路的转型实践和探索。

一、Line Friends

1. 品牌背景

Line Friends 最初是韩国聊天软件"Line"中的卡通表情，以其可爱并且独特的形象设计深受年轻人欢迎（如布朗熊、可妮兔、詹姆斯、馒头人等）。在卡通形象的基础上，Line Friends 开发了 400 余种近 7 000 个 SKU 的系列周边商品，衍生出零售、授权和内容三大类业务。零售业务方面，Line Friends 有专卖店、咖啡馆、主题乐园等各类门店，产品横跨生活、文具、玩具、配饰、时尚、电子产品、医药还有图书等，充分体现 IP 消费品的市场潜力。授权业务方面，Line Friends 获得了享有世界最高权威的 LIMA 国际授权业协会及 ALA 亚洲授权业协会大奖，占据了名副其实的亚洲第一的地位。凭借享誉世界的人气和品牌价值，Line Friends 正在与世界知名品牌们进行合作，并且作为联合国儿童基金的全球合作伙伴进行活动。内容方面，2015 年，为了进一步提高作为角色品牌的价值和加强角色事业的专业性，成立了 Line Friends 股份有限公司，制作播出 *Line Town*，大受粉丝追捧。

2. 经营模式

(1) 赋予不同门店特殊性

Line Friends 咖啡店每家店选用的卡通形象都不相同——淮海路旗舰店就是首家以布朗熊的妹妹丘可为主题的咖啡店，上海风情老洋房的外立面上方坐着一只头戴粉红色蝴蝶结的巨型丘可。不同的主题意味着，消费者可以在不同的咖啡店跟不同的场景或角色合影，这种方式的好处在于，它更强调某一家门店本身的吸引力，而不仅仅是一个宽泛的品牌。不同的 Line Friends 咖啡店里，总能找到不一样的东西拍照合影，一个发箍、一只气球、一杯拿铁、一块甜点，一个巨大的布朗熊摆着呆萌的表情坐在门口，青蛙雷纳德站在咖啡区域迎宾，熊猫坐在长椅上，馒头人坐在咖啡桌前，又或者是布朗熊要从墙壁里蹿出来，可妮兔和莎莉在空中飞，所有这些设定都可以增加消费者的传播主动性。

(2) 与消费品牌合作并延伸

Line Friends 是典型的线上线下结合，文化体验由虚变实的零售商业业态，Line Friends 的基础用户由线上虚拟互动产生，再通过衍生品吸引到线下，实现了商场用户的线下导流，同时借助实体店成功走出二次元，进入真实生活，实现了用户扩张，线下为线上新用户导流，并借此增加用户黏度。Line Friends 的选址取向于年轻消费者感兴趣的各种地方。譬如，优衣库的联名款 T 恤、i.t.位置最好的陈列架、施华洛世奇的吊坠、谜尚的气垫 BB 和睫毛膏、新秀丽的行李箱等——从文具到时尚类产品，Line Friends 一共有大约 3 300 项授权业务。2016 年 1 月，Line Friends 和韩国化妆品牌 MISSHA 联手推出联名彩妆，可爱的包装和强大的功能性吸引了不少女性消费者的关注。Line Friends 还与家具品牌、餐饮等多行业跨界合作。Line Friends 与伦敦高端自行车品牌 Brompton 合作推出限量的折叠自行车，配以布朗熊的身份标识，给车身刷上布朗熊的棕色，并在车座、车把和车架等细节部分印出布朗熊，售价约 1.44 万元，全球限量 50 辆。此外，Line Friends 与众多企业合作推出布朗熊限定款的产品，或让布朗熊、可妮兔“代言”新产品，目前 Line Friends 已经拥有 7 000 余种角色产品，涉及了动画、游戏、咖啡厅、酒店甚至是主题公园等多种多样的领域。

(3) 塑造人物性格，创造情感联结

Line Friends 借鉴了迪士尼动画运作模式当中的“米奇和他的朋友们”，持续地向品牌家庭中加入新的角色，并赋予每个角色鲜明的人物性格，让角色与消费者产生情感上的共鸣。Line Friends 还曾经把2013年在日本上映的动画连续剧《LINE OFF-LINE 上班族》和《连我小镇》带入中国，并在搜狐视频上播出过一段时间。两部动画的豆瓣评分都达到了8.3分。

(4) 选址于一线城市的繁华商区

Line Friends 的门店装修风格温馨可爱，但在一些小细节处，在不同的国家地区，均体现出当地的文化风情。除了上海旗舰店外，Line Friends CAFE & STORE 一共有9家门店，包括韩国4家，日本2家，中国大陆4家。2016年，Line Friends 在中国也是加快开店步伐，，包括上海 SOHO 复兴广场、四川成都远洋太古里以及广州正佳广场和南京环亚凯瑟琳广场。落户南京环亚凯瑟琳广场的门店也是其华东最大规模店，面积超过800平方米，零售与餐饮一体，有不同周边产品，还供应各种饮料、甜点乃至牛排等餐点。

(5) 周边产品延伸，利润增加

2016年，Line Friends 仅周边产品一季度就赚了1.3亿元，占其总收入的6%，实体店陆续扩张，Line Friends 正在考虑于中国建立合资公司，在移动互联网时代的通信产品还是探索盈利模式的时候，售卖表情作为一项收益非常可观。目前，Line Friends 已经在首尔、东京、上海等地开设了18家 Line Friends Store，同时在中国开设了天猫旗舰店，来自衍生品和形象授权的收入快速增长，对总收入的贡献从2013年的1.7%增长到了2015年的5%，并在2016年第一季度继续扩大到6%。

3. 上海淮海中路旗舰店

(1) 门店概况

2016年11月18日，Line Friends 旗舰店入驻淮海中路666号，总面积为800平方米，叠跨三层。淮海中路店是该品牌旗下第七家门店，是首家以布朗熊的妹妹 CHOCO 为主题的门店（该品牌人性化的主要角色包括布朗熊、布朗熊的妹妹 CHOCO、CHOCO 的好闺蜜莎莉等）。店内有3米巨型 CHOCO，延续一贯的“萌”风格，内设 Line Friends 小街、黑胶唱碟店、烘焙坊、书店、茶馆、复古理发店、莎莉的房间和布朗熊的小天地等八大主题空间。一楼全新推出了 CHOCO 系列产品的贩售区，二楼设有精心打造的 Line Friends 小街，在街头打碟的 DJ 布朗熊等。三楼是布朗熊的天地，以其随处可见的“萌”，吸引了源源不断的粉丝。

(2) 独家特色

淮海中路旗舰店的独特之处在于三方面：一是只接受预定的专属下午茶房间；二是石库门结构里隐藏的上海风情；三是诱人的甜点和饮品。除了空间设计，这间旗舰店的最为独特的是一款全国独家的下午茶套餐。此套餐一天只设6席，接受电话或现场预定，设在传统石库门建筑所称的“亭子间”里。“亭子间”位于传统石库门在二楼半的地方，是一间朝北的狭小房间，20世纪30年代就是这些“亭子间”曾收留了包括鲁迅在内的许多落魄文人。这款独特的下午茶，提供了丰富的餐食选择，甜点精致美味，从盛咖啡的马克杯、餐巾纸印花到纸杯蛋糕的装饰，都能看到Line家族的萌物，对于顾客吸引力十足。此外，随套餐还会免费分发一些纸板拼装玩具，提升顾客的用餐体验。

二、Gentle Monster

1. 品牌背景

Gentle Monster是于2011年4月由Jay Oh和Hankook Kim创立的韩国眼镜品牌，产品由墨镜和眼镜构成，墨镜以高质量的材质与干练的设计为特点，品牌设计风格大胆，配色鲜艳，配饰元素前卫，造型惊艳，个性鲜明，其以品类丰富、设计独特的眼镜、墨镜以及充满艺术氛围的实体门店环境而深受年轻消费者追捧。

目前，该品牌最大的市场分别是日本、韩国和中国，在全球19个国家拥有160个销售点，“创新实验”是Gentle Monster坚持的品牌理念，零售门店在同质化的线下零售空间中让人眼前一亮，从建筑风格、艺术装置到整体主题概念，都传递出Gentle Monster希望表达的“怪异的美学”风格，权志龙、杨洋、全智贤、杨幂等众多明星都是其忠实粉丝。

2. 经营特色

(1) 创新商业空间结合艺术化的零售方式

Gentle Monster以品牌旗舰店作为切入点，创新了一种新型商业空间的模式，在传播品牌理念和商业空间设计之间找到平衡。目前，Gentle Monster在韩国的五个旗舰店，分别位于论岘、新沙洞林荫道、弘大、桂洞和釜山，其设计理念各不相同，每一次新的旗舰店的开幕都是一场品牌理念的延伸和发展，其独特而合理的设计、特别的展示空间和多品牌的产品，在消费者和媒体中引起强烈的反响。

以弘大旗舰店为例，平凡的水泥墙正面凭空凿出一个大洞通向遥远的未知空间，这是Gentle Monster的第二个空间故事*THE QUANTUM*(《量子项目》)。通过和各种不同领域的艺术家和品牌合作，进行艺术性的尝试，每25天进行整体主题的更换，充分展示了新型商业空间进化的快速步调。由于主题的独特性和大胆创新商业空间的举动，量子项目已经被称作新的弘大地标。近期，量子项目进行展示的是“MOVE OUT”(迁移)的主题，这是弘大旗舰店内部整修后更新的主题。在这个主题中，通过各种抽象化的概念和寄托童年记忆的素材，展现了留下来的人和离开的人共存的空间，观众在这里将体会到既是旅行者又是流浪者的神奇旅程。

即便是选址于百货商店和免税店等对于店铺空间有着严格规定的门店，Gentle Monster 也灵活运用机器人 KUKA 进行空间的演绎和品牌理念的传递。譬如，KUKA 在仁川机场登机楼中的新罗和新世界免税店可以看到，同时在乐天百货总店和蚕室店也分别在表演不同的故事。

(2) 明星植入、品牌联名结合海外扩张

在美国市场，2016 年以前，Gentle Monster 不仅在百货公司开设专柜，而且与买手店合作。至今，其在美国的零售点超过 450 家。2016 年 2 月，Gentle Monster 在纽约 SoHo 区格兰街开设第一家专卖店，该店拥有洞穴般又大又深的空间，占地 46.45 平方米。Gentle Monster 在美国的另一家店面位于洛杉矶，于 2016 年底在市中心开设，占地 1 022 平方米，与亚洲的梦幻店面在风格上更为一致。此外，该品牌正在谈迈阿密与达拉斯一带的店址，打算在 2019 年之前在美国西部与欧洲开出 10 家新店。

Gentle Monster 美国首席执行官 Won Lee 主导了品牌的社交媒体传播和属性定位。韩流明星和外国网红联合晒镜，使 Gentle Monster 在美国社交平台上的讨论度不断提高。纽约旗舰店亮相当天，多位明星前来捧场，进一步深耕了品牌的市场影响力。

经过明星植入阶段之后，品牌在美国市场的重点转移到了时装周。2015 年，Gentle Monster 出现在纽约 2016 春夏时装周开幕式上，并通过跨界合作，成功登上了时装周的舞台。2016 年，Gentle Monster 继续在纽约秋冬时装周开幕式上亮相，并举办新店开业典礼。9 月 7 日，在纽约春秋时装周上独立设展。同年，中国香港、北京、上海旗舰店相继开业。

(3) 以价格优势、产品区别和垂直市场塑造品牌优势

价格方面，Gentle Monster 以轻奢为标签，其常规款式集中在 1 000～2 000 元，中国大陆的定价低于中国香港和美国，高于韩国。相对于国际品牌的 3 000 以上的价格，它更显亲民。产品方面，Gentle Monster 设计语言鲜明，不难模仿。但切入时尚行业的做法，是绝无仅有的，难度空前——从来只有时尚圈跨界做眼镜的，极少有眼镜跨界时尚圈的。在商业法则中，高产值行业向分支领域扩张的案例比比皆是，而与眼镜行业有关的高产值行业有数码、医疗和时尚，分别对应眼镜的功能性、视光性和美饰性。市场方面，除了分销零售商和旗舰店外，Gentle Monster 还提供官网直购。官网极具观赏性，产品图、多维度上脸图和数据图一应俱全。产品均有通俗易懂的名称，而非枯燥的编号。官网支持支付宝和 PayPal 付款，默认快递是顺丰，产品有 6 个月的质保期。总的来说，作为垂直渠道的眼镜品牌，其官网亲和力极佳。

3. 淮海中路旗舰店

Gentle Monster 淮海中路店于 2016 年 9 月 1 日正式开始营业，该店是 Gentle Monster 的全球第十家旗舰店。上海旗舰店以“Artisan(城市匠人)”为主题，此选题为契合淮海中路历经百年兴衰繁华，始终保持与时俱进的步伐与海纳百川的胸怀的特质，设计师将其比喻为伴随历史繁荣发展也历经坎坷的艺术家，不忘初衷，秉承匠心。店内的产品空间展现方式，以有形的“铁与木”和无形的“声音”表达了冲突又谐调的“Artisan”主题，象征着匠人情怀的“打磨”“切割”和“推倒”旧的“再建”新的，重生与新旧交替成为其设计之意义。

与国内另外两家 Gentle Monster 门店相比，北京太古里店以“秘密公寓 SECRET APARTMENT”为主题，上海国金店的主题则为“FROGISM 青蛙症”，三店不同的店铺设计，具有明显区别，每家店带给顾客独特的购物体验，像逛艺术馆一样的试戴眼镜，顾客可以在店内尽情拍照和试戴眼镜，随后自发在社交媒体上分享传播。

第二节　批发业发展态势

2016 年，上海市商品销售总额突破 10 万亿元大关，实现 100 792.84 亿元，比上年增长 7.9%，增速比上年提高 1.5 个百分点。其中，批发销售额 90 989.82 亿元，比上年增长 7.9%，增速比上年提高 1.8 个百分点。

一、2016 年发展概况

1. 批发销售呈现“四高一低”

2016 年，上海批发销售规模稳定增长，增速提高，主要呈现五方面特征：一是批发销售规模高于零售 8.3 倍；二是批发销售占比为 90.3%，高于零售占比 80.7 个百分点；三是批发销售对商品销售总额增长的贡献率达到 90.3%，远高于零售给居民和社会集团的贡献率；四是上海商品批发销售超过北京 3.91 万亿元；五是批发销售增速尽管有所提高，但仍低于零售额增速 0.5 个百分点。

2. 生产资料批发增速加快

2016 年，上海生产资料批发行业共实现销售 5.34 亿元，比上年增长 7.8%，增速加快 6.8 个百分点，上升明显。受供给侧结构性改革、宏观经济形势好转的影响，2016 年上海市场生产资料供给过剩状况已逐步得到缓解，除煤炭及种子饲料类增速下滑外，生产资料各大类销售比 2015 年均有所回暖，呈增长态势。其中，煤炭价格大幅飙升，煤炭企业盈利企业大幅提升；受钢铁业去产能力度加大和下游终端用户对钢材需求的增长，钢材市场震荡上行。

3. 农产品批发市场体系建设日趋完善

2016 年，上海共有农产品批发市场 25 家，其中，中心批发市场 2 家，区域性批发市场 15 家，专业批发市场 8 家，年交易量 1 200 万吨，交易额 1 000 亿元，逐渐形成供应稳定、价格平稳、安全可控的农产品批发体系。智慧微菜场入驻社区，取得显著成效。全市社区智慧微菜场开设已超过 1 500 余个，市民可通过自动售菜、网购自助提货等服务购买蔬菜，菜源与基地直接对接挂钩，菜价保持稳定。主副食品市场保供稳价，基础更加夯实。加强产销对接，建立上海市“菜篮子”与外省市“菜园子”产销对接机制，在江苏、山东等地设立首批 6 个外延蔬菜基地。

二、 2017 年发展展望

2017 年，上海将围绕“四个中心”和全球科技创新中心建设，持续推动供给侧结构性改革，充分综合工业化、信息化和城镇化优势，着力推进“互联网＋批发市场”的全新运作模式，充分发挥批发市场在商品流通环节中的主力军作用。

1. 加快推动平台经济发展

持续推进大宗商品 B2B 平台建设，充分发挥互联网高效连接的特点，实现上下游供需的高效对接，帮助化解产能过剩、流通成本高等问题。持续发展面向国际的大宗商品、消费品、农产品等市场，促进第三方交易平台扩大规模、提升辐射力，鼓励各类市场和平台加强大数据开发应用向“云商”发展，培育形成一批千亿、万亿级规模的国际或区域性大市场、大平台。平台经济模式不仅在资源整合、降低流通成本等方面有着显著优势，随着经济转型的不断深入，平台经济覆盖行业范围将继续扩大。

2. 创新实用农产品市场供需模式

完善大市场、大流通、公益性农副产品市场体系建设，落实保供稳价“区长负责制”，“五管齐下”抓好“菜篮子”工程。加大组织供应，建立 30 家控成本、可追溯、稳供应的紧密型规模化外延蔬菜基地。提高产销对接效率，改革蔬菜供应体系，推动西郊国际等批发市场转型升级，支持农产品“批零联盟”模式发展。推动菜市场规划落地，新建 30 家新型示范性标准化菜市场。加快发展产供销一体化食用农产品流通模式，推广新模式应用，建设 300 家基地直采、冷链配送、自助售菜为一体的社区智慧微菜场。

第三节　餐饮业发展态势

2016 年，上海餐饮业市场规模为 1 072.42 亿元，比上年增长 4.7%。

一、 2016 年发展概况

1. 全年实现正增长，走势稳中趋升

2016 年，在消费持续升级、互联网技术创新等积极因素的推动下，上海餐饮行业呈现震荡上升趋势。从季度走势看，一季度同比增长 3.5%；二季度出现相对低谷，同比增长 1.9%；三季度增势回升，同比增长 4.4%，其中 7 月份达到全年峰值，同比增幅为 6.9%；四季度保持同比增长 4.3%。餐饮业营业额占全市社会消费品零售总额的比重为 9.8%，对社会消费品零售总额增长的贡献率为 7.2%，比上年提高 0.5 个百分点。

2. 餐饮业态多元化，模式持续创新

2016 年上海餐饮市场新业态、新概念层出不穷，餐饮业态进一步多元化。一是大众市场需求旺盛，"轻餐饮"备受欢迎。"轻餐饮"介于传统的快餐与正餐之间，往往定位鲜明、个性突出，富有时尚休闲的设计特征，较好地适应了新一代消费主体的需求。加上"轻餐饮"品类简单、空间灵活，便于控制成本并开展连锁化、标准化经营，具有较强的集群效应，在餐饮业发展中发挥着越来越重要的作用；二是跨界融合持续升温。餐饮业跨界经营增加了顾客的消费频次和滞留时间，有效地提升了餐饮业的营业额和营业利润。如，阿里巴巴的"盒马鲜生"大力推广"生鲜＋餐厅＋外卖 O2O 集市"；永辉超市推广"超市＋餐饮的超级物种"等。

3. 节令需求强劲，"老字号"凸显生机

近年来，节假需求和时令需求对上海餐饮市场消费影响显著，根据上海市餐饮协会抽样数据分析，2014—2016 年的节令餐饮消费同比增长一成以上。在上海节令餐饮市场中，老字号餐饮始终把握上海中老年客群的就餐需求，重新焕发生机，供不应求。据上海市商务发展研究中心监测数据显示，2016 年上海老字号餐饮增长有力，其中洪长兴比上年增长 18.9%，老正兴增长 12.6%，老半斋增长 11.7%，王家沙增长 11.6%。此外，老字号餐饮商业坪效居高不下，2016 年，光明村每平方米日均营收达到 266 元，王家沙达到 129 元。

二、 2017 年发展展望

2017 年,伴随着供给侧改革持续深入,“营改增”政策全面实施,“互联网+餐饮”进一步融合,上海餐饮业的经营管理水平和规范化程度将进一步提高,市场规模将进一步扩大。2017 年上海餐饮市场将呈现以下发展趋势:一是大型餐饮向中小型餐饮进行转化,大型餐饮集团逐步转型或发展个性化中小型餐饮品牌,突出消费客群大众化、经营面积缩小化、菜品小型化和消费价格亲民化等特征;二是餐饮业呈现实体和虚拟相结合的发展趋势,大数据推动餐饮业实现智能化管理,智能餐厅成为餐饮业发展新趋势;三是餐饮企业朝着合作的方向发展,在互联网和资本浪潮的推动下,餐饮市场的“分享经济”特征愈见明显,跨界融合趋势加强。

第六章　其他生活性服务业

一、 家庭服务业

随着互联网技术的广泛应用，家庭服务业新需求的出现，上海市家庭服务业培育了一批“互联网＋”新兴业态企业，行业发展呈细分化、专业化、信息化趋势。

（一）2016 年发展概况

2016 年末，上海注册登记的家政服务机构为 2 400 多家，实际经营 700 多家，从业人员约 50 万人左右。法人企业营业面积 41.6 万平方米，同比增长 5.4％，行业发展呈细分化、专业化趋势。

2016 年，家庭服务业呈现需求多元化、服务快餐化、消费年轻化的发展趋势。家庭服务业不再拘泥于传统的日常家务料理，逐渐涵盖母婴护理、高级管家、早教等私人订制式需求。此外，随着境外投资者落户上海逐年增多，高端涉外家庭服务的特殊需求也在增加。家庭服务消费的频次日益加大，家庭服务“快餐化”的发展特征日趋明显。年轻群体逐渐成为家庭服务消费的主要群体，据统计，用户中 30 岁以下人群占家庭服务消费比重的 49％。

2016 年，家庭服务行业供给模式持续创新。家庭服务行业不断涌现出新型供给模式：一是垂直细分服务模式。企业自建供应链，利用互联网工具和大数据技术，地图派单、APP 接单，为用户提供更加精准、细化的服务模式，解决了传统家政服务效能低的问题；二是定制化服务模式。利用互联网、大数据等技术，把“高品质的线下定制服务”与“互联网线上数据整合功能”有机结合，为用户提供个性化服务，主要满足高端市场的个性化需求；三是实体连锁模式。传统家政连锁企业，通过信息化工具包括 ERP、

SAAS 和互联网平台运用，为用户提供线下结合线上的服务模式。家政连锁总部通过信息互联网技术，有效管理线下多家实体门店，改善用户家政体验感和安全性。

2016 年，家庭服务业管理方式不断完善。通过“登记注册、持证服务、追溯管理”三步走，推行家政从业人员全员管理。一是公司化管理服务机构。严把经营资格、严格经营规范、落实经营责任。培育了爱君、巾帼园、大拇指等一批规模化、标准化、品牌化的龙头企业，涌现出悦管家、云家政、牛家帮等一批运用“互联网＋”的新兴业态；二是追溯管理服务信息。按照“建设、管理、运行”三位一体原则，建立上海家政服务信息追溯系统，有效整合政府监管、服务企业、服务用户三项功能，把政府“独角戏”监管变为市场合力监管；三是源头管理供应基地。规模品牌企业在安徽、河南等家政从业人员来源大省建设外省市家政服务人员供应基地，组织化引进外省市家政服务人员，从源头上实施家政服务人员精准培训和追溯管理。

（二）2017 年发展重点

2017 年，上海市将以市政府实事项目为抓手，以标准化建设为引领，以规范服务培育品牌为重点，以规范企业行为和提升从业人员技能素质为重点，积极研究和探索新常态、新形势下家庭服务业转型发展的新思路和新方法，在实践中创新，在改革中发展。重点围绕以下三方面展开：一是探索上海家庭服务业发展新途径。家庭服务业已成为现代服务业重要组成部分，上海的人口老龄化，家庭小型化、家庭服务需求多元化和服务市场细分化，给家庭服务业发展带来了机遇，更是对行业发展提出了新要求。未来，将从市场经济发展的规律研究行业方向，从满足民生的需求提升服务品质，培育服务品牌，探索发展新途径；二是持续推进家庭服务行业的标准化建设。持续推广使用家政服务标准，加强家政从业人员职业技能培训，进一步落实“准员工制”管理模式，定期发布家政从业人员收入薪酬指导价，提升家政行业规范化和从业人员职业化水平；三是进一步夯实家政从业人员登记注册工作，深化注册制工作的有效性和延续性。推进家政从业人员在线自助登记注册和签注功能的实施；继续研究和制定与家政从业人员登记注册相关的配套政策和措施。

案例 4　标准化职业化建设引领传统生活服务业创新发展

——上海家庭服务业的管理模式

近年来，在上海市商务委员会的主导下，上海家庭服务业以服务人员职业化、服务体系标准化为核心，不断提升家政服务品质，培育家政服务品牌，形成了富有特色的行业管理模式,为推进上海家庭服务业的发展作出了积极的贡献。

一、以夯实家政服务登记注册为基础,推进家庭服务职业化建设

2016 年市政府家政实事项目的目标是"完成 5 万名家政员登记注册工作"。项目自 2 月启动以来,在市妇联的领导和指导下,在市人社局、商务委等大力支持下,上海市家庭服务业行业协会(以下简称"家协")积极发挥二级区家协作用,紧紧依托各区家协做好全年的登记注册实事项目。针对家政实事项目信息平台和签注操作,市家协先后举办了八次专题培训,为各注册站(点)精准掌握登记注册和签注的操作要领打下了扎实的基础。通过各区家协注册站和机构注册点的共同努力,2016 年完成家政卡申请登记人数 59 952 人,注册成功 61 815 人;申请签注 19 960 人,审核通过 19 221 人。累计申请登记人数 227 135 人,注册成功 219 070 人。

二、以持证上门服务为抓手,推进行业诚信安全建设

为打造诚信安全的家政服务业管理体系,在全市推广家政持证上门服务。持证,指持家政上门服务证,它是一种能够快捷、高效、方便识别从业人员身份基本信息、从业基本信息,具有可查询、可追溯功能的一种标识证(卡),有效地推动家政服务业诚信体系建设。2016 年,市商务委举办了 223 个班次的培训,共 50 家家政服务机构参加试点,13 569 人经培训获得家政上门服务证,试点工作呈现"市民欢迎、行业拥护、企业支持、家政员认同"的良好局面。

三、以推进行业标准化建设为引领,推动家庭服务业健康发展

2016 年是上海市家庭服务业行业协会全面推进标准化建设关键之年,转型之年,更是上海家协的标准化建设的大年。市家协分别承接了市商务委的 3 个地方性标准、8 个行业规范建设项目和市妇联关于家政机构标准化服务试点建设项目。经过前期大量的走访调研、材料搜集、数据采集、筛选、座谈和征求意见等,3 个地方标准 2016 年 5 月完成了地方标准立项审核,年末完成征求意见进入送审阶段,8 个行业规范和 68 个标准化服务试点建设项目亦已基本完成,即将进入推进试点阶段。这标志着上海家政服务的标准化体系已基本形成。即:上海家政服务机构服务管理要求、家政服务从业人员基本要求和家政服务全过程溯源管理规范 3 个地方标准;上海家政服务业行业自律、培训和居家养老护理等 8 个行业服务规范(标准);68 个家政机构管理和操作规范(标准)等 3 个层面标准化体系全过程管理。地方标准明确了家政服务的管理目标和要求;行业服务规范、标准明确了服务内容和标的;企业操作规范标准明确了服务操作的流程和要求。

四、以推进示范性家政服务站建设为载体,发挥示范引领作用

根据上海市政府家政实事项目领导小组对示范性家政服务站"创一管三"创建

要求，2016 年上半年，开展了上海市示范性家政服务站的复查工作。经过自查、复查和走访研抽查以及与示范性家政服务管理信息平台后台数据等综合评估分析，形成了 2016 年上海示范性家政服务站综合评估报告。报告显示，2016 年全市示范性家政服务站总体情况良好，近 95%示范站在家政员登记注册、诚信经营和规范服务等方面继续保持着示范引领作用。

五、以发布家政服务工资指导价为导向，推进市场有序发展

2016 年，上海市家庭服务业行业协会每季度发布上海家政服务行业工资指导价工作。通过对会员单位在微信平台上发布的供需信息收集汇总分析和上海家政示范性服务站中央管理信息平台数据的综合分析，最终形成家政服务员当季度工资指导价，并于下季度首月中旬向社会发布供市民参考。指导价分为高、中、低三个价位，让市民在选聘家政服务时，参照指导价来选择相关的家政服务，发布家政服务指导价有效促进了上海家政服务市场的规范化。

六、以满足民需、服务社会为宗旨，助力养老服务业发展

根据市人社、民政、财政等部门联合下发的《上海市养老护理员技能提升专项行动计划》文件精神，上海市家庭服务业行业协会积极研究和探索上海老龄化社会居家养老新模式和新途径，积极开展家政服务员向养老护理员转型的培养和培育尝试。家协会在部分会员单位中开展养老护理（医疗照护）培训，提升居家养老服务员的服务技能，为养老服务业发展输送专业人才，这标志着家政服务向居家养老护理和医疗照护的转型。为更好地了解家政服务的多元化市场需求，协会还建立了“家政服务心愿”问卷调研长效机制，及时掌握家政机构、家政员和雇主的供需要求。

七、以诚信经营、品质服务为准则，培育上海家政服务品牌

积极宣传和践行《国务院办公厅关于发挥品牌引领作用，推动供需结构升级的意见》和《工信部关于做好 2016 年工业质量品牌建设工作的通知》文件精神，推进传统家政服务向现代家庭服务转型升级，提高上海家政核心竞争力和行业（产业）的品牌影响力，组织和发动了部分服务机构参加第四届全国品牌故事上海赛区的征文比赛，通过比赛，展示上海家政的形象，传递家政品牌的力量。引导服务机构树立品牌意识，创新品牌理念，提升品牌形象，打造品牌故事，创造品牌经济效应，经过筛选和专家评审，最终好帮手获得一等奖，天地家政获得二等奖，爱君、悦管家和佳旺等获优胜奖。

二、 家电维修业

2016 年，受家电市场复苏影响，上海家电维修业整体规模有所上升，业内主要企业的经营规模和效益普遍提高，全年呈现稳定增长态势。

（一）2016 年发展概况

2016 年，上海家电维修服务业第三方服务实现营收 24.6 亿元，比上年增长 7.2%，其中传统维修业务实现营收 4.9 亿元，增长 6.5%；安装业务实现营收 6.1 亿元，增长 8.9%；销售业务（含配件销售、新机销售及附加品种销售）实现营收 13.6 亿元，增长 13.2%，市场转势明显。

2016 年上海家电维修服务业各类服务企业约 2 120 家，与 2015 年相比减少 30 家，其中，有资质服务企业为 790 家左右，增长 1.2%，行业人员总数略有下降，为 16 700 人左右。2016 年上海家电维修服务业行业整合度仍有待提高，小规模经营企业仍是行业的经营主体。其中，年营业收入超过 1 000 万元的企业有 30 多家，占比仅为 2%不到，而年营业收入低于 100 万元的企业则高达 1 800 余家，占比高达 83.7%。

2016 年上海家电维修服务业继续处于转型发展阶段，行业效益整体上升，领先转型企业效益稳定。2016 年上海家电维修服务业实现利润约为 3.15 亿元，利润率为 12.8%，实现持续上升。其中手机、空调和小家电维修企业利润有所增长且幅度较大，彩电、冰箱、洗衣机维修企业利润均有所下降。

（二）2017 年发展重点

2017 年，上海家电维修业将持续深化转型，进一步推动规范化、标准化、产业化发展。一是开展持证培训和管理工作。加强从业人员技能培训，建立统一技能培训评定制度，普及统一上门服务证的发放，从源头保障家电维修业的服务质量；二是加快建立行业监督监管机制。积极发挥行业协会的作用，建立长效资质评定和有效自律管理机制，尽快将家电维修业纳入行业规范中。同时，政府主管部门将通过政府主导的服务性平台汇集问题信息，发布消费警示，形成一个“政府主管部门—行业协会—服务平台”协同管理的市场监督网络体系；三是加快推进服务产业化步伐。以市场的力量，使上游的生产企业和下游的服务企业形成一种合力，以市场需求来调节生产和销售、服务之间的利益分配，打造产业资本和服务资本一体化的服务产业。

三、 美容美发业

2016 年，上海美容美发业继续保持平稳发展态势，2016 年末，美容美发业门店数量达 2.5 万家，比 2015 年末增长 6.08%，从业人数约 30 万人，比 2015 年末增长

2.2%,形成了一支服务民生、拉动就业、促进消费、推动经济增长的重要产业大军。

2016 年,上海美容美发业发展概况如下:一是美容企业占比较高,以非连锁经营方式为主。美容美发行业专业结构主要分两类:专业美容类和专业美发类,2016 年重点调研企业中,20%为美发企业,80%为美容企业。行业经营方式主要分为连锁经营方式和非连锁经营方式,2016 年重点调研企业中,35%为连锁企业,65%为非连锁企业;二是美容美发行业利润稳步增长。2016 年重点调研企业的平均利润率为2.3%,比上年增长 1.1 个百分点。

2017 年,上海美容美发业主要发展趋势:一是健康产业将成为行业发展趋势。随着生活水平的提高,人们日益追求健康的生活方式,美容美发业将积极创新转型,努力开发服务项目,传承中华养生文化,为消费者提供健康养生、健康咨询等服务;二是新技术将广泛应用于美容美发业。美容美发业将利用新技术为消费者提供优质服务,如开发健康、环保和品质有保障的无化学添加剂产品,运用在专业美容院等。

四、 洗染业

2016 年,上海洗染业继续保持平稳发展,全年营业收入约 12 亿元,年末从业人员继续维持在 10 万人左右。随着人民的生活水平不断提高,洗染业已成为民生服务中不可或缺的服务行业,并且正在转化为一个跨行业、多学科、综合性的行业。

2016 年,上海洗染业主要发展特征:一是探索洗衣新模式,线上线下联动。2016 年,衣贝洁和 e 袋洗达成战略合作后,联手推出的“城市合伙人”模式,在加盟的基础上加入资本投资和战略合作元素,形成以洗衣工厂为核心,线上线下相结合的洗衣服务生态圈;二是洗涤行业整体效益较差。目前,上海洗染业企业仍存在规模小、设备陈旧、员工文化程度、技术水平低等问题,近几年随着企业用工成本逐年增加,能源费用增长幅度大,环保成本上升,原材料价格连年提价等因素,2016 年整个行业同期利润仍呈下滑态势。

2017 年,上海洗染业主要发展趋势:一是加速行业品牌建设。品牌是企业发展的动力,是推动洗染业可持续发展的重要因素。洗染企业应以诚信为基础,产品质量和产品特色为核心,培育消费者的品牌认知度,从而提高市场占有率和经济效益;二是运用互联网技术,推动行业变革。促使传统洗涤服务面向个性化需求的定洗服务发展;三是以标准化推进行业规范。通过加强法规标准化建设,优化行业发展环境。

五、 沐浴业

2016 年,上海沐浴业连锁规模有所扩大、发展持续稳定,大型综合性浴场和大众便民浴室持续调整,数量呈现减少趋势,管理趋于规范。

2016 年,上海沐浴业主要发展特点:一是营业收入保持稳定。据统计,2016 年上海沐浴业的营业收入为 200 亿元左右,结构分布如下:足浴为 80 亿元,占营业收入总额的 40%;浴场(室)为 65 亿元左右,占营业收入总额的 33%;SPA 会所为 55 亿元,占营业收入总额的 27%。整个行业盈利水平较低,平均利润率在 3%左右,但足浴保健业的利润率有所上升,约为 12%;二是经济类型以民营和股份制为主,行业从业人员文化素质偏低。据统计,2016 年末全市沐浴业从业人员 28 万人左右,外来进城务工者占 95%,从业人员文化水平偏低,管理者中,大专以上文化程度不到 20%,绝大多数一般员工只有初中文化水平或小学文化程度。

2017 年,上海沐浴业主要发展趋势:一是足浴企业和 SPA 会所将会稳步发展。足浴店盈利能力较好,投资少、风险较低,未来在数量上将会有所增加,连锁规模也会有所发展;SPA 会所兼具沐浴和餐饮功能,更加注重休闲和保健养生,将成为沐浴行业发展的风向标;二是沐浴行业企业将更为重视企业管理和职业经理人团队的训练,增强对市场的把握能力,加大投入对市场发展的研究,进行具有前瞻性的管理和变革;三是沐浴行业从业人员素质较低,在很大程度上影响了企业的服务水平。未来,企业将加大对技师队伍的培训,提高高级技师的从业比例。

六、 人像摄影业

2016 年,上海人像摄影行业稳步发展,营业规模持续扩大,水平持续提升。为满足消费者对个性化、专业化、差异化产品和服务的需求,行业组织呈现精品化、特色化、小型化、网络化等特征,行业规模效益和特色化、多元化局面逐步形成。

2016 年,上海人像摄影行业法人单位共 562 家,法人企业从业人数 4 613 人,营业收入 92 465 万元,保持稳定增长态势。2016 年上海人像摄影行业主要发展特点:一是商业模式持续创新。2016 年,上海市人像摄影行业互联网化趋势持续加强,人像摄影业从整合、营销、传播、支付、消费者体验各个环节重新定义行业的运营和发展模式,加速以“互联网+”为代表的行业现代化进程,全面提升品牌价值和专业能力;二是行业现代化程度不断提升。2016 年上海摄影行业广泛应用新型摄影器材和冲印技术，如光学防抖成为标配，高感光度下画质显著提高，激光照排技术、电子分色技术、电脑设计和印刷技术都有新突破。

2017年，上海人像摄影业主要发展趋势：一是加快服务创新，满足多样化需求。人像摄影企业将积极运用现代摄影技术手段，创新服务项目，细化服务工种，在满足高端人像摄影需求的同时，更加注重满足老人、儿童等特定群体及普通证件类拍摄需求，为顾客提供高质量和便利化、差别化的摄影服务；二是整合行业资源，促进产业化发展。大力加强人像摄影教育、科研、创意、生产制作等综合性基地建设，推进人像摄影业与影视、旅游、体育、广告、美术、婚庆等相关产业的融合，拓展业务领域，延伸产业链条，加快人像摄影业系列化、产业化发展步伐。

第七章 生活性服务业创新与发展

第一节 上海国内贸易流通体制改革发展综合试点

根据党中央、国务院部署，2015 年 10 月，上海等 9 城市启动了国内贸易流通体制改革发展综合试点。截至 2016 年末，上海坚持部门联动、市区联手，围绕试点方案中"流通创新发展、市场规则体系、市场治理体系"三大领域，全面推进完成 12 个方面 37 项内贸改革试点任务，并且主动借鉴自贸试验区可复制推广经验，围绕加快信息化时代国际贸易中心建设这一主题，积极发挥供给侧结构性改革中流通新引擎作用，着力推动内贸流通制度创新，建设法治化营商环境，构建以商务信用为核心的新型流通治理模式，取得显著成效。

一、 内贸流通体制改革综合试点工作成果

（一）内外联动、区域协作，形成了开放创新的流通发展体系

1. 创新培育网络化、平台化商品交易市场

为适应"互联网＋"时代商品市场与要素、服务市场日益融合的趋势，一是率先发布《关于上海加快推动平台经济发展的指导意见》，出台扶持平台经济发展政策措施，支持平台型企业纳入贸易型总部和高新技术企业认定；二是率先发展平台经济推动商品市场转型升级，全面整合产业链、融合价值链，在大宗商品、消费品及生活服务、专业配套服务、跨境电商等四大领域，打造一批集交易、物流、金融、资讯等功能，技术新、辐射强的高能级市场；三是率先创立"上海平台统计报表制度"，对全市 100 多家

平台型企业开展统计，实现线上与线下、国内与国际、商品与服务全口径统计。

2. 转型提升实体商业新消费供给能力

适应消费需求升级新要求，推动商品和服务实现“买全球、卖全球”，一是转变商业业态模式，出台《关于加快上海商业转型升级提高商业综合竞争力的若干意见》，发展智慧商圈、体验式购物中心、众创空间及跨境电商、保税展示销售、进口商品直销、市内免税店等新型商业形态；二是转变消费促进方式，实施“新消费引领”“品牌引领”和“服务到家”计划，建立“会商旅文体”跨部门联动机制，及国际商业街区交流合作机制，推广移动支付、物联网、大数据等技术；三是转变国有商业企业激励机制，出台《关于鼓励和支持本市国有企业科技创新的若干措施》，建立以创新为导向的考核评价体系，对商业企业研发投入、创新转型等研发费用视同于考核利润。网购增速超过30%。大悦城、百盛优客等新型购物中心大力发展体验式消费，着力打造融文化艺术、餐饮、娱乐、社交、生活服务等于一体的综合性商业地标。社区商业持续向精细化、集成化、平台化发展，社区商业零售规模已占全市商业零售50%以上，社区智慧微菜场已达1 000家。消费品进口额约占全国30%，成为我国最大的消费品进口省市，国际零售商进驻率超过40%。顺利实施境外旅客购物离境退税政策，1—9月，235家退税商店开具退税单过万单，销售额1.72亿元，业务量居全国之首。

3. 先行建立形成全国统一市场的区域合作机制

根据全国统一大市场建设要求，上海率先提出构建长三角区域市场一体化发展合作机制，一是建立“三共三互”区域合作机制，共同推动“规则体系共建、创新模式共推、市场监管共治、流通设施互联、市场信息互通、信用体系互认”；二是项目化推进专题合作，聚焦物流标准化、农产品流通、商品市场转型、打击侵权假冒、生活必需品市场应急保供等重点专题推进落实；三是扩大农产品流通合作范围，浦东新区率先牵头建立了长江经济带9城市农产品流通联动发展机制。目前，长三角区域市场一体化已形成以“示范项目带动、产业链条联动、政府管理互动”为特色的合作模式，商务部认为这是全国统一大市场建设的“重要制度创新和实践创新”，已列入《国内贸易流通“十三五”发展规划》，将在全国进行推广。

（二）对标国际、标准先行，形成了公开透明的市场规则体系

1. 复制引入内贸流通领域的负面清单管理模式

发挥自贸试验区改革溢出效应，建立与国际通行规则接轨的现代市场体系，一是根据全市市场准入负面清单制度试点工作要求，全面梳理内贸流通领域市场准入事项，涉及20个行业小类共55项审批事项，涵盖106部法律、法规、规章及规范性文

件;二是围绕事中事后监管,梳理企业准入后经营过程中涉及的相关资质、范围、行为等限制性和禁止性规定,涉及62个行业小类,共计各类限制性、禁止性行政管理事项357项,涵盖586部法律、法规、规章及规范性文件,形成《上海市内贸流通领域行业准入后行政管理目录》,并在上海商务诚信公众服务平台上发布。实施负面清单管理模式,进一步厘清了政府与市场的关系,提高了事中事后监管透明度,促进市场公平竞争。

2. 系统构建标准化城市物流服务体系

针对流通领域长期存在的物流成本高、效率低、服务不规范等问题,以国家物流标准化试点为契机,一是围绕城市物流托盘、周转筐、车辆、服务平台,开展标准化建设,在快消品领域推广全链条、跨区域托盘循环共用模式,在农产品领域推广"田头到灶头"不倒筐全程冷链配送模式;二是建立"上海城市物流标准体系",形成一套城市物流服务区域联盟标准、团体标准、企业标准;三是建立与欧洲托盘协会、长江经济带主要城市、全国内贸改革发展试点9城市的多层次物流标准推广合作机制。试点以来,全市新增标准化托盘308万个,较试点前翻番,在长三角9城市建立了一批标准化托盘公共营运中心;试点企业实施带托运输,供应链效率提升35%,装卸效率提升2~3倍,人工成本降低15%,商品破损率降低50%。

3. 率先实行城市商业用地与设施调控管理制度

针对商业网点规划难以落地、商办用地开发需加强全市统筹等问题,一是发布《关于进一步优化本市土地和住房供应结构的实施意见》和《上海市商业网点布局规划(2014—2020年)》,明确市商务、发改、规土等部门会商商业、办公用地的供应规模、结构和节奏,加强统筹引导,有效提高商业、办公用地供应的有效性和精准度;二是在土地出让条件中,明确一般地区和近阶段商业办公楼宇供应量较大区域的商业、办公物业的持有比例和持有年限的要求,实现商业、办公项目全过程系统化、精细化、动态化监管;三是国内首发《上海市15分钟社区生活圈规划导则(居住社区)》,打造社区生活基本单元,完善生活必备服务功能。

(三)多方协同、信用支撑,形成了高效统一的市场治理体系

1. 协同创建以商务信用为核心的现代流通治理模式

针对"互联网+"流通发展下综合监管体系亟待健全等问题,一是出台《上海市公共信用信息归集和使用管理办法》,制定数据清单、行为清单和应用清单(简称"三清单")地方标准,实现政府部门基于"三清单"的公共信用信息共享,为商务信用体系建设奠定基础;二是制定《上海市商务诚信公众服务平台管理办法》《商务诚信公众服务

平台标准体系》及 20 个市场信用子平台“商务信用评价导则”企业标准，依托市公共信用信息服务平台，搭建商务诚信公众服务平台，实现公共信用信息与市场信用信息交互共享；三是推动政府监管和企业经营用信，如酒类监管在许可证审批、事中事后监管中增加诚信承诺、诚信核查、信用奖惩等措施，实现对名白酒、进口红酒和散装酒“信用＋追溯”全过程管理；1 号店对供应商，从质量、价格、客户评价等 6 个方面 270 多个指标，建立商户信用奖惩机制，投诉率从 40％降低至不足 2％；红星美凯龙对平台上 5 万多家经营商户进行信用分类管理，连续三年销售收入年复合增长率超过 17％。目前，上海商务诚信公众服务平台已正式开通，归集了 5.8 万家企业信息，推出国内第一份在线“企业商务诚信查询报告”、第一张商务信用电子地图、第一批商务诚信标准、第一个商务诚信指数。

2. 创新构建多方共治的大宗商品现货市场监管体系

针对大宗商品现货市场相关法律法规缺乏、管理规范滞后于市场发展的现状，一是发布《中国（上海）自由贸易试验区大宗商品现货市场交易管理规定》及《中国（上海）自由贸易试验区大宗商品现货市场交易管理规则（试行）》，试点开展“仓单、提单、订单”三单交易，发展面向国际的大宗商品现货保税交易，打通国际国内市场；二是市场准入环节引入社会化评审机制，建立大宗商品现货市场评审委员会，对市场的行业背景、交易规则等进行综合评估，对未达标的市场实行退出机制；三是建立“交易、托管、清算、仓储”四分开的市场监管制度和“3＋1”（第三方仓单公示平台、第三方资金清算平台、交易市场与海关）信息比对模式，实施跨部门协同监管。目前，自贸试验区已有 10 家市场建设方案通过专家评审，涵盖有色金属、铁矿石、棉花、液体化工等品类，其中 7 家市场已通过验收，4 家已正式上线，另有 1 家引导退出。截至 2016 年 9 月，自贸试验区内累计登记各类大宗商品保税仓单 60 笔，挂牌 326 笔，过户 205 笔，对接 31 家 FT 账户市场交易商以及 6 家商业银行 FT 系统。上海自贸试验区大宗商品现货市场专业化监管制度得到国家清整联办肯定，并向全国推广。另外，大宗商品电子仓单已获得国内外金融机构的认可。

3. 建立“政府引导、市场运营、社会参与”的重要产品追溯体系

着力强化产品全过程质量管理，打造放心消费的产品供给主渠道。一是出台全国首部地方政府规章《上海市食品安全信息追溯管理办法》，明确企业追溯主体责任，强化相关部门联合监督管理和行政执法职责；二是建设“信息公司＋行业协会＋会员单位”第三方追溯管理平台，培育形成一批品牌追溯应用企业；三是推广二维码技术手段，方便消费者查询。从源头到终端的重要产品追溯体系的建立，实现了食品来源可追溯、去向可查证、责任可追究，食品供应链安全性有效提升。2016 年上半年在商

务部肉类蔬菜流通追溯运行考核中保持全国领先。“食安先”“追溯云”等第三方追溯管理平台运行良好，目前已有食用农产品、食品追溯信息数据 150 万余条，销售带有追溯二维码的包装类商品 6 万余个，消费者扫描 30 万余次。

内贸改革试点时间紧、任务重，有的改革任务刚刚破题，需要进一步深化；有的法规规章、内贸流通标准制修订任务已列入计划，需要进一步推进；部分内贸流通领域财税问题，需要在国家层面进一步研究解决。

二、 2017 年内贸流通体制改革综合试点工作重点

为巩固内贸改革试点取得的成果，将制定 9 项试点成果复制推广计划，结合落实《“十三五”时期上海国际贸易中心建设规划》，加快内贸流通创新发展，加快建成国际贸易中心，增强流通业服务经济社会发展全局的能力。2017 年重点抓好以下三方面工作。

(1) 着力推动市场流通创新，加快建设联通国际、服务全国的大市场。实施“市场流通创新工程”，大力发展平台经济，打造一批百亿、千亿、万亿级的市场和平台。进一步完善长三角区域市场一体化合作机制，使之成为全国统一大市场建设的示范。依托自贸试验区，推动面向国际的大宗商品市场建设，加快推进期货市场和现货市场联动发展。

(2) 着力建设国际消费城市，加快创造新供给、带动消费结构升级。实施“新消费引领工程”，拓展消费内涵，打造特色消费载体，培育新兴消费热点。推进“会商旅文体”联动，打造多点支撑的消费增长格局。大力发展文化消费，培育都市旅游消费，提升健康消费品质，积极扩大信息消费，倡导绿色循环消费。实施“生活性服务业提质工程”，推进高品质、便利化生活性服务消费，推广实施“服务到家”计划。

(3) 着力完善现代流通治理模式，加快营造透明、规范、高效的营商环境。继续推进上海商务诚信公众服务平台建设，抓紧出台《上海市商务诚信平台管理办法》，推出一批商务信用评价标准。推动内贸流通各行业加快建设市场信用子平台，成熟一个行业，发展一个行业，逐步实现流通领域全覆盖。

第二节 大宗商品现货市场建设

2016 年，上海紧紧围绕国际贸易中心建设，坚持向创新要效益、以转型促发展，大力推动大宗商品现货交易市场能级提升，加快完善现代市场体系，全力打造国际性

与区域性的交易中心和市场，增强国际国内资源配置能力。

一、上海大宗商品现货市场建设情况

"十二五"以来，上海大宗商品市场基本形成了有形市场与无形市场并存，国际市场与国内市场相通，商品要素市场与服务市场并举，市场规则与事中事后监管共建的局面。

(1) 形成集聚效应，规模优势明显。从全国看，上海生产资料流通额占全国总额约7%，其中有色金属现货贸易量达到全国表观消费量的60%，钢铁现货贸易量占全国贸易量的25%，液体化工贸易量占全国贸易量三分之一。目前，全市共有大宗商品交易市场23家，覆盖钢铁、化工、有色、能源、农产品等领域。

(2) 大宗商品市场建设齐头并进，均衡发展。在钢铁行业，宝山区建设"现代钢铁服务业功能区"，加快培育宝钢集团旗下的欧冶云商大宗商品平台以及上海钢联的钢银线上交易服务中心与上海大宗商品信息中心。上述两家中心交易规模分别达到200亿元与600亿元。在有色行业，普陀区发展"平台经济示范区"，推动百联集团旗下的上海有色金属交易中心转型升级，平台交易规模达7 000亿元。在化工行业，长宁区和金山区联合，推动易贸集团入股上海化工品交易市场，与中石化集团进一步合作建设"上海化工品国际交易中心"，平台交易规模达到1 700亿元。在能源行业，浦东新区在原有的上海石油交易所基础上，建设上海石油天然气交易中心，结合国家能源改革需要，形成市场化定价机制，平台交易规模达100亿元。在石油煤炭行业，奉贤区促进中石油与上海石油化工交易合作，于去年引入发展"上海煤炭网"项目，打造上海煤炭交易中心。此外，自贸试验区先试先行，加快建设9家面向国际的大宗商品保税交易平台。

(3) 价格指数与定价机制获得国内外认可，国际影响力初步显现。上海钢联编制的中国大宗商品价格指数成为重要经济景气预测指标；易贸集团化工品价格指数为国际认可的我国能源化工外贸合同基准价。上海清算所在自贸试验区"四分开"试点的基础上，联合有色网先后推出了自贸试验区铜溢价掉期、人民币电解铜掉期等现货金融衍生品业务，推动提高大宗商品市场的交易报价能力与市场定价话语权。

(4) 大宗商品市场功能和服务体系日趋完善。市场主体以产品和产业链为基础，推动生产、流通和消费的全程集约化发展，打造集交易、结算、物流、金融、资讯等功能为一体的行业生态圈，为供给侧结构性改革提供支撑。大宗商品交易市场实现保税货物质押融资功能，衍生品市场发展迅速，上海清算所联合有色网、易贸集团先后推出了自贸试验区铜溢价掉期、人民币电解铜掉期、苯乙烯和乙二醇掉期等现货衍生品业务，满足实体企业资金安全、价格风险对冲、交割等一体化的需求。

二、 自贸区内面向国际的大宗商品现货市场建设试点情况

在区外市场发展经验基础上，上海充分发挥自贸试验区制度创新优势，聚焦金属、能源、化工、矿石、农产品等领域，探索建立期现联动、内外连接的大宗市场交易平台，创建符合国际惯例的市场规则和治理体系。

(1) 制定行业规范，明确大宗商品现货市场面向国际的发展定位。发布自贸试验区大宗商品现货市场交易管理规定与规则，在交易标的、交易参与方以及交易价格方面凸显出鲜明的国际化定位：交易标的为保税实物以及仓单、提单等货权凭证，交易品种为进出口规模大的保税大宗商品，突出自贸区内市场与区外市场的区别，交易参与方既包括国内交易商，也包括国际交易商，交易价格采用国际通行的不含关税和增值税的“净价”作为定价方式，使用人民币计价结算。截至 2016 年 8 月底，自贸区内已开展业务的大宗商品现货市场共实现各类大宗商品交易量 650 万吨，累计交易额 500 亿元。

(2) 创新准入退出方式，遴选优秀试点主体。经由相关政府部门代表和行业专家共同组成的大宗商品现货市场评审委员会评审，对发起人的法人主体地位、交易规则及专项管理办法、第三方合作、交易系统软硬件支持等情况进行综合评估，保证评审的专业性、公开性和透明性。自 2015 年 1 月，自贸区大宗商品现货市场建设正式启动以来，经评审委员会专家的集中评议，10 家发起人提交的市场建设方案通过专家评审，其中 7 家市场已通过验收，4 家已正式上线，1 家引导退出。

(3) 创新市场监管模式，构建多方共治的大宗商品管理体系。建立了与国际接轨的大宗商品市场专业化监管模式，通过引入“第三方清算”与“第三方仓单公示”模式，形成监管闭环，防范大宗商品现货市场资金和货权风险，并为“期现联动”奠定基础。目前该模式已成功应用于自贸试验区内大宗商品市场。

(4) 创新监管配套政策，形成大宗商品市场规则突破。探索出台信用证与跨境电票结算、订单与提单交易等相关政策，初步形成面向国际的大宗商品交易政策和服务支撑体系。大宗商品电子仓单已获得国内外金融机构的认可。

三、上海推动大宗商品市场“期现联动”试点情况

大宗商品兼具货物与金融的双重属性，由现货交易向期货、期权、掉期等衍生产品发展市大宗商品产业发展升级的必然选择。上海牢牢把握大宗行业发展契机，以“期现联动”为抓手，构筑统一、规范、联通的多层次商品市场体系，提升大宗商品资源配置能力和国际定价能力。

（1）落实国家相关文件精神，将“期现联动”工作列入上海市发展规划。依据商务部在《“互联网＋流通”行动计划》《商务发展第十三个五年规划纲要》精神以及《关于推进商品交易市场转型升级的指导意见》中提出“鼓励生产资料市场加强与生产企业对接，开展大宗类商品预售服务”的要求，落实市政府在《“十三五”时期上海国际贸易中心建设规划》中提出“推动期货市场和现货市场、保税交易和非保税交易、一般贸易和转口贸易联动发展，持续提升‘上海价格’和‘上海指数’影响力”的目标，市商务委结合市政府印发的《上海市国内贸易流通体制改革发展综合试点方案》制订了《市场流通创新工程实施方案》，明确将大宗商品市场“期现联动”试点作为上海市创新贸易运作方式的重点示范项目。

（2）形成“期现联动”试点工作路径。会同金融办、自贸区管委会等部门深入研究推动上海市大宗商品“期现联动”工作，明确两条试点路径：一是以上海清算所为主体的“场外衍生品市场和现货市场联动”，通过与有色网、上海钢联、宝钢集团、上海纺织等部分现货市场合作，上海清算所在自贸区试点的基础上创新发展大宗商品衍生品业务；二是以上海期货交易所为主体的“期货市场和现货市场联动”。通过与宝钢集团、上海有色金属交易中心合作，上海期货交易所在金属领域实现大宗商品交易、结算、交割、融资、风险管理，把期货市场成功运作模式复制到现货与中远期品市场。

（3）指导现货市场积极谋求转型升级，在“期现联动”方面开展有益尝试。自贸大宗（上海）信息服务有限公司与境内外金融机构达成战略合作，建立仓单跨境融资与跨境贸易结算机制，提高自贸区大宗商品的交易市场的交易效率和服务水平。上海钢联以大数据为基础，通过打造互联网大宗商品闭环生态圈，依托期货经纪公司在海外成功拓展大宗商品“期现联动”业务。作为上海市援疆重点项目的上海国际棉花交易中心与新疆喀什地区产棉大户签订战略合作协议，创新推出“现货交易＋保价服务”模式，形成以现货交易为基础，保障买卖双方履约行为的价格创新业务。

四、 2017 年上海大宗商品现货市场建设工作重点

2017 年，上海将依托“期现联动”试点工作加快构筑面向国际、服务全国的多层次商品体系。在此过程中，上海市商务委员会将会同相关部门继续完善政府监管与激励机制，推动上海清算所与上海期交所在“交割交收仓单联动、交易价格联动、衍生品研发联动、交易规则创新联动”等方面开展“期现联动”试点，并选取具有公信力的行业龙头企业对接上海清算所与上海期交所。

第三节 生活性服务业提质工程建设

2016 年，上海市商务委员会制订出台《生活性服务业提质工程实施方案（2016—2018 年）》，围绕人民群众对美好生活的期待和对服务质量满意的向往，着力解决供需两侧存在的突出矛盾和问题，聚焦重点行业、区域和项目，重在提升质量、提高人民群众获得感，推进产业规范提升、结构优化，促进服务消费结构升级，加快生活性服务业向便利化、精细化、品质化提升发展。

一、 聚焦重点行业，实施五大生活性服务业行业提质计划

面向民生，推进家政服务业、家电维修服务业的规范提升；面向大众，推进餐饮服务业的规范提升；面向新消费引领，推进美丽时尚服务业的规范提升；面向年轻人，推进幸福婚庆服务业的规范提升，打造“诚信家政服务、绿色餐饮标准、跨界美丽时尚、海派婚庆文化、品牌家电维修”新形象，以五大生活性服务业行业的规范提升引领生活性服务业整体提质发展。具体如下。

（1）构建覆盖面广、诚信度高、便捷安全、服务规范的家政服务业管理体系。推广家政行业从业人员持证上门服务，力争实现上门服务证广覆盖，做到家政服务人员从业信息能查询、可追溯。研究制定出台家政服务业地方标准，研究制定《上海市家政服务业管理办法》，推进家政服务机构建设，推进家政行业诚信体系建设。

（2）打造国际美食之都，培育“成街、成市、成节”的美食文化，大力倡导绿色餐厅。推进特色餐饮街、区、市的建设，开展以食品安全、低碳环保、诚信经营为重点的“绿色餐厅”创建活动，到 2018 年，实现 3 000 家“绿色餐厅”的创建目标。以市政府实事项目早餐工程项目建设为抓手，在大居和配套薄弱社区建设一批早餐示范门店。

推进建设万国咖啡基地，促进自贸试验区咖啡交易中心建设。

(3) 推动美丽时尚服务业跨界融合，提高产业附加值，引导美丽时尚消费。打造集美容美发、美体美甲、养生保健、整体形象设计、培训教学功能为一体的美丽时尚服务产业工程，到2018年，形成千亿级消费市场规模。推进黄浦美博佳汇市场、奉贤东方美谷等美容美发市场和产业基地建设以及外滩二十二号高级定制中心、淮海中路国际时尚现代服务业集聚区建设。支持举办上海国际美发美容节和上海时装周、时尚文化节。

(4) 整合上下游产业资源，拓展婚庆服务产业链，推广海派婚庆文化。到2018年，形成千亿级消费市场规模。鼓励婚庆服务行业从提供传统服务向推广海派婚庆文化、注重专业婚礼策划的方向转型。促进传统婚庆服务酒店向婚礼会馆、婚礼中心等新型婚礼服务机构转型。支持协会举办中国（上海）现代婚博会，全国婚礼时尚周活动，中韩、中日婚礼文化研讨会等活动。

(5) 规范家电维修服务市场、杜绝“李鬼”现象、树立家电维修正规军品牌。持续开展家电维修人员持证上门服务培训，以培训家电维修新技术和上门服务规范为主，从源头上净化家电维修市场，加强诚信建设。到2018年，持证上门服务覆盖率达到80%以上。发展“互联网＋家电维修”的一站式社区居家维修服务新模式。

二、聚焦重点区域，开展“互联网＋生活性服务业”创新试验区试点

经市政府批准，在长宁区先行先试设立“互联网＋生活性服务业”创新试验区，以放宽准入、创新监管为中心加快政府职能转变，以外资开放、登记改革为重点深化投资管理开放，以税费改革、政策扶持为核心落实税制和政策保障，以信息基础、示范工程为抓手探索技术和业态创新，有效破除“互联网＋生活性服务业”发展面临的管制税制和体制机制障碍，将创新试验区建设成为长三角乃至全国现代服务业产业发展高地、制度创新高地和人才集聚高地。形成一批可复制可推广的创新成果，并逐步将试点成果复制推广到全市，提升“互联网＋”背景下上海市生活性服务业的产业化发展水平。

三、聚焦重点项目，实施“服务到家”计划和服务品牌培育计划

(1) 推进东方网等开展服务到家项目建设。指导成立上海“服务到家”合作联

盟，凝聚生活性服务业品牌企业，以“互联网＋”为手段，形成线上线下互动融合的社区服务消费新模式、新业态。紧密围绕居民日常生活实际需求，整合社区服务网点资源，布局100家左右集养老、家政、洗衣、餐饮、维修、理发、生鲜、寄存、快递、再生资源回收等为一体的社区便民生活服务示范点，建立居民家门口的综合性服务网点，解决“最后一公里”服务难题。

(2) 推进实施服务质量提升计划。研究制定《上海市服务质量提升三年行动计划(2017—2019年)》，选择市场需求大、基础条件好、增长潜力大、带动作用强，与民生密切相关的重点领域进行服务品牌培育与质量提升，通过开展标准化体系、公共服务体系、服务质量管理体系、诚信体系建设以及服务品牌创建评选和激励保护、服务领域政府监管方式创新等工作，实现服务品牌规模进一步扩大，重点领域品牌竞争力进一步增强，质量水平进一步提升，形成一批具有较好质量和较强品牌竞争力的服务企业。

案例5 跨界融合培育经济发展新动能

——长宁区“互联网＋生活性服务业”创新试验区

一、案例概况

当前，上海市正处于深度转型的关键时期，面对资源约束趋紧、产业结构升级等问题和挑战，长宁区委区政府提出要全面实施产业发展和城市更新“两大战略”，为长宁经济实现转型升级、提质增效提供有力支撑。为了推进供给侧结构性改革和积极落实“互联网＋”国家战略，加快发展生活性服务业促进消费结构升级，长宁立足实际、大胆创新、积极争取，经市政府批准，全市首个“互联网＋生活性服务业”创新试验区设落户长宁，旨在以互联网为驱动，推动生活性服务业产业创新，促进产业跨界融合，释放消费潜力，惠及社会民生，不断提高生活性服务业的供给能力和服务水平。

长宁区计划用三年左右时间，以放宽准入、创新监管为中心加快政府职能转变，以外资开放、登记改革为重点深化投资管理开放，以税费改革、政策扶持为核心落实税制和政策保障，以信息基础、示范工程为抓手探索技术和业态创新，有效破除“互联网＋生活性服务业”发展面临的管制税制和体制机制障碍，实现“互联网＋生活性服务业”若干重点领域的深度融合发展，释放消费潜力，激发行业活力，增加就业机会，确立上海“互联网＋生活性服务业”在全国发展的优势地位，更好发挥示范引领和服务全国的积极作用。

二、取得成效

自2016年6月市政府批复同意在长宁区设立上海市“互联网＋生活性服务业”创新试验区以来，试验区发展品牌影响力开始显现，正在成为“互联网＋生活性服务业”企业集聚地、互联网新兴行业的制度创新策源地、风险投资遴选项目的高地、成熟“互联网＋企业”和TMT(科技、媒体、通信融合)媒体进入上海的目标选择地，对全市创新经济和新兴行业的引领辐射作用正逐步凸显。

1. 产业发展方面

企业加快集聚拓展。截至2017年1月底，“互联网＋生活性服务业”新设企业501户，同比增长21.23%，新增注册资本34.32亿元，产业集聚度进一步提升。区域内“互联网＋生活性服务业”重点企业，从试验区新设时的60家扩展到102家，2016年102户重点企业税收总额为20.64亿元，同期增长26.08%，经济贡献进一步提高。跨界融合助推新业态蓬勃发展。行业细分领域骨干企业崛起增多，在原有“互联网＋”骨干企业的基础上涌现出“互联网＋家庭服务＋医疗或教育”等新型骨干企业。业务跨界渗透态势明显，线上线下融合效果突出，模式和技术相互渗透加强，企业通过大数据、云计算、物联网等技术更新，带动了传统服务业的转型升级。

2. 制度创新方面

聚焦企业诉求，推动行业发展。长宁区于2016年7月启动了“一照多址”登记注册试点，允许试验区企业在一张营业执照上登记本区内多个经营场所，有效简化了登记注册程序，降低了企业网点扩张成本。深化“单一窗口”模式改革，办理时间由原来的两周缩短到4个工作日，显著提高了企业设立登记的办事效率。加强政企合作，创新监管方式。通过探索网络监管方式，深化事中事后监管，推动市场竞争更加有序。全力以赴推进国家级“网络市场监管与服务示范区”建设，与在“互联网＋餐饮”领域领先的美团点评集团签订食品安全合作协议，启动食品安全社会共治示范项目，依托网络食品第三方交易平台创新监管方式，政企合作取得了初步进展。

3. 创业环境方面

要素支撑环境更完善，企业发展有资本、有人才。试验区拥有大批创业投资机构和私募股权投资机构，专业服务行业较为发达，为企业提供了良好的金融及服务支撑。著名外企、国企、互联网企业人才的创业裂变效应明显，试验区呈现创新创业人才集聚的显著特点。外部服务环境更友好，业务支持有政府、有市场。长宁区相关部门开展各种形式政策服务指导，为企业创新创业提供帮助。同时，根据企业需求，适时牵线搭桥、对接发展资源，取得良好成效。

4. 改善民生方面

填补社区配套盲点，增强便捷服务体验。开展政企互信合作，通过政府向社区服务平台"新长宁慧生活"购买服务，实现O2O民生托底服务落地。破解"最后一公里"，依托品牌企业，解决买菜难问题。扫除企业入户障碍，增强放心服务体验。通过网络公开增强家政企业与家政从业人员的信息透明度，推进优质诚信服务入户。通过职业发展体系，提供更高端的专业服务。

三、未来展望

长宁区将继续争取与市级部门加强联动，聚焦制度创新、技术创新和业态创新，推进既定方案及工作计划中的各项任务内容，继续深化探索，积极尝试，力求突破。

1. 加快政府职能转变

进一步放宽市场准入，加强信用建设，提升行政效能，创新监管模式，继续落实简政放权，探索在放宽事前准入的基础上，完善适应行业特点的事中事后监管，尝试利用多领域信用数据和大数据分析等信息化手段联手进行风险和信用监管，营造衔接有序、协调运作的政府服务环境。

2. 深化投资管理开放

进一步扩大外资开放，鼓励外商投资"互联网＋生活性服务业"领域，深化登记改革，推进行业标准的制定，促进产业融合，加强消费维权，强化知识产权，探索企业登记住所、企业名称、经营范围登记等改革，扩大"一照多址"试点范围、健全完善"一址多照"，为投资"互联网＋生活性服务业"营造更公平、开放的投资环境。

3. 完善税制和政策服务

进一步开展税费改革，推进生活性服务业"营改增"工作，探索适合"互联网＋生活性服务业"企业的成本抵扣方式，为企业减轻负担，对接科创政策，落实专项扶持，出台产业政策，开展宣讲执行，拓宽融资渠道，提升人才服务，加强基础设施建设，营造更有利于转型升级的发展环境。

4. 推进行业组织建设和企业创新发展

成立行业联盟，协调企业沟通诉求，做强电子商务，引导企业技术创新、模式创新、业态创新，加强行业研究，举办座谈培训，开展持续宣传，营造有利于产业持续发展的生态环境。

5. 加强基础设施建设

进一步深化无线城市建设，与中国电信等行业龙头企业开展战略合作，提升包括4G/5G、光网、互联网国际出口、物联网、云计算、大数据在内的信息基础设施能力，构建软件化、集约化、开放化的云网融合网络架构，同时推进区域"互联网＋政务"，不断提升基础设施网络服务能力。

第八章　生活性服务业管理

第一节　2016年度重大活动

一、2016上海购物节

2016上海购物节于2016年9月9日至10月9日举行。本届上海购物节以“新消费、新体验、新联动”为主题，围绕“三个突出”，即突出增量消费、突出国内国际两个市场、突出三股消费新势力，将上海购物节与新消费热点相融合，引领消费模式和生活方式提质升级。主要特点如下。

1. 创新开幕方式，提升节庆热度

2016上海购物节在位于国际旅游度假区商圈的奕欧来“上海”购物村拉开帷幕，启动仪式全程采用时髦的网络直播跟拍模式，以互联网串联全城商圈、广场、商场，并综合“亮灯”“大屏秀”“摇一摇”等形式，将仪式推向高潮。开幕式上，奕欧来“上海”购物村推出“创奕中国设计师T台秀”“中秋千兔望月”“音乐表演会”等文艺活动，营造出欢乐的节庆氛围。同时，还集结商户开启“购物嘉年华”，推出晚间购物专属特别商品，开展加码送优惠活动。购物节前三日，奕欧来“上海”购物村客流量达平日的2.5倍，销售额比平时高出47.8%。

2. 特色活动精彩纷呈，引导品质消费回流

为满足消费者对品质生活、品质消费的需求，吸引国内“国际消费”回流、引导国外“国际消费”内流，2016年上海购物节推出多项特色活动：一是举办首届“上海国际消费城市”主题论坛。成立“上海商业发展国际咨询委员会”，联合咨询机构、媒体开展调查问卷，从智库、媒体、消费者等不同维度描绘上海国际消费城市建设发展蓝图，

为上海商业发展建言献策；二是推出首次“上海商业品牌之旅”。在购物节期间免费向公众开放雷允上中医文化馆、玛戈隆特瓷器馆、光明益民食品厂陈列馆等一批具有上海商业文化底蕴的品牌陈列馆、工厂体验店、设计工作室，吸引消费者“走进品牌、感受文化”，传承发扬工匠精神；三是举办首届“上海食品伴手礼设计大赛”。与光明集团联合开展食品伴手礼设计大赛，通过设计征集、大众投票、专家点评等形式，帮助上海特色食品焕新产品包装、挖掘品牌内涵；四是评选首批“商业转型升级示范项目”。在商圈、社区商业、商业企业和商业存量转型等领域，评选一批“上海商业转型升级示范项目”，重点推广智慧商业、内外贸联动、自有品牌、体验式商业、特色商业等新业态新模式。

3. 搭建商业服务融合平台，促进消费多元化

为顺应消费者不断升级的消费需求，2016 年上海购物节引导不同类型产业行业糅合混搭，不同渠道企业联动互动，搭建新商业服务融合平台。一是零售消费向体验类拓展。开幕期间，“会商旅文体”活动同步上线，豫园商城的“非遗项目暨经典品牌文化展”，静安嘉里中心的“上海世界咖啡文化节”、奉贤宝龙的“爱拼才会赢——闽南文化展”等都吸引大量消费者。购物中心中分零售、餐饮、服务业态监测数据显示，服务业销售增幅最高，同比增长 13.2%，餐饮业次之，增幅达到 12.1%；二是线下消费向线上延伸。1 号店“中秋特惠，金秋爽购”，1 000 多款商品比平时便宜 10%～30%，日下单量较上年增长 28.6%。百联股份推出“乐享生活，百联 go”活动，线上摇摇线下立减，旗下百联世贸、百联南桥等商场三天销售额增幅均超过 15%。

4. 营销活动多样化，拉动消费增量

2016 年上海购物节举办形式多样的营销活动，拉动消费增量，取得良好效果。一是突出“买全球、卖全球”，引领品质消费。举办“进口商品嘉年华”系列活动。举办中国国际食品博览会、西班牙食品节、“美食国际范”进口食品 show 等涉及 18 个食品行业类别的全球食品展销活动，开展“进口食品”消费调查，把握消费热点。举办中山家电节“新奇特”电器展、海外商品嘉年华等活动，通过海外商品原产地直供，推广各类进口日用消费品，引领新潮生活方式；二是突出“女人的上海”，引领时尚消费。举办“黄浦激情购物夜”“静安购物嘉年华”等品牌活动。黄浦区淮海路、南京路上主要商场在购物节期间营业时间延长至晚上 11 点。静安区举办“静安购物嘉年华”，恒隆、久光、芮欧、嘉里、818 广场等高端购物中心推出时尚、艺术、购物融合的系列活动。举办“上海国际黄金珠宝展”“上海国际美发美容节”“上海时装周 2017 春夏发布会”等主题活动，搭建精品展示平台、时尚发布平台、采购交易平台，展示上海黄金珠宝企业的精品设计。

案例 6　打造以迪士尼为核心的主题娱乐型特色商业

——上海国际旅游度假区商业中心

上海迪士尼度假区位于上海国际旅游度假区内，是中国大陆第一座迪士尼度假区，也是继加州迪士尼乐园度假区、奥兰多华特迪士尼世界度假区、东京迪士尼度假区、巴黎迪士尼乐园度假区和香港迪士尼乐园度假区之后，全球第六个迪士尼度假区。上海迪士尼度假区由华特迪士尼公司和上海申迪集团共同投资，一期项目占地3.9平方公里，总投资约340亿元人民币，于2016年6月16日正式开园。

一、规划背景

根据《上海市商业网点布局规划(2014—2020年)》，国际旅游度假区将建成以上海迪士尼项目为核心，与周边旅游资源联动发展，建成休闲、娱乐、购物功能突出的特色商业集聚区，服务对象覆盖上海全市以及长三角区域的市级商业中心。商业设施主要集中在南一片区内。

根据规划，上海国际旅游度假区市级商业中心总占地约24.7平方公里，将形成"一核、五片"的空间发展格局。其中"一核"指核心区，即迪士尼项目园区。"五片"指围绕核心区周边，在发展功能区内形成五个发展片区。核心区商业主要为旅游区服务配套。"五片"发展功能区中，商业用地主要集中在近期开发的南一片区——综合娱乐商业区，该区域占地约150公顷，重点打造大规模商业旅游综合体，服务对象为旅游度假人群。(五大片区功能规划见本案例表和图)。

案例 6 表　片区功能

区域	项　目	描　　述
核心区域一期	上海迪士尼度假区	上海国际旅游度假区核心区占地面积约7平方公里，其中一期为3.9平方公里，包括一座"神奇王国"类型的迪士尼主题乐园、两个主题化酒店、零售、餐饮、娱乐、停车场等配套设施，中心湖、围场河、西入口大道和公共交通枢纽等公共设施，以及道路、水系、电力和地铁站等市政配套项目和其他公共服务设施。
核心区域二三期	过渡性开发区	核心区二、三期占地约3.1平方公里，在正式开始建设二、三期乐园之前，将进行过渡性开发。过渡性开发以营造良好生态环境为主，并为一期乐园运营提供配套，提前建设部分永久性的市政和交通基础设施，同时，将开发少量商业项目，丰富游客的选择，平衡乐园的季节性。
北片区	城市自然生态公园	北片区定位为城市自然生态公园，将结合生态休憩林带的建设，打造临近中心城和迪士尼乐园的绿色度假休闲目的地，其中将建设两个酒店项目和相关配套设施。

续表

区域	项　目	描　　述
南一片区	综合商业娱乐区	南一片区占地约2.77平方公里，是以旅游配套和特色度假产品为主的综合商业娱乐区，与7平方公里核心区共同构成“旅游城”的核心功能区域。未来将重点打造集聚大型娱乐中心、顶级主题酒店、购物中心、综合性和专业性秀场区、时尚文化和会议中心等功能的超大规模现代城市综合体；积极建设体育休闲、教育培训、康体医疗、主题度假村等较低密度、多样化的度假产品；配套发展适度规模的商品住宅、酒店式公寓、商务办公等功能。
西片区	生态保育旅游区	西片区以横沔老街为主体，打造成为中国传统文化展示区和生态体验区，集聚古镇旅游、文化创意、主题酒店、特色餐饮等综合功能；打造以婚庆为主题，集婚庆、旅游、休闲、娱乐和相关商业为一体的大型主题婚庆基地；打造旅游、创意、文化产业高度融合的旅游创意产业园区，配套发展以住宅及公建为主的本地居住功能。
东片区	综合开发区（远期）	东片区主要考虑建设低碳智慧国际社区、国际旅游和文化艺术学院集聚区等，适度发展体育休闲及其他旅游度假产品，并为未来综合开发预留土地空间。
南二片区	低密度开发区（远期）	南二片区综合设置为核心区远期游客服务的配套功能以及低密度的旅游度假和居住功能。

案例6图　“一核、五片”的空间发展格局

二、主体商业项目

1. 迪士尼小镇

迪士尼小镇于2016年4月正式对外开放，开业时间早于迪士尼乐园，是典型的主题娱乐型文旅特色小镇，它是以“迪士尼”主题公园为依托，为游客提供休闲、度假、餐饮购物、主题娱乐等功能的综合体。迪士尼小镇与迪士尼乐园主入口紧密相连，交通十分便捷，大型停车场、公交枢纽站和地铁站点等三大交通接驳方式汇集在小镇周边，形成客流汇聚中心。迪士尼小镇共引入近50家商铺，与上海迪士尼度假区内商业配套，共同为游客提供购物和餐饮服务。

(1) 业态布局。迪士尼小镇是一种典型的街区型商业，一南一北各自布局了两个迪士尼独有的主力店：迪士尼世界商店和华特迪士尼大剧院。除此之外，小镇业态被规划成了五个组团，分别为小镇市集、百老汇广场、百老汇大道、百食香街、小镇湖畔五大部分。小镇上的商铺分为自营店和对外招商两种。自营业态用于吸引客流，配套商业业态是对自营业态的补充和完善。其中，餐饮商铺20处，零售商铺24处，休闲娱乐1处，比例约5∶4∶1。如此商业业态结构满足了观演客、乐园客、城市客三大目标客群。

(2) 经营特色。主力店凸显主题娱乐特色。迪士尼世界商店设置于迪士尼小镇入口的小镇市集区域，是人流量的第一集散地，并占据了最具标识性的绿色圆顶小屋，既能够统一和强化小镇的主题形象，又是迪士尼旅游商品经营收入的保障。从建筑外形、内部装饰、商品设计、流线布置等各方面体现了迪士尼成熟的商品零售运作体系。店内商品涵盖了服装及配饰、收藏品、礼服/角色扮演服、食品/糖果、头饰、家居用品、饰品、钥匙圈/磁贴、个性定制商品、徽章、上海迪士尼乐园主题商品、纪念品、文具、玩具/毛绒玩具、手表等15个类别，共计4 000多种，主要定位为家庭消费。

引入“全球最大”乐高品牌旗舰店。乐高集团在全球自主经营的品牌零售店数量已经超过120家，而品牌旗舰店的数量不到10家。上海迪士尼小镇店被誉为“全球最大”。该店室内面积近800平方米，创造了一个集产品销售、现场拼砌体验、乐高模型展示和品牌文化体验为一体的乐高创意世界。

配套商业丰富园区度假体验。百老汇广场是迪士尼小镇的地标建筑“华特迪士尼大剧院”所在区域，因此是客流集散的第二中心。百老汇大道与百老汇广场衔接，主要分布的是高端餐饮、珠宝、艺术、化妆品、眼镜、鞋类等承租能力强的零售业态，以世界各地知名品牌为主，其中潘多拉、周大福等推出的迪士尼联名款，也是小镇商业的特色。百食香街毗邻小镇市集，位于整个项目中段，仅布局了餐饮业态，整体定位于轻餐饮和集中式餐饮，涵盖泰式、日式、中式等口味，开放式的厨房和露天餐饮区，营造一种温馨舒适的氛围。小镇湖畔位于星愿湖畔，以临湖餐厅、商品为主，主题调整为海洋度假风，以清新的蓝、白、金交融的色调体现现代度假区的风格，餐饮品牌的形象定位为中高端主题餐饮，零售品牌定位为运动休闲。

2. 奕欧来购物村

奕欧来购物村毗邻上海迪士尼度假区，占地 5.5 万平方米，于 2016 年 5 月 19 日开业，共有超过 140 间精品店铺入驻。奕欧来由唯泰集团和上海申迪集团合资成立，唯泰集团是世界知名的奢侈品折扣购物村的开发商与运营商。上海申迪（集团）有限公司是上海国际旅游度假区的土地开发商，是由上海市政府批准设立的全资国有企业。

(1) 业态结构。奕欧来购物村入驻店铺逾 140 家，包括精品店、餐厅与休闲展览空间，将本土设计师品牌及国际精品大牌汇聚于一体，品类包括国际高端时装、生活方式及家居等，全年提供低至 2 折的诱人折扣。目前入驻国际品牌包括 Coach、Michael Kors、Sandro、Bean Pole、Puma、Ports、New Balance 等。国际品牌与各种文化背景的设计师品牌混合搭配，使奕欧来对消费者具有较强的吸引力。

(2) 文化艺术特色。奕欧来购物村由三栋面湖而立的新月形建筑构成，建筑风格以上世纪二十年代的纽约、巴黎、米兰、维也纳及上海的艺术装饰风格为特色，全部采用了国际最高设计标准建造，整洁优雅，仿佛一座欧式度假园区。除品牌购物外，奕欧来全年举办包括音乐、设计、时尚、艺术等体验活动，并与旅游业开展合作，将实现艺术、时尚与创新设计的跨界结合，吸引更多消费者。

(3) 超星级服务。奕欧来购物村提供唯泰集团引以为傲的五星级宾客服务包括免提购物、代客泊车等，购物村内设施完备，除 VIP 贵宾休息厅、会议室和展览空间外，还为家庭消费群体配置的儿童游乐场，家庭友好型洗手间、母婴室，以及小婴儿购物车，也包括宠物推车，确保家庭消费群体享有舒适安全的购物环境。

三、其他配套商业项目

1. 两大迪士尼主题特色酒店

上海迪士尼度假区内设有两座主题酒店——上海迪士尼乐园酒店和玩具总动员酒店，与主题乐园隔湖相望，分别拥有 420 间和 800 间客房，配套设施齐全，包括主题餐厅、礼品屋、健身中心、室内游泳池、宴会厅等，拥有鲜明的迪士尼主题特色，提供丰富多样的娱乐活动、美食飨宴、购物体验及其他休闲选择，在蕴含中国魅力的同时为游客提供“唯有在迪士尼”的独特体验。

2. 游、食、购一体化精品生态园区

上海迪士尼度假区内还设有星愿公园、光明生态园和莫斯利安香草园等生态游园区域，占地面积合计约100万平方米，区域内不仅保留了原有的生态水系网络，还开辟了各类绿色景观、引入多项休闲娱乐设施等，如三座大桥串联起长约2.5公里的步行道，大小规模不等的草坪、樱花林、百花岭、生态花境，各具特色的小花园，儿童乐园，便利店、咖啡、艺展空间等，充分满足各类群体的休闲娱乐需求，丰富了度假区的商业业态结构。

3. 历史与现代融合的文化体验区

在上海国际旅游度假区的南二片区，设有由露天音乐剧场、房车营地、亲子中心、西式餐厅共同构成的MAXUS大通音乐谷。音乐谷背靠星愿湖公园，总占地面积约8.8万平方米。其中，剧场部分约占4万平方米，观众席约3 650席。音乐谷项目建成后将成为集户外露营、演艺、亲子、美食、体育等多重功能的一站式休闲度假目的地。

横沔老街位于上海国际旅游度假区西片区，有近1 300年的历史，2016年8月，横沔被列为上海市历史文化名镇名村保护与更新利用重点推进项目。以横沔风貌区为核心，西片区将打造成为集生态保育、古镇休闲、文化体验、生态人居、郊野游憩等功能于一体的生态间隔带先行示范区。

二、 2016上海时装周

2016上海时装周于2016年4月8日至16日举办。该季时装周坚持“立足本土兼备国际视野”的发布格局和“原创设计与商业落地并重”的特色定位，以“城中盛事”为主题，开启综合运作模式激发业界各方能量，构筑以发布、展示、贸易为核心的时尚产业生态圈，切实推动原创设计的发展和上海作为国际时尚之都的建设。

2016上海时装周的主要特点如下。

1. 多维发布，聚焦细分市场

为全方位实现不同品类的设计品牌推广，建设集聚资源要素的专业发布平台，2016秋冬上海时装周打造以童装品牌和设计院校作品发布为主的“锋尚新势力”板块。4月8日，曾享誉巴黎大皇宫和纽约时代广场的中国设计师兰玉携其个人品牌LANYU担纲2016秋冬上海时装周开幕大秀，发布以“Dream梦”为主题的时装盛宴。4月14日至16日期间在800秀举办童装展示、设计院校作品展览展示等系列发布。4月16日，由知名女装品牌JORYA担纲闭幕秀。近年来，融汇个性与品质的独立设计师作品，满足了市场的差异化需求，正日益受到消费者青睐。在消费趋势转型的带动下，更多商业时尚品牌将提升产品的设计感作为增强品牌竞争力的有效途径，并通过在上海时装周发布新品，传递品牌文化价值。

2. 创新发布形式，打造国内首创时装演示平台

除传统形式的 T 台秀发布之外，2016 秋冬上海时装周全新推出 LABELHOOD 项目。作为青年设计师及新概念时装品牌的独立时装发布平台，LABELHOOD 通过结合音乐、影像、装置等多种艺术形式，以动静结合的 Presentation（时装演示）发布，为国际时装行业孕育来自中国的先锋设计力量和新鲜血液。LABELHOOD 的推出是上海时装周在适应市场变革、创新发布模式之路上迈出的实践步伐，在中国时装业内具有里程碑式的首创意义。

3. 创新活动特色，搭建多元化平台

2016 秋冬上海时装周期间举行海尚国际论坛、哥本哈根皮草秀、音乐时尚派对等系列特色活动，集聚行业热情实现多元风格融合发展。4 月 9 日，举行新一季上海时装周・海尚国际论坛，上海、巴黎、米兰三地时装周高层齐聚一堂，汇集行业顶尖智慧，展开一场关于城市时尚发展理念的对话。4 月 10 日晚，哥本哈根皮草在 1933 老场坊举办专场发布活动，与丹麦艺术家 JimLyngvild 进行合作，展现皮草高级定制的神奇世界。4 月 15 日意大利高端艺术时尚殿堂 10Corso Como 上海，举行与上海时装周联名 YYOPresents Fashion & Music 10 Corso Como Night。2016 秋冬上海时装周充分发挥时尚磁场的聚合效力，搭建起展示推广、商贸交流、思想碰撞的多元化平台，吸引海内外优秀的设计师、买手、媒体及业界相关人士汇聚于上海，共同成为时尚之都城中盛事的见证者和缔造者。

第二节　主副食品流通市场管理

一、2016 年主副食品流通市场发展情况

2016 年，上海市商务委员会为确保全市主副食品市场供应充足、价格稳定和食品安全，扎实推进以下几方面工作：

一是大力推动本市农产品交易市场规划建设和发展。根据《上海市食用农产品批发和零售市场发展规划（2013—2020 年）》的有关要求，全力推进以西郊国际农产品主中心批发市场为主的公益性批发市场建设和发展。压缩流通环节加价，促进批零直接对接，探索“线下加盟、会员注册、线上下单、批零直供”的供应体系。优化本市“中心批发市场—区域批发市场（专业批发市场）—标准化菜市场”的三级农产品市场体系，加强资源整合，确保批发市场健康有序规范发展。契合“走出去”和“一带一路”，拓展农产品国际项目交流合作，借鉴国外农产品流通体系建设经验。

二是积极推进标准化菜市场建设提升。2016 年，将“新建改建 100 家标准化菜市场”列为年度市政府实事项目，全力推进大型居住社区、老的薄弱区域标准化菜市场建设，改善菜市场环境。鼓励标准化菜市场向公司化、集团化转型，引进信息化管理系统、强化硬件设施建设。委托第三方研究机构，开展标准化菜市场转型升级课题调研。从推进供给侧改革角度入手，梳理近十年上海市标准化菜市场建设发展现状，提出系统性解决上海市菜市场现存问题的工作思路和重点任务。

三是创新发展社区智慧微菜场。探索生鲜订购新模式，通过建立恒温无人售菜的社区智慧微菜场为居民提供 24 小时全智能自动售菜服务。加强规划布点，保障居民基本生活需求，在不具备建设菜市场条件的大型居住社区、老的薄弱区域、菜价普遍反映较高的社区，以及考虑到满足特定人群购买需求，开展社区智慧微菜场建设，补“短板”。目前，全市已在 15 个区建设 1 064 家社区智慧微菜场。

二、 2016 年主副食品市场运行特点及趋势

2016 年，上海商务流通部门高度重视主副食品市场供应和安全工作，落实货源和安全生产运输措施，加强主副食品市场和价格监管，发挥主副食品主销区的特点吸引外省市食用农产品推广展销，开展有针对性的产销对接，不断提升主副食品产品质量和市场供应量。总体上，全市主副食品供应充足、价格基本稳定、食品和生产安全可控。

（一）蔬菜批发价春节期间全年高位，下半年价格平稳

1. 2016 年市场运行情况

据七大农产品批发市场（江桥、江杨、上农批、西郊国际、龙上、七宝商城、中山）的监测数据显示，2016 年，蔬菜批发均价为 3.60 元/公斤，比上年上涨 0.31 元/公斤，涨幅 9.4%。蔬菜成交总量为 295.88 万吨，比上年减少 8.18 万吨，降幅 2.7%。蔬菜年零售均价为 6.07 元/公斤，比上年上涨 0.97 元/公斤，涨幅 19.0%。

2016 年，受春节期间寒潮袭击影响，菜价一度走高，直至天气入春回暖才有所回落，价格保持平稳。9 月，天气转冷，菜价小幅回升，但仍平稳过渡至年末，价格波动较小。具体来看：一季度，全国三次大范围、超强度的寒流对蔬菜特别是南方地区蔬菜生产造成重大损失，使全市当季客菜批发价格上浮明显；二季度，蔬菜价格变化不大，保持稳定态势；三季度，受持续暴雨天气和高温天气的影响，加之上海市蔬菜供应进入“夏淡”时节，蔬菜价格延续涨势；四季度，受天气影响，绿叶菜滞销，价格有所回

落。年末，全国范围的雾霾给客菜运输带来较大影响，加上天气降温，郊菜价格又略有回升。

2. 后期市场趋势预测

郊菜方面，随着2017年春节、元宵等传统佳节的来临，蔬菜将进入阶段性的销售高峰，天气回暖后，蔬菜价格出现季节性回落。

客菜方面，2017年预测为拉尼娜年，是全球变冷的信号，这将在秋冬季给外省市蔬菜入沪带来较大影响，预计2017年客菜整体价格会较往年波动加大。

（二）猪肉批零价格高位运行，5月起回落

1. 2016年市场情况

根据上农批、江杨、西郊国际三大主要猪肉批发交易市场监测数据显示，2016年，猪肉批发交易总量为16.27万吨，比上年减少4.38万吨，下降25.9%；批发均价为23.10元/千克，比上年上涨3.88元/千克，涨幅20.2%。猪肉年零售均价为32.47元/千克，比上年上涨3.53元/千克，涨幅12.2%。

2016年，生猪市场价格整体高位波动前行，主要呈现三方面特点：一是1—5月，市场供应偏紧，需求支撑生猪价格涨势。2016年元旦春节期间，国内猪肉终端市场需求小幅增加，生猪价格持续小幅上升；二是6—10月中旬，高肉价抑制消费，猪价冲高震荡回落。受高肉价和供应增加的影响，终端消费受限，生猪价格冲高回落，生猪价格持续弱势；三是10月下旬至12月底，存栏量持续低位，需求小幅回升，生猪价格高位触底回升。四季度国内终端肉类需求持续回暖，国内生猪存栏量仍处低位，屠宰企业难以继续下压生猪收购价格，节日需求对生猪价格起到一定支撑，国内生猪价格偏强运行。

2. 后期市场趋势预测

综合来看，2016年有大量低价进口肉到港，同时超高肉价使得边境生猪走势猖獗，玉米国储取消后国内玉米价格大幅下跌，饲料价格虽有大幅上涨，养殖饲用成本并无明显提升，加上受到国内整体经济走势放缓带来的终端肉类消费疲软对后市生猪价格上涨幅度形成压制，还有年节生猪集中出栏及春节后期肉类消费低谷带来的打压，2017年上半年生猪价格继续上涨承压，受国内生猪存栏量持续低位支撑，生猪价格整体涨跌幅度有限，呈现先跌后涨走势。

（三）粮食价格小幅下跌，油脂价格波动后回复平稳

根据上农批、高湖、七宝、江杨的监测数据显示，2016年度上海粮油批发价格以

稳为主，小幅波动。

1. 2016 年市场情况

(1) 粳米批发均价同比下降，价格总体平稳。2016 年，普通粳米批发均价为 4.23 元/千克(8 月，大场市场关闭；9 月，真新、大场替换为七宝、江杨，数据因此有所波动)，比上年下跌 0.21 元/千克，下降 4.7%；普通粳米成交总量为 16.04 万吨，比上年减少 12.25 万吨，降幅 43.3%。

2016 年稻谷价格总体微跌，行情受政策影响围绕托市价格上下浮动，整体走势分为四个阶段。一季度，年初企业备货春节，稻米价格走高，并且随着市场上粮源的不断减少，稻米价格获得支撑，除早籼稻外，一季度稻谷价格总体稳中上涨；二季度，进入稻米消费淡季，企业采购较为谨慎，优质稻谷价格较高，普通稻谷有价无市；三季度，随着最低收购价预案的启动，国内早籼稻收购市场逐渐回暖，价格开始回升，稻谷行情总体向好；四季度，中晚稻陆续上市，各产区陆续启动托市收购，价格回升至保护价上下。

(2) 食用油批发价年中下跌后回升，交易量逐月上升。2016 年，5L 桶装豆油批发均价 40.73 元/桶(8 月，大场市场关闭；9 月，真新、大场替换为七宝、江杨，数据因此有所波动)，比上年上涨 0.76 元，涨幅 1.9%。

2016 年结合国内市场情况，豆油行情整体大致分为四个阶段：一是盘整期。1—2 月价格整体略有上涨，涨幅 0.1%。临近 2 月末，节日消费需求回落，市场供应恢复，豆油价格陆续下滑；二是一次涨期。3—4 月价格整体上涨 6.6%。临近 4 月末，由于价格涨幅较大。高价油市场接受度一般，价格出现小幅回调，主流报价 6 300—6 400 元/吨；三是振荡期。5—8 月价格整体下跌 1.1%。受终端需求疲软压制，豆油库存增加及恶劣天气影响，豆油行情持续弱势下行；四是二次涨期。9—12 月价格上涨 17.3%。中秋节前，豆油价格涨跌互现，11 月开始，原料供应不足，加上豆油处于消费旺季，需求支撑，价格不断走高。

2. 后期市场趋势预测

元旦后，稻米市场处于消费旺季，需求扩大，市场行情向好。粳稻方面，在托市收购和需求升温的支撑下粳稻价格稳步上涨，不过在低价进口大米不断到港的背景下，稻强米弱问题仍在。在国家稻谷最低收购价格的支撑下，预计 2017 年稻谷最低收购价格或与 2016 年相差不大，总体会围绕收购价格上下波动。

豆油方面，2016 年，国内豆油在多重突发因素带来的利多因素支撑下，价格重回高位。物流紧张，环保问题仍将在 2017 年影响油脂市场，由于四季度的大涨，进口大豆到港量逐渐增加，预计 2017 年豆油价格整体好于 2016 年，高价有望突破 8 000

元/吨。

（四）鸡蛋价格春节后低位运行

1. 2016年市场情况

根据上海中心城区9个区50家标准化菜市场零售价数据显示，2016年，鸡蛋零售均价为8.94元/千克，比上年下跌0.7元，降幅为7.3%。

2016年，蛋鸡存栏量明显高于上年，蛋鸡存栏量涨幅在12%以上，蛋源供应呈现宽松的状态。一季度，1月份，全国鸡蛋强势上行，2、3月份，蛋价出现下跌，弱势震荡，季节性消费淡季；二季度，3、4月份处于季节性消费淡季，6月份，鸡蛋价格下跌明显；三季度，受全国大范围强降雨和高温以及节日效应的持续发力的影响，蛋价上涨；四季度，蛋价低位震荡。国庆节后市场集中需求好转，但蛋源供应不十分充足，蛋价上涨。11月份以后蛋价震荡走跌，需求处于疲弱期，终端走货速度减缓。进入冬季，气温降低导致产蛋量有所下降，但整体蛋鸡存栏量仍偏高，蛋源供应上稍微宽松。

2. 后期市场趋势预测

2017年，玉米饲料价格将处于低位，蛋价缺少支撑，或将呈现季节性淡季。预计2017年最高蛋价或将出现在9月上旬。随着双节过后消费减弱，蛋价进入下一阶段的季节性消费淡季。

第三节　药品流通市场管理

一、2016年药品流通行业发展情况

2016年医药领域政策频繁出台，“健康中国”成为国家战略，发展中医药上升为国家层面，预示着行业将迎来蓬勃发展的机遇期。随着新医改推进深入，药品采购模式改变，药品质量安全飞行检查常态化等，药品流通企业加快转型发展的步伐，积极寻求转型升级的战略路径，不断探索医药供应链信息技术和服务模式创新。2016年上海医药流通行业实现“十三五”的良好开局，稳中有进、质量和效益明显提高，购进、销售、利润稳步增长。

1. 药品流通企业数量稳定，实现小幅增长

2016年，上海药品流通企业数量稳定，据上海食品药品监督管理局数据显示，截至2016年底，全市有药品批发企业124家，药品零售连锁经营企业43家，比去年增加1家；药品零售商店3 628家，比去年增加146家，其中零售单体门店数446家，比

去年增加 14 家，零售连锁企业下辖门店数 3 182 家(其中直营门店 1 449 家)，比去年增加 98 家。零售门店分布在中心城区 1 779 家，其他地区 1 849 家，医保定点零售门店数 714 家。

2. 药品销售保持增长，增长幅度有所提高

2016 年，是医改相关政策比较频繁的一年，受益于上海市医疗保险水平的逐年提高和高水准的医疗条件，2016 年全年上海药品流通商品销售总额为 1 581.38 亿元，比上年增长 12.91%，增速加快了 3.76 个百分点。其中对批发的销售 873.45 亿元，同比增长 12.39%；对医院终端的销售 530.6 亿元，同比增长 15.18%；对零售终端的销售 84.82 亿元，同比增长 2.6%；对居民的零售额 92.52 亿元，同比增长 15.54%。销售总额中，药品类销售 1 421.33 亿元，同比增长 13.67%，其中西药类 1 258 亿元，同比增长 14.19%，中成药类销售 163.33 亿元，同比增长 9.76%；非药品类销售 160.05 亿元，同比增长 6.62%，除中药材类同比下降外，其他都有较大幅度上升。

3. “互联网＋药品流通”快速发展，药品流通渠道日益丰富

“互联网＋药品流通”发展迅速，部分药品企业探索将信息化建设向整个供应链发展。如国药控股股份公司推出“基于物联网的智能医药物流管理平台及示范应用项目”，采用 RFID、无线传感网络等物联网技术，研制了适应药品冷链物流的无线温湿度传感器，开发了医药物流冷链温湿度监控平台，并运用于药品仓储、运输、DTC 药房、医院药库等，采用集中统一的全过程温湿度监控和预警，实现了药品供应链追溯和反追溯功能。上药控股启动了主数据管理项目，通过对商品、客户、供应商等核心主数据域进行管理组织、管理流程、数据标准、信息系统的统一，实现主数据的标准化和统一化，以支撑“一个上药、一个体系、一个标准”。上药控股在第一人民医院等十几家医院内建设“智慧药房”，将智能化供应链系统运用于医院药房，通过系统会自动分析处方、分配不同的调剂方式，发药机自动调配药品，传递到药剂师，大大加快配药时间，减少人工操作的误差。

4. 商业模式持续创新，药品销售日益便民化

2016 年，药品流通企业不断探索新型商业模式，推动供应链模式创新发展，取得良好成效。如上药控股与上海市第一人民医院签署《医疗物资集中物流管理服务框架协议》，共同梳理供应链服务内容，携手推进深度合作，实现了药品、耗材与试剂统一管理，成功实施 SPD 项目。同时，“分级诊疗”制度逐步建立，药品企业在“处方延伸”到社区上了新台阶，服务范围逐步扩大，技术手段有新突破。在市医保和区卫计委的支持下，通过新增医保结算终端和处方云平台传递，提高了社区卫生站与药品企业的信息沟通能力，大大方便了社区百姓诊断取药。2016 年“处方延伸”服务已经推

广到青浦、奉贤等区，成为最贴近社区居民的医疗卫生服务模式，满足了老年人的长期用药需求。

5. 现代医药物流发展迅速，自贸区生物医药园初具规模

药品流通增长推动医药物流的发展，2016 年上海市各大型企业发力布局和完善医药物流。如，总建筑面积为 59 557 平方米，设计储存能力达 52 万件的国药控股上海物流中心二期项目竣工，成为全国最大最先进的医药物流配送中心。上海医药物流中心有限公司“完善标准提能级、创新服务保满意”高分通过了国家标准委员会的终期评审，成为全国首家通过医药物流服务业标准化验收的企业。上海保税区的医药物流建设已初具规模，目前已有总量超过 5 万平方米的高端空调库、冷藏库、冷冻库群，规划建筑面积约 2.2 万平方米的国药二期项目正在建设中。目前，上药、国药、康德乐、奥森多、罗氏等国内外知名医药医疗器械巨头已纷纷入驻。

二、 2017 年药品流通行业发展趋势预测

2017 年，在健康中国、新医改的影响和《上海药品流通“十三五”规划》的指导下，医药流通面临着新模式、新业态、新技术的挑战。医药流通行业将抓住新的机遇，不断调整结构、转型升级，践行“供给侧”经营服务模式创新，完善医药供应链管理体系，发挥行业在服务医疗卫生与全民健康事业中的功能作用。预计 2017 年上海医药流通将呈现终端市场规模持续增长，行业服务管理更加规范，行业整体继续转型升级，行业服务领域不断扩大的新常态。

1. 医药流通终端市场规模持续扩大

“健康中国”建设给医药产业带来持续发展空间，人口老龄化、单独二胎放开、慢病需求增大、人均用药水平提高等社会刚性需求不断增加，以及政府加大对医药卫生投入增加，推动药品需求增加。上海医药流通借助强大医疗资源带来本地区及以外的医疗服务客流流入，药品需求不断增加。同时凭借国际商贸中心的地位，医药和健康服务向长三角及其他地区辐射，企业将充分把握机遇，向提供市场更多的产品和服务，终端市场将持续保持增长。

2. 新医改对行业发展产生重大影响

2017 年上海公立医院药品采购将实行“两票制”，药品采购将进一步集中，新一轮兼并重组或将形成，中小型企业加快转型迫在眉睫。实施“两票制”后，药品流通集团型企业与全资(控股)子公司或全资(控股)子公司之间调拨药品可不视为一票，将明确利好集团型药品流通企业；同时随着政策执行深入，大批代理型医药商业公司、

中小型医药商业公司势必需要转型或寻求被兼并，将为大型医药流通企业集团进一步加快兼并重组释放机会，进一步提高药品配送集中度。此外，市招标办对药品从出厂到终端进行价格调研，药品流通中的价格水分将被进一步挤干，企业对公立医疗机构的交易全部通过阳光平台，药品流通环节价格透明化。

3. 零售市场“药学服务＋多元化”经营理念更加深化

随着“大健康理念”的深入人心和国家政策的大力支持，大健康产业市场潜力巨大，未来药品零售业的发展将迎来重大机遇。破除“医药养医”机制，鼓励到零售药店购药等改革措施，将会迈出更大步伐。“新零售”概念逐步进入药品零售行业，从单一渠道转向覆盖实体店、电商、移动端和社会化媒体的全渠道零售体系。线上线下和物流结合在一起，形成以消费者为中心的会员、支付、库存、服务等方面数据的全面贯通。

4. 行业人才队伍结构调整及知识结构不断更新

2017 年，药品流通行业将努力解决影响效率提升和可持续发展的人才缺乏问题。随着行业发展药品批发、零售、医药物流和医药电商四大业态更加需要专业型、复合型人才及供应链管理人才。企业将更加注重培养和引进中高级专业人才，如具备供应链管理、IT 软硬件应用能力的人才，为企业适应“互联网＋”商业模式时代发展和向大健康领域拓展提供人才支持。结合零售药店的发展，培养和引进健康管理师、营养师、护理师、美容师、心理咨询师等。执业药师是零售药店开展药学服务的关键，未来增加执业药师数量和提高执业药师能力将是衡量药品零售提升服务的重要指标。

第三篇

生产性服务业[①]（部分）

① 本报告根据国家和上海市商务部门管理领域和范围，主要关注电子商务、现代物流业、商务服务业等生产性服务业。

第九章 电子商务

一、2016年电子商务发展概况

2016年,上海电子商务发展紧紧围绕"四个中心"和"科创中心"建设,落实国务院《关于大力发展电子商务培育经济新动力的意见》《关于深入实施"互联网+流通"行动计划的意见》等文件精神,取得了较好的成效和进展。

1. 电子商务总体规模扩大,继续保持高速增长

2016年,上海电子商务交易额实现20 049.3亿元,比上年增长21.9%。其中,B2B交易额14 445.6亿元,比上年增长17.3%;网络购物(B2C/C2C)交易额5 603.7亿元,增长35.4%(其中,商品类网络购物交易额2 991.9亿元,增长32.9%,服务类网络购物交易额2 611.8亿元,增长38.4%)。

2. 大宗商品交易向各领域扩展,拉动B2B交易增长

2016年,上海B2B前50位企业中,钢铁交易占比最大,交易额达到4 862.8亿元,占整个B2B交易额的47%。石油化工类其次,交易额实现3 277.8亿元,比上年增长20.7%,占整个交易额的31.7%。有色金属类交易占整个交易额的13.7%。汽车和农产品类电子商务交易额分别实现197.1亿元和23.3亿元,分别比上年增长6.5%和15.2%。

3. 网络购物交易规模持续扩大,服务类交易发展迅速

2016年,上海网络购物交易额实现5 603.7亿元,比上年增长35.4%。其中,服务类网络购物交易额占比接近一半,达到46.6%,服务类交易增速高于商品类增速5.4个百分点,其中,餐饮、住宿、旅游服务类贡献明显,网络购物前50位企业中,住宿、旅游类交易额达到1 413.6亿元,比上年增长39.7%。商品类网络购物持续稳定增长,

网络购物前 50 位企业中，综合百货类贡献最大，实现交易额 1 385.3 亿元，增长 32.4%，生鲜农产品类继续保持较高增幅，交易额增长 61.4%。

二、 2016 年促进电子商务发展主要工作

1. 发挥联席会综合协调作用

2016 年，上海市政府办公厅正式印发《关于本市大力发展电子商务加快培育经济新动力的实施方案》(沪府办发〔2016〕10 号)，形成了 102 项具体工作，上海"十三五"电子商务规划编制工作正式启动。

2. 以"互联网＋流通"建设促进线上线下融合

2016 年，上海市商务委启动第二批智慧商圈试点创建，编制完成第一批智慧商圈试点建设评估标准；推动东方网等开展社区电子商务试点；联合上海市邮政管理局推动建设配送综合服务站 440 余个、智能快件箱 19 466 组，缓解电商配送"最后一百米"瓶颈问题，制定了快递末端配送综合服务站建设标准。

3. 开展"互联网＋"创新实践区建设

2016 年，上海各区结合各自优势特色产业，积极开展推动"互联网＋"创新实践区建设。普陀区开展"互联网＋商务"、金山区开展"互联网＋产业服务"、杨浦区开展"互联网＋科技服务"、宝山区"互联网＋平台服务"、长宁区开展"互联网＋生活性服务业"创新实践区，参与企业已近 3 100 家，成效十分明显。在"互联网＋商务"创新实践的各个领域，上海市共梳理出 100 多项重点项目。2016 年，上海还举办了中美"互联网＋商务"创新发展高峰论坛和中美"互联网＋商务"大数据专题研讨会，启动中美"互联网＋"高端人才库建设等。

4. 推动电子商务示范园区发展

2016 年，上海制定发布《上海市电子商务示范园区创建指导意见》，指导电子商务园区提升工商服务、人才培训、技术研发、金融咨询等公共服务功能。2016 年，嘉定电商产业园税收额达到 13 亿元，比上年增长 40%；唐镇电商创新港 2016 年税收额达到 5.6 亿元，增长 62%，上海目前拥有国家级、市级示范园区达 7 家。2016 年，上海继续开展电子商务示范企业的创建工作，携程、1 药网、洋码头、飞牛网等 55 家成为 2016—2017 年度市级电子商务示范企业，引领上海电子商务高速发展。

5. 推动跨境电子商务发展

一是支持松江出口加工区、浦东机场综保区、自贸区外高桥片区三家市级跨境电子商务示范园区发展；二是推动上海跨境电商公共服务平台、信息服务的特易信息、

交易服务的西域机电、物流服务的东航物流等10多家外贸和跨境电商综合服务提供商做大做强;三是加强跨境电商与传统商贸业态交融创新发展,推进外高桥"前店后库"模式与日韩国别商业馆联动运营,推动百联集团、绿地集团、城市超市、经纬集团等各类型传统商业主体探索跨境电商实体店、社区店和O2O联动模式发展。

6. 推进电子商务规范有序发展

一是加大电商地方标准应用水平,联合浦东新区、普陀区开展《电子商务服务平台入驻商户管理规范》《电子商务服务平台售后服务规范》地方标准宣贯活动;二是支持鼓励上海电商企业开展企业标准体系建设,推动找钢网获批国家级服务标准示范,东方网、天天果园获批市级服务标准示范;三是指导百联电商、齐家网深化服务标准示范建设。

7. 扩大开放与交流合作

2016年,上海积极培育和引进电子商务总部企业,领英中国落户徐汇,蚂蚁金服、新飞凡等电子商务功能总部建设加快。2016年,上海举办IEBE国际电子商务博览会暨"互联网+"科创应用展、中国(上海)国际网络购物交易会及中国(上海)全球电商互联网大会、中国电子商务年会等,为行业发展搭建了重要的合作交流平台。

三、 2017年电子商务发展重点

1. 打造良好环境,吸引成功企业

海纳百川、开明睿智是上海的城市名片,凭借规范的政治法治环境、完善的市场配套环境、旺盛的消费需求环境、雄厚的人才技术环境以及良好的信用融资环境,上海对已经站稳脚跟,希望在国内外市场上取得更大发展的成功电商企业有较强吸引力。电子商务企业打破空间限制,一定程度上削弱了上海的区位优势,但换一个角度来看,这也意味着吸引成功电商企业来沪的门槛较低。与工业企业相比,电子商务企业转换业务重心区域甚至迁址都相对容易。2017年,上海发展电子商务产业的重点依旧是大力吸引高层次电商企业入驻。

2. 发挥自身优势,培育特色企业

由于当前大部分电子商务企业创业技术门槛较低,导致上海的人才技术优势无法充分发挥。投资界将估值达到10亿美元的新兴企业称为独角兽,在过去几年里,电商产业独角兽呈井喷之势,但其中不乏昙花一现的企业,多是技术门槛较低,容易被模仿超越的企业,使投资界对电商独角兽开始出现审美疲劳。有鉴于此,2017年上海将针对性地培育一批技术含量较高,人才门槛较高的创业企业。在虚拟现实、人工智能、生物技术等未来发展方向上布局核心竞争力较强的特色创业企业。

3. 完善信用体系，形成长效机制

在投融资市场日益成熟的今天，政府对企业的直接资金支持已经不是电商企业关心的重点。通过政府部门的荣誉称号认定，企业可以得到政府的信用背书，在资本市场中更容易得到投资方关注。为避免直接的信用背书对政府信用带来的潜在风险，上海将综合各部门和各大企业平台的信用数据，进一步完善企业信用体系，形成信用评价长效机制。

案例 7　推动智慧商圈和社区深度融合创新

——宝山区大华虎城

大华虎城是申新集团旗下的一个商业综合体，坐落于宝山大华以及普陀万里等高密度住宅区域中心，其商业建筑总面积为 50 万平方米，覆盖周边 50 万居住人口，其中包括了 9 个商业项目：综合性购物中心“大华虎城嘉年华”、大型百货商场“巴黎春天”、大型卖场“乐购”、休闲娱乐综合项目“第一坊”、品牌折扣卖场“奥特莱斯”、餐饮美食广场“澳洲广场”、商住两用办公楼及酒店式公寓“第三空间”以及由两幢商务楼和别墅群组成的时尚办公区域“大华虎城商务中心和商务园”。

大华虎城智慧商圈于 2015 年 9 月正式启动，在实体商业转型升级、智慧商业与智慧社区的建设方面做出了全方位的实践与探索。大华虎城智慧商圈以智慧商业社区集群平台为技术依托，平台服务涵盖了经营与消费行为、商业与物业管理、社区与便民服务等领域，同时结合微信、微博、多媒体互动以及一本专属的 O2O 商业期刊来联动运营，形成多元化为一体的联动格局。

一、智慧商圈建设主要成果

1. 实体商业转型升级，打造智慧商圈

通过商圈 APP、商圈微信、商圈微博等新兴互联网方式，结合线下推广，提升智慧商圈整体形象，逐渐改变消费者对商圈的固有看法和理念。智慧商圈模式和理念的建立，将提升消费者与商户对智慧化商圈的接受度，消费者消费习惯的养成与消费黏性的培养会受其影响，商圈整体智慧化形象将得以普及。

2. 提升商业品牌形象，提升商圈整体产业价值

随着智慧商圈平台的上线和不断完善，多元化的联动运营模式成果显著，不仅创造了新型的盈利模式，对传统商业体的利润增长也起到了很好的推动作用。大华虎城停车场完成了信息化改造以后，着力于技术创新与服务创新，先后实现了智能停车、错峰停车等应用功能,不仅改善了停车难的现状,一定程度上减轻了周边道路交通的承载量,同时也创造了新的利润增长点。此外,大华虎城智慧商圈平台启动后,商圈整体运营效率和管理能级得到了大幅提高,大华虎城品牌效应不断提升,吸引了众多优质的品牌和商户入驻,传统收入显著提升。

3. 改善支付环境,提升消费体验

生活方式的改变,决定了智能商圈微支付平台的盛行。当下居民生活水平提高,收入水平提升,已经有越来越多人通过移动端的方式进行消费与支付。移动支付已经成为时下比较流行的一种支付方式。人们在进行外出消费的时候,越来越少的携带现金,并且希望从传统的支付方式之中解放出来。很显然智能商圈微支付平台就是很好的选择,其非常适合消费能力强、接受能力强的年轻群体,未来发展势头明显,智能商圈相比于之前传统的支付方式和现在主流的微信支付宝支付,优势明显。智能商圈有超过百家的银行可直接支付,实现了转账付款即时到账。为了消费者和商户的便捷,智能商圈平台已经打通了国内大部分支付渠道。

4. 探索商业服务社区化、社区服务商业化的新模式

智慧化商圈的建成,将改善商圈周边社区的社区问题如:社区出行、二手回收、教育资源、社区停车难等多方面的社区问题,作为社区商业,智慧化程度越高,对社区问题可提供的便利就越多。目前商圈已推出夜间错峰停车,二手回收等措施,已初步展现效果。随着智慧商圈的建设,周边社区将同时收益,最终达到服务社区、服务居民的目标。

5. 光纤接入,实现公共区域 WiFi 全覆盖

百兆企业级光纤接入,以此为基础完成整体商圈公共区域 WiFi 覆盖,用户端使用网络速度达到平均 200 K/s,平均每个无线 AP 最大连接数达到 200 个。WiFi 覆盖完成后,通过后台技术及三点定位技术实现人员实时定位,并实现目标位置导航。停车场 WiFi 覆盖后,通过 WiFi 连接后进行车辆定位设置,可在离场时实现反向寻车功能。

6. 区域监控全覆盖,保障运营安全

通过升级原有传统监控系统,使得现有监控全面覆盖商圈公共区域,24 小时监控,达到公共区域无死角,智能监控系统可调取 30 天内的任意时间段录像。智能监控系统同时可以使用远程访问技术,通过网络获取任意公共区域监控画面,同时通过影像识别机制智能识别人流密集区域并远程发送警示信息。建设中央控制中心,可对所有画面进行分屏,轮播、循环等操作,中控室内可监控整体公共区域。

二、智慧商圈未来发展目标及规划

根据《大华虎城智慧商圈三年发展规划纲要》,大华虎城智慧商圈将利用信息化、智能化及互联网工具，创新思维，以传统实体商业转型升级为目标，以平台为载体的应用服务希望能成为消费者的生活学习的指南、行车停车的指引、消费购物的助手，更能成为商户经营管理的工具。多元化的智能手段将覆盖整个商业与社区，为消费者提供先进的智能化消费体验，为租赁商户提供智能化经营销售工具，使大华虎城最终成为上海智慧商圈的示范标杆。

2016 年，完成智能商圈平台基础建设。具体包括：基础平台开发建设、商圈公共区域 WiFi 覆盖、线上支付技术对接、影像捕捉与识别技术应用、APPETC 不停车收费、车辆诱导系统、夜间错峰停车与包月停车。

2017 年，全面完善智能商圈平台。具体包括：智能停车与车辆诱导、夜间错峰停车、智能充电、LBS 室内地图、精准定位、室内导航、微信摇一摇、商业与社区多媒体互动、大数据分析平台。

2018 年及未来，创新与拓展智能商圈平台。具体包括：AR 增强现实技术、商业管理机器人、互动式教育平台、智慧社区、社区场馆整合、智慧菜场。

第十章　现代物流业

一、2016年物流业发展概况

2016年,上海物流业牢牢抓住国家政策机遇,并按照市政府提出的"深入实施标准化发展战略"总体要求,聚焦物流标准化工作,取得阶段性成效,为下一步落实国家供应链战略和推进城市智慧物流发展奠定了基础。

1. 产业运行总体平稳,稳中向好

2016年,上海实现交通运输、仓储和邮政业增加值1 160.27亿元,比上年增长6.3%;各种运输方式完成货物运输量88 689.16万吨,比上年下降2.8%。一是水路货运量略有下降,港口生产形势略有下滑。2016年,上海全年完成水路货运量4.8亿吨以上,比上年下降2%,占全社会货物运输量达55%,较上年略有增长;全年上海港口货物吞吐量达到7.0亿吨,比上年下降2.2%,连续三年负增长,降幅收窄2.8个分点;二是公路货运连续三年下滑,总体降幅有所收窄。上海全年完成公路货物运输量3.9亿吨以上,较上年下降近4%,降幅缩小1.3个百分点,公路货物运输量占全社会货物运输总量44%;三是铁路货运需求回暖。上海全年完成铁路货物运输量近1 200万吨,比上年下降13.3%,降幅较2015年缩小3.5个百分点;四是民航货运增速创新高。2016年,上海两场全年完成货邮吞吐量380万吨以上,比上年增长4.3%,增速提升1.7个百分点,占全社会货物运输量0.4%;五是快递业务增速强劲,实现跨越式发展。2016年,上海快递行业市场规模不断扩大,继续保持高速增长态势,全年快递服务企业业务量累计完成约26亿件,比上年增长52%,占全国快递服务企业业务量的8%以上,在各省(市)中排名第4位。快递业务收入突破700亿元,比上年增长56%,较上年提高近30个百分点,增速反超业务量,占全国快递业务收入的18%,位居全国各省市第 2 位，增速超过全国平均水平 12.4 个百分点，超过广东、浙江等快递大省。快递业务收入占邮政行业业务总收入的比重达 93%，成为邮政业务收入的主要来源；在全市发展中的比重也进一步提高，成为“新经济”发展中的亮点行业。

2. 凝心聚力，创新开展物流标准化试点

2016 年，为加强组织领导，上海成立了由商务、质量技监、财政等部门组成的物流标准化试点工作领导小组，统筹协调试点过程中的重大问题。办公室设在市商务委，负责组织落实相关工作。依托领导小组，全面扎实推进试点各项工作。一是围绕“四个一”，系统推进物流标准化试点。在前期广泛调研、深入研究的基础上，制定了《上海市物流标准化试点方案》，明确加快物流技术、服务模式创新，推进物流业与快消品、农产品、医药、化工等产业融合互动，着力提升产业链上下游协同能力，提高物流效率，着力降低社会物流成本。抓住“一块板”，推进以托盘社会化循环共用为重点的托盘标准化，支持企业带托运输，提高一贯化物流作业效率；依托“一辆车”，开展以新能源车辆为载体的城市末端配送服务标准化，解决最后一公里难题和城市配送车辆通行难题；围绕“一个筐”，实施农产品物流包装标准化，解决农产品流通领域货损率高等问题；面向长三角，建设服务于物流标准化的公共信息服务平台，加大物流标准实施和应用力度，带动平台中小微物流企业整体标准化服务水平提升；二是实施科学管理，严把项目和资金审核关。为规范资金使用和管理，制定了《上海市物流标准化试点专项资金使用和管理办法》和《上海市物流标准化试点项目验收管理办法》。委托第三方评审机构对项目进行申报预审、评审、资金拨付评审及验收。重点在托盘标准化循环共用、公共信息服务平台及城市配送公共基础设施及物流设备等领域，遴选实力强、辐射力强、带动力强的托盘运营服务商、生产商、第三方物流企业、大型商贸企业和电商企业、物流平台型企业作为试点主体；三是坚持委办协同，强化项目跟踪问效。针对每个试点项目，与试点企业共同制定《物流标准化试点项目责任承诺书》，对设备设施采购、效率提升、贯标且(或)参与标准制定、推广示范、社会效益等方面情况，实施责任承诺。建立项目投资进度监测机制，开发了在线项目管理库，建立在线项目投资进度台账，对项目进展所反馈的数据进行及时更新，开展绩效评估。定期赴试点企业现场调研，及时指导项目推进。多次召开试点推进会，通报试点整体进展情况，试点企业交流试点经验；四是突出软硬结合，构建上海城市物流服务标准体系。建立物流标准专题库，搭建物流标准化信息公共服务平台，完善企业标准自我声明公开制度，探索经营场所制定、公开服务标准。支持 26 家试点企业建立企业标准体系，包括标准体系框架、标准明细表和标准文本，涵盖消费品、农产品、医药、化工等领域。推进清美、招商路凯、上药、国药等试点企业联合供应链上下游，制定了《医药物流标准作业工时测定和统计标准》《豆制品冷链运输过程中周转筐的管理使用规范》《托盘标准转移模式商业规则》三项商贸领域团体标准。推荐招商路凯、现代物流、金山石化三家企业开展市级服务业标准化试点；五是聚焦行业带动，建立创新联盟和微信公众号。2016年，上海成立市物流标准化创新联盟，协调推进项目，并开展标准研制、实施应用、推广培训等工作。联合发布《2015上海市物流标准化发展报告》及《长三角物流标准化建设指引》。建立"物流标准化创新联盟"微信公众号，已累计推送微信近518条，发布企业案例34个；六是立足辐射区域，建立物流标准多层次合作推广机制。通过加强与欧洲托盘协会(EPAL)交流与合作，引进先进的管理经验和运营模式，对标国际标准，促进托盘循环共用的专业化和国际化发展。会同长三角省市，共同发起成立了长江经济带标准化托盘循环共用联盟，依托区域合作机制，招商路凯、集保、新通联等企业建设了面向全国、链接国际的托盘循环共用服务网络。依托内贸改革9试点城市标准化创新联盟，拟定了食品冷链物流、农产品周转筐、智能储物柜等领域4项标准，推进跨区域标准共享互认。

二、 2016年物流业发展亮点

2016年，上海市实施物流标准化试点后，新增标准化托盘308万个，较试点前翻番，在长三角区域9个城市建立了一批标准化托盘公共营运中心；试点企业实施带托运输，供应链效率提升35%，装卸效率提升2～3倍，人工成本降低15%，商品破损率降低50%。

1. 标准化托盘循环共用体系基本形成

招商路凯进一步提升上海营运中心的服务能力，带动沃尔玛、华润万家、一号店、永辉、宝洁、益海嘉里、雀巢等1 500家知名企业推行带板运输模式。创新业务流程，将门店订单处理流程前置，省去了在区域配送中心进行拆板、分拣的环节，避免二次倒板、组板，大幅降低货差和货损。实行区域集货配送，集合订单实现整车带板运输，降低运输成本，提升车辆的装载率、利用率和周转率。集保中国积极带动京东、苏宁、可口可乐、雀巢水、光明乳业、利丰供应链等知名企业开展带托运输，合计新开展的托盘化运输线路超过40条。租赁托盘模式较之企业分别自购托盘，节省了13%的托盘使用量，零售商卸车效率提高约83.3%(3小时×5人 vs.30分钟×2人)，供应商和零售商道口处理能力分别为原先的2倍和6倍，货损风险降低为0。新通联标准化托盘循环共用平台充分利用"一体化包装服务"优势，以特定行业供应链为整体考虑对象，以标准托盘为基础，对供应链各环节物流包装方式进行整合设计，使包装物适合标准托盘载运，促进标准托盘在供应链中重复使用。供应链综合成本降低约 17%，托盘损耗率减少 40%。积极向托盘综合服务商转型升级，将业务沿长江经济带拓展，位于上海、湖北、安徽以及重庆等省市的 6 个区域托盘服务中心已开始运营。苏宁物流转型为现代化第三方物流企业，着力打造"三级物流枢纽＋终端配送"的四层物流网络。创新提出"标准化联运单元"概念，即通过"托盘＋料箱"模式实现针对下游标准化运输载具的应用推广和循环共用。发挥在供应链中的主导作用，在供应商采购入库方面，推出了优先预约、优先装卸、互信免检、费用统盘等一系列政策，鼓励供应商积极参与托盘循环共用体系建设。

2. 农产品全流程物流包装标准化体系雏形初现

城市超市打造了从田头到餐桌，跨越生产、加工、运输、销售的完整食品产业链，形成"上控资源、中控物流、下控网络"的竞争优势。建立依托共有周转箱的农产品"三次不倒筐"运输模式，即从田头到清洗包装车间不需要倒筐、从清洗包装车间到装车不需要倒筐、运输至门店后不需要倒筐。在蔬菜菜筐和库笼上增加 RFID 芯片，提高交接效率，提升追溯效能。同时升级改造了冷链配送中心，促进了上下游设备的衔接，形成了相互配套、有机结合、互为支撑的标准化体系。清美豆制品依托上海市场 5 成以上占有率及长三角区域 7 000 多家超市专柜和专卖店的配送网络，创新制定了从生产到销售的完整的标准化体系，并配套开展设备设施的标准化改造。探索基于标准周转筐的豆制品供应链物流模式，豆制品在形成成品和半成品（豆干胚）放入周转筐内进入杀菌或下道工序、直到成品出来后进入冷库、通过托盘将装满产品的周转筐送入冷库、冷藏车、门店，该模式在全国豆制品行业起到了示范作用。制定了《豆制品塑料周转筐》团体（联盟）标准，为行业内推广标准化冷链物流服务提供依据。

3. 城市配送物流服务体系逐步完善

上药作为首家通过国家医药物流服务标准化试点的企业，全面贯彻标准化操作，首次采用了 RFID 技术对每块标准托盘进行赋码，并设立了托盘管理信息平台，制定《RFID 托盘管理标准操作规程》，并在企业内部进行了贯标，正进一步推广至承运商、客户、供应商等相关方，增加托盘使用寿命和周转率，增强托盘的追溯性。顺衡物流打造顺丰全网第一座 B2C 冷库，启用"一站式全程标准化冷链"模式进行生鲜商品宅配，通过标准化设施的使用，简化了操作流程，降低了企业的营业成本，提高物流供应链的效率，同时满足了各类客户的需求，真正意义上实现了现代化冷藏与仓储。厨易时代建设城市生鲜食品配送网，包括从田间、工厂等基地配送直达社区居民，和从基地配送直达餐饮企业，配备 20 辆新能源配送车辆，做到全程冷链不断链。依托追溯技术，实行智能化分拣、集约化物流，采用带板装卸，减少了生鲜商品的二次翻动。设立标准化的社区生鲜服务智能终端“厨易站”，配送直达，省去中间环节，保证了食品安全，更为企业降低了10％以上的成本。

4. 公共信息服务平台标准化构建

新跃物流“物流汇”平台服务于6 000多家中小物流企业，起草了供应链管理相关标准，平台初步开发完成智能官网、订单跟踪、在线支付、物流商圈等主要模块，支持的供应链管理核心功能已实现，并进入试运行。陆交中心“56135”平台拥有全国范围15万家物流及上下游中小企业会员，致力于打造中国领先的“智慧供应链管理平台”和“流通领域资源交易平台”。研发出针对物流、电商、贸易和生产、配送领域有独立知识产权的e管通软件，通过管理的标准化带来服务的标准化，提升中小企业的管理和服务水平，同时打通了流通领域生产、贸易、电商和物流供应链之间的信息孤岛，实现行业间信息互联互通，从而降低企业资源交易成本。

三、 2017年物流业发展重点

2017年，上海市将进一步巩固物流标准化试点取得的成果，结合深入推进城市共同配送体系建设工作，要聚焦提升上海城市物流标准化体系服务供给侧结构性改革的作用，为下一步落实国家供应链战略和推进城市智慧物流发展奠定基础。重点将抓好以下两方面工作。

1. 放大试点效应，深入推进试点成果复制推广

抓紧制定物流标准化试点成果的复制推广计划。将标准化托盘循环共用体系由点及面推广到快消品、农副产品全行业，推进供应链中更多的企业进行带板运输。加快农产品物流包装及周转设备智能化升级和改造，逐步构建农产品全流程物流包装标准化体系。加大试点成果宣传力度，发挥行业组织的作用，广泛动员企业参与，带动全行业物流标准化发展。

2. 加强区域合作，带动提升区域物流标准化发展水平

依托长三角区域市场一体化和现代物流发展合作机制，大力推进跨区域的物流标准共享互认，引导企业创新物流标准化应用模式，扩大物流标准化公共信息服务平台的辐射范围。更好发挥长江经济带标准化托盘循环共用联盟的作用，进一步推动标准化托盘循环共用在沿长江经济带省市的应用，形成重要标准共同制定、联合发布等合作模式。

案例 8 内外部一体化的托盘循环共用模式

——京东物流的物流标准化建设

京东物流隶属于京东集团，以打造客户体验最优的物流履约平台为使命，通过开放、智能的战略举措促进消费方式转变和社会供应链效率的提升。京东物流通过布局全国的自建仓配物流网络，为商家提供一体化的物流解决方案。

一、物流标准化建设背景

物流标准化对京东而言，是降低物流成本、提高物流效益的有效措施，同时也是京东进军国际物流市场的一张重要的通行证。因此，京东集团在快速搭建自有物流平台的同时，特别重视物流标准化的建设和发展，从总部层面积极推动公司内部物流设备设施和信息系统的标准化。为此，京东集团特别成立了专门团队进行调查和研究，经过长期的努力和实践，在物流标准化方面积累了可复制可推广的经验和做法。京东物流标准化的主要工作包括：京东商城物流设施设备标准化改造、京东商城带板运输体系建设、京东商城供应链托盘共用体系建设，以及京东商城物流标准化相关标准的研究与制定。

二、主要建设内容

1. 物流设施设备标准化改造

启动对京东商城上海嘉定物流园区、京东商城昆山物流园区、京东商城上海转运中心(TC)三大物流基地的物流设施设备标准化改造工作。

在物流设施标准化建设过程中，参考了业内通用的标准并考虑到货物车型大小等实际因素对月台及相关辅助设施进行了改造建设，使得不同大小的配送车辆都能实现货物的快速装卸，提升使用效率；对库内不同功能区的实际需求进行了合理化布局实施，避免了内部搬运时造成的冲突；同时根据库内不同功能区的用电需求进行了强弱电改造，使得资源最大化合理应用。

在物流设备标准化建设方面，进行了以托盘、货架、叉车、周转箱、笼车等标准化周转设备为核心，对其周边配套设备的设计与改造，建立了标准化的物流作业流程。

(1) 新增与 1×1.2 托盘尺寸配套的货架总计 1 万组，货架标准化的建设采用横梁式货架和搁板式货架为主，辅以部分重力式货架、驶入式货架和流利式货架的形式，大大提升了货架空间利用率，货物分类更明晰，货物搬运更方便，避免了因不正当存放造成的货物损坏。

(2) 新增购置与 1×1.2 托盘尺寸配套的叉车 110 台，所购置的叉车均为电动驱动叉车，具有环保、操作简单、控制灵活、低耗低噪等特点，同时以标准通用为依据，对叉车的承载能力、货叉长宽与间距、行驶速度等进行了规范。

(3) 新增购置规格为1×1.2托盘14万块，在托盘的标准化设定方面，考虑到商城货物种类繁多、大小重量不一，所以从材质、外形尺寸、动静载能力方面对托盘的规格进行了限定，以适用于不同货物的需求。

以上所选用或设计的重要物流设备(如托盘、叉车、货架等)均符合国家相应的技术标准，在公司内部及上下游供应商之间都有一定的通用性。

2. 带板运输体系建设

为加速库房或TC间的货物运输，使其更加顺畅，操作更加简便，京东物流开始在全国100多个中小件仓7个TC转运中心及第三方物流公司之间开始推广带板运输作业模式。在物流标准化试点项目中也完成了货物带板运输体系的建设，并且制定了带板运输操作流程，制定了始发仓发货、在途运输、目的仓收货及托盘管理等过程中的相关规范。

3. 供应链托盘共用体系建设

京东物流建设了一套灵活的托盘共用体系，并且制定了公司内部共用体系及公司与上下游供应商共用体系等相关方案。在已完成建设的托盘标准化及带板运输体系的基础上，京东物流首先建立了企业内部托盘共用体系，转运中心将带盘货物直接运送到其他仓库，并从该仓库回收相应数量的托盘。若公司与上下游供应商所选用托盘的规格型号完全相同，签署相关共用协议后即可采用交换或租赁的形式实现托盘共用，如有特殊需要亦可引进第三方托盘服务商，提供标准化的托盘，并统一把托盘进行统一的维修、维护，以此减少京东及上下游供应商企业对托盘的管理成本以及维护成本。

4. 物流标准化相关标准的研究与制定

京东物流通过对库房主要物流设备及周边配套设备设施标准化技术的实施建设，实现了整体物流作业有效衔接，促进了供应链上下游企业的设备标准统一，形成了以上海转运中心(TC)为主的三大电子商务物流园区的建设，同时从仓储、出库、运输、操作等方面研究并制定了一系列的相关标准，保证了园区高效、稳定、安全的运作，带动了区域的产业和经济发展。

三、物流标准化取得初步成效

在物流标准化试点项目中，京东物流共计新增或改造仓库面积20万平方米，共计购置各类标准货架2.1万组；购置标准托盘2.1万块，并且使用普及率达到90%以上；购置标准型号叉车、标准城市干线运输车辆、标准的城市配送车辆等共计210台。

经过试点，京东物流基本建立了物流标准化体系，完成了库房内部设施装修、信息网络、监控系统等的标准化改造，初步形成了以上海运转中心为主，联合上海嘉定、江苏昆山电子商务园区的三地转运中心联合作业圈，将带动京东集团在长三角地区多家供应链上下游企业共用托盘，实现快速装卸货，快速周转，提高产业链物流操作效率。

案例9 “营运服务中心＋卫星服务中心”的托盘循环共用模式
——招商路凯专业托盘租赁服务商

托盘循环共用是循环经济和共享经济在物流领域的典型形式，是一种具备创新、绿色、环保特征的新兴商业模式，对于节约木材使用，提高物流效率，降低社会平均物流成本具有重要意义。托盘循环共用系统通过将标准化托盘进行跨行业、跨地区和跨国界的循环利用，来实现资源共享，减少一次性托盘的使用和供应链各环节闲置托盘数量，同时促进供应链上下游企业协同发展，实现物流可视化和智能化，对提升现代化物流水平，减少能源消耗、固体废气和温室气体排放起着至关重要的作用。

招商路凯作为国内领先的托盘循环共用服务商，在参与上海物流标准化试点的过程中，依托高品质的产品保障和完善的服务网，加速推进在上海地区及整个华东区域的托盘循环共用体系建设。

一、企业背景

路凯公司1942年成立于澳大利亚，主要从事托盘及物流包装设备的租赁服务业务，目前已发展成为澳大利亚及东南亚地区领先的物流包装设备共用租赁企业，业务覆盖澳大利亚及东南亚多个国家和地区。2010年7月，招商局集团全面收购路凯公司，并将其更名为招商路凯。随着中国地区托盘租赁市场的快速发展，中国地区已成为招商路凯业务发展的重点核心区域。目前，招商路凯已初步构建了覆盖全国的托盘循环共用公共服务平台，营运中心从成立之初的3个增加到22个，业务范围覆盖了全国大部分地区，并与国内外知名零售商、生产商、物流商、电商企业建立长期战略合作伙伴关系，成为这些主流零售企业/生产企业优先选择的托盘循环共用服务商。

二、托盘共用模式的应用及成效

1. 提升基础营运服务能力，满足新增需求

招商路凯作为上海物流标准化试点企业，在试点中积极配合上海地区及长三角地区显著增长的带板运输服务需求和新增的标准托盘服务需求，从以下四方面入手，加快提升基础运营服务能力。

(1) 增加托盘池规模。在试点期间,实际新增标准化托盘63万板,超出计划数量的26%。

(2) 进一步提高上海营运中心的维修服务能力。持续对上海营运中心进行升级改造。已完成部分半自动维修工作台、半自动喷漆线等设备的更新;2016年上半年进口全自动喷漆设施,大幅提高上海营运中心的服务能力。

(3) 增强上海地区与长三角主要商贸物流节点城市之间标准托盘的循环共用。为进一步推动长三角地区一体化联动,在杭州地区增设营运服务中心,进一步完善长三角区域的营运服务网络。该服务中心通过加强对浙江省域的区域覆盖,对整个长三角的循环共用体系建设起到了重要的补充。

(4) 启动"超级营运服务中心+前端卫星服务中心"的营运模式。为适应标准托盘需求量的高速增长,招商路凯在全国范围内启动"超级营运服务中心+前端卫星服务中心"的营运模式。目前已率先在长三角区域开工建设第一个超级营运服务中心——华东超级营运中心,该中心建成后将配合网络化的卫星服务中心,打造并强化整个长三角区域的基础营运服务能力,大幅度改善对上海区域标准化托盘的服务支持能力,切实有效地推动长三角区域物流一体化联动的进程。

2. 提高上海地区的标准化托盘普及率

试点期间,长三角区域新增客户107家,其中超过一半数量的客户是由自购模式转化为租赁模式,由非标托盘转化为标准化托盘,并加入招商路凯在长三角区域的托盘循环共用体系,长三角区域标准托盘循环共用系统建设及一体化联动成效显著。试点项目建设期内,托盘移动次数合计500万板次,超过项目建设目标预计量的35%,大幅提高托盘的循环周转率。在带板运输方面,招商路凯在与1号店前期带板运输项目合作的基础上,在项目建设期内,已成功吸引16家上游供应商参与带板运输;成功启动苏宁、金佰利等新客户的带板运输项目。

3. 制定企业标准及行业服务标准

在标准制定方面,由招商路凯牵头执行的《托盘循环共用系统作业规范》已完成第5次修订,并通过专家委员会评审,目前正处于广泛征求社会意见阶段。企业标准方面,已于2015年陆续编制、修订并发布实施《招商路凯托盘采购验收标准》《招商路凯托盘维修质量标准》《招商路凯托盘作业标准》等内部标准文件,进一步强化了招商路凯的标准控制体系,大幅度提高招商路凯循环共用托盘的质量水平。

三、与苏宁"电商平台"成功合作的经验

2016年,招商路凯与苏宁合作,在长三角区域乃至全国范围内推广带板运输项目。苏宁"电商平台"中食用油类的重要供应商——益海粮油,其配送为直接从供应

商仓库发货到苏宁仓库。在原先的供应链模式下，供应商接到苏宁的订单，会从其仓库拣货并散箱装车送货到苏宁物流中心。由于采用散箱方式装卸，运输和搬运次数较多，产品损耗率和人工装卸成本较高。为此，招商路凯与供应链各方之间成立带板运输专项工作组，展开多轮圆桌会议进行磋商，确定实施方案如下。

苏宁与益海粮油均租用招商路凯的托盘，并按照相同的 TIHI 高度码盘。当苏宁下订单后，益海粮油可立即带板运输到苏宁仓库，连货带板转移给苏宁后直接入库上架，由益海粮油支付一定的延迟转移天数。另外，为了提高带板运输效率，对于供应商带托运输，上海苏宁物流给予供应商优先预约、互信免检、绿色通道优先入库、卸货费优惠等政策以鼓励其采用带托运输。

经统计，标准托盘运输相比传统的散箱运输模式，在装卸效率、收货入库效率整体提升了 2 倍以上(9.6 米车型，卸货时间由原来 1.5 小时降低为 30 分钟，卸车后直接上架)，装卸成本降低 20%，货损率降低 30%。

第十一章　商务服务业

第一节　会展业发展态势

一、2016 年会展业发展概况

2016 年是“十三五”规划的开局起步之年，也是上海提出打造“国际会展之都”目标的第一年。上海市商务委以推进国际化进程、加强制度保障、落实行政审批制度改革要求、加强“三服务”工作等项目为抓手，拓展合作渠道，凝聚各方力量，形成了会展业“十三五”的良好开局，为加快建设“国际会展之都”奠定基础。

1. 出台贯彻落实国发 15 号文件的实施意见

2016 年 3 月 28 日，上海市政府常务会议听取并原则同意《关于促进本市展览业改革发展的实施意见》，5 月市政府正式印发。上海是全国主要会展省市中(包括北京、广州、深圳、江苏等地)第一个出台贯彻落实国务院《关于促进展览业改革发展的若干意见》(国发〔2016〕15 号文)的省市。

此后，上海市商务委抓紧开展落实工作：一是及时在上海市政府网站上发布了文件解读，解放日报、上海观察等地方媒体纷纷转载；二是形成促进展览业改革发展联席会议的组织框架和工作制度，并已在工作层面就会展服务便利化等有关专题开展了协调；三是推动有关区、企业贯彻落实文件精神。推动青浦区在徐泾镇建设会展产业园，在国家会展中心周边形成产业聚集。指导市贸促会出台贯彻落实的实施计划。

2. 展览业国际化水平进一步提高

2016 年，国际展览业协会(UFI)第 83 届会员大会在上海成功举办。这是 UFI 历史上最大规模的年会，来自全球展览界的 600 多位代表参加大会，UFI 高层和与会代表对上海会展业发展予以高度评价。会议期间，UFI 主席与上海市商务委领导签署了关于在沪设立常设机构的合作备忘录。根据备忘录规定，该机构将服务于 UFI 的中国会员，成为连接中国和国际会展界的枢纽。这是 UFI 在单个国家设立的第一个办事机构，引起国际展览业界的广泛关注。

2016 年，上海引进并成功举办中国国际电梯展、大虹桥美博会等大型知名国际展会。全年，上海有 11 个展会入选《进出口经理人》杂志公布的 2016 世界百强商展名单，与德国杜塞尔多夫并列为入选展会最多的城市。截至 2016 年年底，上海已有 UFI 认证展会 26 个，认证会员 23 个，分别居全国第 1 和第 2 位。

3. 公共服务水平进一步提升

2016 年 2 月，国务院取消地方对外经济技术展览会的行政审批。市商务委与上海海关、上海国检等单位进行多次协商，提出保留并完善"上海会展业公共信息服务平台"有关功能，实施"网上自愿备案＋政府间信息共享"的衔接方案。自实施以来，已与相关部门共享 20 余批次、近 300 条展会信息，有效地解决在沪举办的部分国际展会的通关、监管问题。另外，全年向商务部转报部级审批展会 142 项，处理涉台展会批件 112 项。

二、 2016 年会展业发展重点

1. 推进立法工作

2016 年，上海市组建由市人大副主任洪浩和市政府副市长周波牵头，市商务委、市人大财经委、市政府法制办、市立法研究所等部门组成的专题调研组，根据市领导指示精神，协调调研和起草工作。年内，《上海市会展业条例（草案）》修改完成，并形成调研报告。2017 年，会展业立法项目有望列入市人大的立法预备项目，为正式立法奠定基础。

2. 积极推进会展人才培训

开展业内从业人员的培训工作。继续做好会展管理（中级）认证培训班工作，无论从课程的设计，还是师资的配备，强调务实和对培训人员职业能力的提升。根据具体业务发展的需要，探索会展管理初级培训。将继续探索实践会展管理初级培训模式，以便形成可复制的经验加以推广。

3. 加强合作交流

发挥会议活动专委会作用。加强与市旅游局、市统计局、市旅游协会等相关部门和组织沟通，构建会议数据统计体系，整合相关会议产业资源，加强会议产业链上企业团体的交流合作,并建立起长期稳定良好的合作关系,实现资源共享。

第二节 拍卖业发展态势

一、2016年拍卖业发展概况

2016年,面对政策环境变化、市场竞争加剧等诸多不利因素,上海拍卖行业加速转型,经济总量小幅微增,经济总量全国占比领先。

1. 行业稳步发展

2016年,全市拍卖企业举行各类拍卖会2 722场,拍卖成交额累计466.2亿元,比上年增长1.2亿元,增幅为0.2个百分点。经济总量与去年基本持平。2016年,全国拍卖成交额5 024亿元,上海拍卖业总成交额占全国总量的9.3%,在全国各省市中名列前茅。

2016年末,上海市共有拍卖企业251家,比上年增长5%。全市现有拍卖企业等级评估A级以上资质企业57家,其中AAA级14家,AA级企业22家,A级企业11家。具有文物拍卖资质企业57家,具有公物罚没物资拍卖资质的企业有45家,较上年增加13家,承担司法委托拍卖的企业有32家。上海市拍卖企业共有从业人员3 400人,拍卖师420人,比上一年度略有增加。

2. 行业结构特征鲜明

一是农副产品拍卖增幅明显。2016年,农副产品标的种类增多,由水产品、鲜花扩展到豆粕、小麦和玉米,且增幅较大,为680%;二是无形资产拍卖延续增长态势。无形资产拍卖一直是上海拍卖行业的传统优势项目,历年来以上海国拍、上海拍卖行等为代表的拍卖企业在无形资产拍卖方面都处于国内龙头地位。2016年,在市场和企业共同发力下,无形资产拍卖成交额比上年增长10%;三是房地产拍卖稳中有升。2016年,上海房地产拍卖成交198.8亿元,比上年增长5%。受益于"72小时在线竞拍+网络与现场同步拍"拍卖方式的推行和网上报名、网上竞价、网上结算、资金监管等政策的全面落实,上海房地产拍卖成交率大幅提升;四是艺术品拍卖延续下滑态势。2016年,上海艺术品拍卖成交场次193场,占全国拍卖总场次的10.4%,成交额33.6亿元,占全国文物艺术品拍卖成交总额的10.6%,比上年略有下降。

3. 行业贡献度持续提升

2016年,上海拍卖业实现税收2 584.8万元,企业新增拍卖从业人员86人。拍卖业积极参与社会公益事业,通过慈善义拍等方式向社会奉献爱心。2016年,上海拍卖企业共举行慈善义拍32场，为慈善机构筹得爱心款2 200余万元；拍卖企业直接向慈善机构捐款310余万元。2016年，上海拍卖行业在公共资源拍卖、网络建设等方面取得较大进步。协会先后接待了各地政府部门和兄弟省市协会20多家，对协会建设、公拍平台建设等深入座谈，传授经验，在行业中发挥着越来越重要的作用。

二、 2017年拍卖业发展重点

2017年，上海拍卖业持续推动新技术应用、行业标准化建设，构建行业核心竞争力，继续激发上海拍卖行业的创新与活力。

1. 推动"互联网＋"技术的运用

网上拍卖作为电子商务的一种重要形式，日益成为一种倍受商家和消费者青睐的新的交易机制。2017年，上海拍卖行业将不断加强管理水平和信息化建设，推动"公拍网""上海市公共资源拍卖中心"的健康发展，使上海拍卖业迈入了集约化、信息化的发展轨道，提高拍卖的服务质量和服务水平。传统拍卖企业也将持续推动"互联网＋"带来的新领域和新变革，积极拓展经营思路，打造差异化、专业化发展路径。给客户带来便捷体验的同时也推动行业的智能化发展。

2. 着重发挥拍卖协会的作用

2017年，行业协会将充分发挥自律部、理论宣传部、公共资源部、法律工作部、市场开拓部等部门的优势和作用，深入开展主题鲜明的专业活动，在争取政府支持、提供法律服务、宣传行业形象、促进行业自律等方面为会员企业提供高质量的专业化服务。秘书处也将继续落实服务宗旨，根据新形势下行业面临的新问题提出新的解决思路，注重信息化、现代化服务方式的应用，提高工作效率和水平，满足会员单位个性化的服务需求。2017年，上海市拍卖行业协会新版官网将正式上线，新版官网将有效的融合行业统计报、诚信档案建设等功能，供全市拍卖企业应用，为企业节约开发使用成本。

3. 加速行业标准化体系建设

2017年，拍卖行业将加快建立和完善质量管理体系，建立拍卖服务的企业标准，积极参与中国拍卖行业标准化建设。贯彻执行《文物拍卖企业经营评估指标》，开展全国文物拍卖企业经营评估工作；开展《文物艺术品拍卖规程 SB/T10538-2017》宣贯工作，促进拍卖流程标准化；努力推进国家标准《拍卖企业等级评估》《网络拍卖规程》以及行业标准《拍卖术语》《不动产拍卖规程》的编制工作。

第三节　典当业发展态势

一、2016年典当业发展概况

2016年,受外部经济环境影响,上海典当业发展呈现下滑趋势,面临较严峻的生存压力。

1. 典当业总体发展情况

2016年,完成典当总额420.79亿元,比上年下降10.85%。典当业务笔数总计300 669笔(新当97 383笔,续当203 286笔),比上年下降14.38%。应交税金达0.78亿元,比上年下降37.1%。2016年,平均每笔典当业务14万元,平均每月典当规模35.07亿元,年末典当余额约为65.21亿元。全市典当企业平均经营规模约为1.66亿元。

2016年末,全市典当企业为253家(其中新设典当企业1家),与2015年相比减少3家,分支机构65家,与2015年相比减少4家,共计318家经营网点。约占全国9 212家经营网点的3.5%。

2. 行业各项业务发展特点

房地产业务比重增加,支柱地位难以撼动。2016年,房地产业务比2015年下降6.15%,但所占业务比重超过6成,发展趋势稳定,房地产业务的行业支柱地位难以撼动。由于上海作为少数几个一线城市,楼市价格常年处于高位,且还在连续上涨中,包括2016年度年初的楼市疯涨后,间接助力典当业房地产抵押业务发展,不少典当公司原本长期逾期的房地产业务借助此次上涨纷纷回本收息。

民品业务出现下滑,转型发展迫在眉睫。2016年,民品业务连续多年上涨后首次下跌,增速出现两位数下滑,比2015年下降14.75%。受整体民品市场不佳的影响,部分典当企业主动收缩业务,过去流通性较好的物品,如高档手表、翡翠玉石等,近年来出现滞销情况,影响业务发展。

生产资料业务延续下滑态势,企业数量进一步下降。2016年生产资料业务比2015年下降41.69%,所占比重下降至3.6%,从事企业数也进一步减少为20家,平均每家从事企业年规模仅7 658.3万元,且新当业务较少,大部分业务额为前期的续当业务,创新活力缺乏,边缘化趋势凸显。

财产权利业务下滑趋缓,创新思路有待拓宽。2016年财产权利业务比去年下降0.27%,基本持平,下滑幅度趋于缓和,所占比重回升至11.5%。财产权业务涵盖范围较广，包括汇票、支票、本票、债券、存款单、仓单、货单等的票据质押典当；法人股质押典当；专利权、著作权的典当；收益权的典当等，发展潜力很大。

机动车业务大幅下跌，加速转型创新。2016 年度机动车业务规模大幅下降 17.35%，基本与 2012 年水平相当，从事企业数减少到 55 家，所占比重 1.9%。受车牌质押处置的政策变化以及民间借贷业务冲击的影响，机动车业务发展遇到瓶颈，急需寻找新的发展方向。

二、 2017 年典当业发展重点

2017 年，上海典当业面对新的困难和挑战，将采取稳健发展、局部突破战略，坚持行业转型发展的改革之路，走出一条有特色的发展道路。

1. 加快推动“互联网＋典当”新模式

创新“互联网＋典当”新模式，打破原有空间、时间的局限，实现较为便捷对称的信息互通。运用互联网技术进行远程鉴定，给予客户初步报价；通过互联网平台建立远程教学培训机制，帮助新进和有需求的典当企业更好地开展业务；开发行业数据库，通过互联网平台，实现信息共享，提供客户逾期信息和诚信记录查询，解决征信难问题。

2. 突破传统典当业务瓶颈

加强事前客户资质审核和绝当处置力度，巩固房地产业务的行业支柱地位。提升服务水平，创新经营模式，加强增值服务，稳固民品业务的基础作用。房地产业务和民品业务作为典当行业的两大传统业务，影响着典当行业的未来发展，相关部门应制定相关政策，推动行业发展。

3. 加快业务结构的调整优化

明确行业服务的目标群体，引导行业向一般居民消费者和小微实体经济融资服务的业务结构转型，有选择地针对特定的客户群体开展业务，从而保证业务的特性和业务的可控性。充分发挥典当业的经营特点，引导行业向短期小额的典当业务发展。

第四节 融资租赁业发展态势

一、 2016 年融资租赁业发展概况

2016 年，上海不断探索创新融资租赁业发展，在遏制资金“脱实入虚”的同时，深入加强服务实体经济，并逐步开始实施“一带一路”，保持了行业发展的优势地位和良

好势头。

1. 行业规模稳定

截至2016年末,国内外各类投资者在上海投资设立约2004家融资租赁公司,与2015年相比变化不大,同比微增1.88%,但从业人员显著增长,比上年增长54.01%,高于全国融资租赁从业人员的增长。

2. 行业效益微降

2016年,上海融资租赁总业务收入318.5亿元,比上年下降2.58%;行业利润总额72.3亿元,比上年下降3.35%,均有微弱下降。2016年全国融资租赁业仍保持高速增长态势,上海应该在保持自贸区优势的前提下,不断提高融资租赁的各种配套设施,切实提高服务水平,加大和创新政策支持力度,吸引更多的融资租赁企业入驻,并扩大业务布局,走向全国,提高业务收入和赢利水平。

3. 行业现代化程度领先

2016年,上海融资租赁业发展最明显的特征是以信息化驱动现代化,作为全国经济最发达的城市之一,现代化程度居全国之先。物联网的应用,使融资租赁公司监测到租赁物的使用情况,从而减低有关租赁物转移、毁坏等各种风险;融资租赁公司与承租企业的项目对接平台建立及使用,例如上海融资租赁交易服务平台,以及融资租赁资产流转平台的建设等,促进了上海融资租赁业的发展,提高了业务效率以及对实体企业的支持力度。

此外,上海融资租赁业的现代化也促进了工业、农业以及高科技产业的现代化水平。无论是购买新设备的直租赁,还是利用原有设备进行融资的售后回租,融资租赁在创新引领实体经济转型升级,技术更新换代,提升实体经济现代化及信息化水平等方面,都发挥了重要意义。

4. 行业贡献度持续提高

上海的融资租赁业已成为金融产品的一个重要组成部分,在塑造和提升上海国际金融中心地位、抑制资产泡沫、遏制资金"脱实入虚"等方面,发挥着重要作用。上海融资租赁业的发展及壮大,起到了领头羊的作用,对服务及振兴上海及全国的实体经济,促进产业结构优化调整,解决中小实体企业融资难、融资贵问题,加强供给侧改革,以及实施"一带一路"等方面,都有重大意义。

二、 2017年融资租赁业发展趋势

2017年,面临经济结构转型,固定资产投资持续放缓的新形势,融资租赁业将不断

探索加快创新，重点从提高行业竞争力、完善发展环境等方面进一步推进行业发展。

1. 深耕细分领域，提高行业竞争力

融资租赁业的同质化竞争，严重影响了行业的良性发展和服务水平的提高。未来，上海将率先突破，在细分行业、垂直领域进一步深耕细作，逐步培育特色化、有专攻的融资租赁公司，并将围绕融资租赁进行的第三方服务进一步细化。比如，专业针对融资租赁市场的法律、财税、审计、研究等咨询机构，注册孵化机构、培训机构、猎头机构，项目对接平台、交易服务中心等即将出现，并朝更加专业化的方向发展。

2. 集聚发展特色，保持行业领先优势

加强对融资租赁公司的专业化服务，引进专业化的第三方机构，提供管理咨询、行业培训等服务。加大对融资租赁业的扶持力度，设立专项资金，鼓励和支持融资租赁公司开展业务运作，促进融资租赁业集聚发展。借助自贸试验区相对完善的市场环境和公共服务体系，发达的现代服务业，雄厚的经济基础，金融中心地位等，上海融资租赁业将进一步加强行业优势地位。此外，由于融资租赁具有所有权与使用权相分离的特征，“一带一路”沿线国家经济、政治环境复杂，所以融资租赁方式可有效降低或减少业务风险，将促使上海融资租赁业在“一带一路”中走在前头。

3. 制定人才战略，推进行业可持续发展

近几年，融资租赁业发展太快，人才队伍一直无法赶上行业发展的步伐，人才短缺制约了上海融资租赁业的发展。未来，将开展多层次的融资租赁人才培训，培养具备金融、法律、会计、税务、政策、设备技术等多种专业知识的复合型背景人才。开展融资租赁教育培训，在高校开设融资租赁专业，为上海乃至全国输送融资租赁专业的科班人才，从根本上解决制约融资租赁业的瓶颈。

4. 完善法律法规，强化风险防范和监管工作

建立企业信用交换机制，为征信调查提供便利。融资租赁公司在开展业务时，可以以较低的成本获得承租人的信用信息，降低业务风险，提高交易成功率。完善相关法律法规，促进行业规范化、制度化。目前，国内缺乏统一的具有法律约束力的物权登记体系，中国人民银行与商务部的两大融资租赁登记系统，在司法实践中，还不能直接作为认定第三方是否构成善意侵权行为的依据，影响了融资租赁业的发展。完善行业监管机制，建立监管指标体系和监管分类评级制度，鼓励融资租赁公司进行信用评级，加强行业风险防范，强化对重点环节及融资租赁公司吸收存款、发放贷款等违法违规行为的监督，加强风险监测、分析和预警，建立企业报送信息异常名录和黑名单制度，加强融资租赁公司信息报送管理，建立部门间工作沟通协调机制，加强信息共享与监管协作。

第十二章 平台经济

一、2016年平台经济发展概况

2016年,上海加快创新培育网络化、平台化商品交易市场,平台经济的交易规模不断扩大,形成了一批集交易、物流、金融、资讯等功能,技术新、辐射强的高能级平台,大平台、大市场、大流通的现代商品市场体系进一步完善。

1. 平台经济整体稳步发展

2016年,上海平台经济交易总额达1.84万亿元,比上年增长14.1%。平台整体规模持续扩大,增速比去年提高2.7个百分点,平台经济保持稳步发展。通过互联网实现交易额1.04万亿元,占平台交易总额的57%,线上线下进一步融合。从交易规模上看,上千亿级交易平台5家,交易额占平台交易总额的58%,百亿级交易平台21家,交易额占平台交易总额的96%。从平台分类上看,大宗商品交易平台交易额达1.44万亿元,占平台交易总额的78%,增长贡献率达60%,大宗商品交易仍占绝对优势。从增长速度上看,消费品生活服务平台交易额比上年增速达37%,增速领先。

2. 大宗商品交易维稳回暖

2016年,大宗商品交易仍是上海平台经济发展的主要支柱,5家千亿级平台中大宗商品交易平台占4家。一是平台化发展成为上海传统产业转型升级的重要方式。欧冶云商是宝钢集团旗下以钢材为核心的全产业链生态型服务体系,拥有电商、物流、金融、材料、数据、采购、资源、国际、化工、资讯等11个子平台,2016年交易额达225.58亿元,比上年增长20.9%;二是新型钢铁电商平台发展良好,上海钢联、找钢网年交易额均近千亿元,分别实现58.2%、31.1%的增长。石化领域,上海石油化工交易额翻番,上海化交增长18.8%,石化交易形势看好;三是大宗商品市场持续火爆,商品期货市场成交量不断放大。2016 年大宗商品市场大牛市再起，经过近几年的清理整顿，平台发展的基调已基本明确，秩序较为稳定。在“互联网＋”带动下，产业与平台的融合加速，产业参与大宗商品交易平台的主动性、积极性持续提高。

3. 居民消费活跃，在线服务保持快速发展

消费品生活服务平台是除大宗商品平台以外交易量最高的平台类别，也是增长最为活跃的平台。2016 年，实物商品 B2C 交易额 1 176.68 亿元，比上年增长 14%，居民消费进一步扩大。服务 B2C 交易额 1 629.99 亿元，近实物商品交易额的 1.5 倍，在线服务保持快速发展。一是京东与沃尔玛达成深度战略合作，收购其旗下 1 号店，通过沃尔玛在零售方面的资源优势强化京东在 O2O 领域的业务布局，借助 1 号店弥补京东在华东地区的市场短板；二是大润发飞牛网也与国美在线达成战略合作，宣布商品相互入驻对方平台，会员数据打通，联动促销活动，共享在线流量；三是上海最大旅游服务平台携程旅行网宣布收购英国的全球领先旅行搜索平台天巡和美国两家大型旅行社。携程最新财报显示，2016 年三季度，携程(含“去哪儿”)净收入 56 亿元，同比增长 75%，营业利润率 8%。

4. 配套服务平台稳步发展，跨境电商方兴未艾

专业配套服务平台交易额虽仅占平台交易额的 3.3%，但所涉及的金融、物流等服务是平台企业线上线下发展不可或缺的关键点。2016 年，跨境电商平台异军突起，保持高速发展。洋码头“黑色星期五”全球购 10 分钟交易额突破 6 000 万元，达 2015 年同期的 6 倍。《2016 上半年中国海淘消费报告》中指出，中国海外购物市场呈普及化的特点，消费人群由一线向二三线城市延伸，跨境电商发展空间较大。

二、 2017 年平台经济发展趋势

1. 平台经济发展纳入国家和地方指导文件

一是国务院办公厅出台《关于推动实体零售创新转型的意见》，提出为适应经济发展新常态，引导实体零售企业逐步提高信息化水平，培育线上线下融合发展的新型市场主体。平台经济模式不仅在资源整合、降低流通成本等方面有着显著优势，随着经济转型的不断深入，平台经济覆盖行业范围将继续扩展；二是商务部等五部门出台《关于推进商品交易市场转型升级的指导意见》，指出加强供应链管理与服务，推动商品市场平台化发展，促进资源集聚和优化配置。加快以商品市场为核心的平台经济发展。争取到 2020 年形成一批转型升级绩效较好的百亿级专业市场和千亿级综合市场，建设一批平台化示范市场；三是《“十三五”时期上海国际贸易中心建设规划》中

提出,到2020年,上海市将建成10个千亿、万亿级交易市场(平台)。要求大力发展平台经济,增强国际贸易中心大市场的资源配置功能。制定出台加快推进平台经济发展的支持政策。在浦东新区、普陀区、长宁区、宝山区等区域,建设平台经济创新发展示范区,推动企业运用互联网、物联网技术集群式发展。在上海自贸试验区内,继续推进金属、矿产、能源、化工、农产品等领域大宗商品保税交易平台建设,发展红酒、咖啡、茶叶等消费类进口商品交易平台。

2. 平台经济发展支持政策不断完善

上海已出台《上海市鼓励企业设立服务全国面向世界的贸易型总部若干意见》,鼓励具有国际国内资源配置能力的企业在沪设立贸易型总部,提高贸易集聚度和辐射力。贸易型总部既包含传统贸易企业,也包含基于互联网等信息技术从事撮合交易或提供配套服务的平台型贸易企业。上海首批认定的94家贸易型总部中,平台企业占15家。未来,上海将积极支持平台企业申报认定为高新技术企业。随着平台经济模式优势的不断凸显,支持平台经济发展的相关配套政策也将不断完善。

3. 平台经济发展良好环境逐渐形成

一是资本市场青睐,大宗商品B2B平台充分发挥互联网高效连接的特点,实现上下游供需的高效对接,帮助化解产能过剩、流通成本高等问题,资本对商品市场的配置需求井喷。找钢网累计融资金额超过20亿元;二是配套服务完善,在强化各类平台有效配置资源、满足社会需求的基础上,低成本的运输、仓储、加工、配送等物流服务,高效率的供应链融资、贸易融资、仓单质押等金融服务,以完善的大数据采集、开发、分析、利用为基础的信息咨询服务三大产业将不断融合;三是诚信环境形成,上海市商务诚信公众服务平台已正式上线,形成涵盖政府部门、市场化平台和第三方专业机构的信用信息、覆盖线上线下企业的综合性信用评价体系,包括1号店、找钢网、车享网、欧冶云商等共12家市场信用子平台已与商务诚信公众服务平台实现对接。

案例10　供应链增值服务体系推动模式创新

——上海欧冶云商大宗商品服务平台

一、成立背景

欧冶云商提供以钢材为核心的大宗商品交易,以及物流、金融信息、钢铁技术、数据、资讯等供应链增值服务,打造O2O生态服务闭环。欧冶云商大宗商品供应链服务平台拥有钢厂、贸易商、物流商、仓储商、加工商、终端用户、金融机构等各类参与者,平台将帮助生态圈用户提高供应链效率,降低供应链成本,助推传统企业与互联网深度融合，促进生态圈的“互联网＋”创业创新。

欧冶云商成立 3 年来，无论是线上流量还是线下能力均取得了快速发展，2015 年欧冶云商成立当年即实现 GMV 交易量 1 018 万吨，2016 年实现 GMV 交易量 3 876 万吨，2017 年实现 GMV 交易量 6 815 万吨，且宝武系交易量占比在 10％以下，目前平台注册用户规模超过 6.6 万家，其中合作钢厂达到 150 家以上。线下物流方面，欧冶云商加快推进“千仓体系”布局，截至 2017 年底，欧冶宝盈通仓储管理系统覆盖仓库达到 1 880 家；第四方物流平台（欧冶运帮）合作车辆超过 3 万辆，实现运能交易量 2 130 万吨，有效提升了运输效率；合作加工中心达到 286 家，加工服务实现交易量 747 万吨。

二、商业模式

1. 提供全流程交易服务

欧冶云商为用户提供钢材的智能搜索、在线支付、自助打印提单等一站式全流程服务，并在各个交易环节为用户提供全方位的信用服务，依托云端实时验灯机制以及第三方支付工具，保障资金安全和货物真实性，实现交易全程可跟踪、透明化、精准化。

2. 提供智慧化物流服务

欧冶云商依托宝盈通仓储管理系统，为供应链用户提供安全、可靠、高效的仓储及监管服务，并建设云仓平台，为仓储商和货主提供信息服务、作业服务、交易服务、协同服务、监管服务、运营服务等。此外，欧冶云商打造第四方物流平台欧冶运帮，通过整合运能资源，具备在线委托、专线服务、竞价服务、实时跟踪、电子回单、线上结算等功能。

3. 提供金融信息服务

欧冶云商针对平台上小微用户的短期资金需求设计开发了绿融产品，以“小额、分散、高频”为原则，依托高效的风险管理能力，助推银行等金融机构高效对接中小企业。同时，欧冶云商依托第三方支付牌照资源，为欧冶生态圈以及外部合作商城提供支付服务，保障生态圈资金安全。

4. 提供供应链增值服务

欧冶云商依托在钢铁材料领域的技术优势，构建知钢技术服务产品，围绕钢厂、贸易商、承运商以及仓库的信息化需求，大力推动云管家、STMS（运输管理系统）、WMS（仓储管理系统）等 SAAS 服务产品对生态圈的输出，促进行业整体互联网化程度的加深。此外，欧冶云商还集成整合平台流通数据和外部相关行业信息，依托强大的数据挖掘、分析及场景化应用能力，为中小企业改善产品销售、提升运营效率和风险管理能力提供多种数据增值和信息服务。

三、创新做法

1. 积极推进混合所有制改革，实现体制突破

欧冶云商作为国资背景的“互联网+钢铁”第三方服务平台，始终将体制机制的突破作为重点战略任务加快推进，力争走出一条产业互联网成功实践之路。2016年11月，欧冶云商获得国务院国资委公布的中央企业10户子企业开展员工持股试点的资格。2017年3月，欧冶云商股权开放项目在上海联交所正式挂牌，本钢集团、首钢基金、普洛斯、建信信托、沙钢集团和三井物产6家战略投资者以及员工持股平台入股欧冶云商，实现了国有资本、民营资本、外资和员工持股多种资本共存的混合所有制。通过股权改革，欧冶云商以资本为纽带，引入不同类型合作伙伴，导入优质资源和能力，为平台创新发展注入了活力。

2. 探索供应链服务产品创新，实现供应链深挖掘

欧冶云商以钢铁供应链为核心，持续探索供应链服务产品创新，通过对供应链的解构和重构，实现资源和价值的优化配置。针对平台以冷热轧板卷为主的特征，积极拓展螺线、不锈钢等细分品类；针对钢厂、贸易商等用户群体锁定利润、规避价格风险的诉求，通过期现联动方式助推金融更好地服务实体经济。

3. 强化信用体系建设，构建良好信用环境

欧冶云商以强化信用体系建设为核心，为生态圈各方创造良好的信用环境，有效改善了供应链整体绩效。欧冶云商通过公司层面统一策划、协同推进，努力打造一体化、穿透式风险监控平台，构建数据化、多维度、以风控为核心的信用体系。目前，欧冶云商已实现物流信息系统验证、货物线下监管、第三方支付、仓单增信平台等信用体系建设工作，并取得较好成效。

4. 拓展营销渠道，带推动创业创新

欧冶云商除了依托地区公司自建营销渠道外，还充分利用“平台+生态圈”模式，为生态圈中的仓库、建材零售店、加工中心、贸易商，以及电商平台赋能，通过嵌入欧冶的服务产品，提升供应链服务能力的同时也为欧冶拓展新的营销渠道。此外，欧冶云商构建仓帮(仓库)、建帮(建材零售店)、工帮(加工中心)等体系，加强合作，拓展渠道。截至2017年底，欧冶云商共有仓帮成员达到840家，建帮成员超过240家，工帮成员达到286家。

四、取得成效

1. 助推钢厂转型升级，实现数字化、网络化和智能化

欧冶云商平台的数据资源为钢厂生产制造提供决策依据，提前获取下游终端用

户需求信息并组织生产，实现以产定销；欧冶云商平台上入驻的150多家钢厂可以实现网络协同，实现钢厂间订单调配、建立统一牌号标准；钢厂通过对接欧冶云商平台，倒逼自身营销采购体系和生产流程的变革，提升信息化和自动化水平，实现智能化制造。截至2017年底，国内已经有马钢、邯钢等钢厂在欧冶平台上实现现货全面上线，并将营销成本降低60%以上、钢材库存周转提升30%以上。

2. 打造智慧物流体系，推动物流业降本增效

欧冶云商为合作仓库导入流量，提升仓库周转效率，帮助仓库提升信息化和智能化管理水平，推动仓储效率提升；通过整合承运车辆，提升回程车利用效率，通过多式联运、跨界运输等提升汽运、水运协同效率，提高车辆接单响应能力，实现用户运输成本降低20%～30%；通过与加工中心加盟合作，为终端用户提供剪切落料等加工配送服务，并提供加工技术服务和跟单服务，提升加工中心产能利用效率；通过仓储管理和运输管理等信息化系统的覆盖应用，实时跟踪在库或在途货物，形成全程物流跟踪能力，并进一步优化物流路线和物流资源配置，降低物流成本。欧冶云商整合行业内物流资源，并积极利用物联网、人工智能、区块链等技术，构建智慧物流体系，有效提升了物流效率，降低了物流成本。

第四篇

服务业布局

第十三章　各区服务业发展

第一节　浦 东 新 区

（一）2016年浦东新区服务业、商业发展基本数据

2016年浦东新区服务业、商业发展基本数据见表13.1。

表13.1　2016年浦东新区服务业、商业发展基本数据

指　标　名　称	2016年数据	相比上年增长率/%
生产总值	8 731.8亿元	8.2
＃ 第三产业增加值	6 540.1亿元	10.5
＃ 商业* 增加值	1 375.6亿元	7.3
商品销售总额	32 345.0亿元	8.5
社会消费品零售总额	2 037.3亿元	8.2
地方税收总额	954.13亿元	27.0
年末户籍人口数	295.77万人	1.3
年末常住人口数	550.10万人	0.5

* 商业口径为批发零售业

（二）2016年浦东商贸业经济运行情况及特点

1. 商业对经济增长贡献突出，居各区规模第一

(1) 商业增加值突破1 400亿元，规模、增速实现各区“双领先”。2016年，浦东批

发零售业实现增加值 1 375.58 亿元，比上年可比增长 7.3%，分别占全区和第三产业增加值的 15.8%、21%，对全区和第三产业经济增长的贡献率为 14.1%、15.1%；浦东批发零售业增加值占全市批发零售业增加值比重为 34.1%，比上年提高 0.8 个百分点；浦东批发零售业增加值增速高于全市批发零售业增加值增速（4.6%）2.7 个百分点。

（2）商业税收突破 300 亿元，税收规模保持各区第一。全年浦东新区完成商业税收总额（不包括海关代征税、印花税，包括批发零售业、住宿餐饮业）303.15 亿元，税收规模为各区第一，但增速同比减少 3.8%，商业税收对全区和第三产业税收的占比分别达到 46%和 49%。高于全市商业税收占比（上海商业实现税收 2 387.44 亿元，占全市和第三产业税收比重为 16.3%、25.7%）其中：浦东批发零售业全年完成税收 302.97 亿元，税收规模在全区所有行业中保持第一，住宿餐饮业税收同比增长 4.8%。

（3）自贸试验区引领带动作用明显。2016 年，自贸区内的外贸进出口总额、外商投资实际到位金额和商品销售总额分别实现 7 020.10 亿元、59.77 亿美元、3.06 万亿元，比上年增长 4.2%、39.5%、6.8%，占全市相应指标的 24.5%、32.3%和 30.4%。

（4）批零业外商投资实际到位金额增势良好。2016 年，浦东批发零售业外商直接投资实际到位金额为 8.58 亿美元，比上年增长 30.2%。分别占全区和第三产业外商投资实际到位金额的 12.2%、12.6%，占全市批发零售业外商直接投资实际到位金额的比重为 42.2%；浦东增速高于全市批发零售业外商直接投资实际到位金额的增速（−23.5%）53.7 个百分点。

2. 流通规模扩大、增速加快，总量保持各区第一

（1）浦东商品流通增速高于全市，规模领先各区。2016 年，浦东商贸业受金属材料、汽车、石油等主力商品销售回暖支撑，流通规模进一步扩大，增速稳步提高，全年实现商品销售总额 32 360.64 亿元，比上年增长 8.5%，增速比上年回升 0.5 个百分点。浦东新区商品销售总额占全市的 32.1%，增速高于全市（7.9%）0.6 个百分点。

（2）电子商务交易规模快速扩大，结构逐步优化。2016 年，上海市电子商务交易额突破 2 万亿元，比上年增长 21.9%；其中：B2B 交易额和网络购物交易额分别增长 17.3%和 35.4%；电子商务交易额是 2012 年 7815 亿元的 2.6 倍。其中：浦东新区电子商务交易额实现 3 402.60 亿元，比上年增长 8.3%，浦东新区电子商务交易额占全市的 17%。

（3）商品销售呈现“四快”。从商品大类看，全年增速最快行业为木材及制品类，受今年房地产市场火爆拉动，全年浦东新区木材及制品类实现商品销售额 37.60 亿

元，比上年增长41.6%；浦东新区商品销售规模最大行业为金属材料类商品，全年商品销售额突破万亿大关，占浦东新区商品销售总额的34.8%，比上年增长8.3%；同时，金属类商品还是对浦东新区商品销售额增长拉动贡献最高的行业，增长贡献度达34%；全年回暖最快行业为汽车类商品，受上汽通用、保时捷、捷豹路虎三大汽车龙头企业回暖拉动，汽车类商品全年实现商品销售额5 392.74亿元，比上年增长9.3%，增幅同比回升10个百分点。

（4）汽车、油品、金属材料增长领先。从重点批发贸易企业看，浦东新区前10家规模最大贸易企业销售额达7 081.20亿元，占浦东新区商品销售总额的21.9%，比上年增长14.6%。

一是通用汽车受购置税减半政策红利拉动、密集的新品攻势带动和营销层面的策略调整，全年业绩有所回暖，实现商品销售额比上年增长8.3%，保时捷今年最畅销品牌车型MACAN和全新跑车718在中国市场销售表现抢眼，2016年商品销售额比上年增长17.6%，捷豹路虎呈现积极的增长势头，受益捷豹品牌各类车型的热卖，全年业绩由负转正，商品销售额比上年增长7.8%；二是益海嘉里受益于油类产品销售额增量，全年实现商品销售比上年增长26.1%；三是受供给侧改革、有色金属价格上涨、人民币贬值等多种因素推动，金属类商品企业2016年业绩大幅上涨，中铜矿业、铜陵有色、江铜国贸全年商品销售额分别比上年增长32.8%、20.6%、7.4%。

3. 商品、服务消费实现“双增长”，规模保持各区首位

（1）上海迈入万亿级消费城市行列。上海市社会消费品零售总额从2015年起（10 132亿元）即进入全国的万亿级消费城市行列。2016年社会消费品零售总额再次超过1万亿元，比上年增长8%，其中：网上商店实现零售额1 249.80亿元，比上年增长15.8%，占比11.4%，高于全国城市平均水平。其中：浦东新区实现社会消费品零售总额2 037.33亿元，比上年增长8.2%，增幅同比回落0.1个百分点。浦东占全市社会消费品零售总额的18.6%，增速高于全市0.2个百分点。

（2）全市服务消费规模、增速超过商品消费。2016年，上海规模以上社会服务业的营业收入实现1.43万亿元，比上年增长8.4%，服务消费的规模和增速分别超过商品消费（社会消费品零售总额）3 308亿元、0.4个百分点。其中：1—11月份，浦东新区实现规模以上社会服务业的营业收入3 698.70亿元，比上年增长7.4%，浦东占全市规模以上社会服务业的营业收入（12 411.31亿元，比上年增长9%）29.8%，增速低于全市1.6个百分点。

4. 零售业态加快创新转型步伐

（1）传统实体零售业绩小幅下滑，回暖趋势显现。受经济环境低迷、新兴消费市

场分流冲击、业态同质化、设施陈旧等因素影响，实体商业在 2016 年仍未走出低谷，但筑底回暖的趋势已有所显现。

(a) 从百货业看，浦东百货业龙头第一八佰伴，在经历了大半年的闭店装修调整后，于 12 月正式重新开业，并在跨年营销活动中连续营业 19 小时，实现零售额 6.2 亿元，客流达 12 万人次。巴黎春天百货凭借连续三周的不打烊送苹果手机活动，拉动业绩回暖，全年零售额同比微跌 1.1%。

(b) 从大卖场超市行业看，2016 年实现零售额 134.90 亿元，比上年下降 2%，其中：易初莲花、乐购、家乐福全年零售额分别比上年下降 10.8%、10.2%、2.9%。在各大卖场超市中，仅沃尔玛实现全年零售额两位数增长，1—12 月实现零售额超 28 亿元，同比增长 14.5%，其中：山姆会员店全年零售额突破 8 亿元，比上年增长 14.6%。

(c) 从购物中心看，据浦东新区商业信息中心监测的 22 家购物中心(不含国金中心)全年实现零售额 154.56 亿元，比上年增长 9.5%，其中：传统购物中心文峰广场、正大广场全年零售额分别比上年下降 6.9%、1.3%，而新开业购物中心成为支撑增长主力，汇智国际、长泰广场全年实现零售额同比增速均超过 50%。

(2) 新兴零售业态增长快、贡献大。具体情况如下。

(a) 浦东百亿网络零售龙头 1 号店。自营部分全年实现零售额近 130 亿元，比上年增长 10.2%，连续 4 年保持两位数快速增长，对浦东新区零售额增长的贡献率为 7.8%。

(b) 新能源汽车龙头特速乐(特斯拉)。2016 年因为产能受限，导致中国订单积压的问题已得到解决，下半年大量的订单现车的交付结算，以及 6 月起特斯拉新款 SUV 新能源汽车 MODEL X 上市拉动，全年通过网络实现零售额超 20 亿元，比上年增长 158.4%。

(c) 苹果(中国)公司。虽然 2016 年业绩较 2015 年下滑 4.8%，但其市场份额依旧保持行业领先，全年零售额超 70 亿元，已跃居浦东零售企业规模第二，仅次于 1 号店。

(d) 日上免税行。凭借价格优势、出境游日趋火爆等因素拉动，日上免税行现已成为国人出境游免税商品消费的首选之地，全年零售超 60 亿元，排名浦东新区零售企业规模第三，业绩比上年增长 17.7%。

(e) 国金中心。高端奢侈品商业综合体国金中心全年零售额突破 60 亿元，比上年增长 10.5%，其中：专业专卖服饰店成为拉动国金中心增长主力，全年实现零售额近 42 亿元，比上年增长 20.2%。

(f) 佛罗伦萨小镇。浦东第一家奥特莱斯店佛罗伦萨小镇营业两年来业绩表现突出，商场接近满租，客流火爆。2016年零售额突破12亿元，比上年大增55.7%。

(g) 迪士尼旗舰店。全球最大的迪士尼旗舰店2016年实现零售额超1亿元，比上年增长75.8%，总体销售情况良好。

(3) 运动消费成为消费市场新亮点。伴随着2016年全民体育、全民健身热潮的出现，参与体育、健身的人群出现爆发式增长，运动消费成为一种时尚潮流，同时也推动了“体育+商业”的消费升级，2016年浦东新区体育、娱乐用品类商品实现零售额13.23亿元，比上年大增51%。从企业情况看，运动服装和体育用品专卖店迪卡侬全年实现零售额超25亿元，比上年增长83.3%。

(4) 汽车类商品销售稳中趋暖。全年浦东新区汽车类商品实现零售额547.45亿元，比上年增长9%，其中：12月实现零售额60.72，亿元，同比增长15.5%。

(a) 在进口车方面，经过上半年的去库存调整后，随着汽车4S店“金九银十”销量冲刺的拉动，进口车市场业绩表现出色，东昌凯帝（凯迪拉克）、东昌凌志（雷克萨斯）、永达东沃（沃尔沃）、汇之星（奔驰）全年实现销售分别比上年增长45.2%、44.5%、22.6%、19.2%。

(b) 在新能源车方面，比亚迪品牌弘仁宝升受上海市2016年新能源车政策限制门槛的提高和补贴金额的下降等因素影响，导致其全年销售同比大幅下滑48.1%，但从12月其业绩开始爆发式反弹，当月实现销售比上年大增178.5%；而另一新能源车品牌荣威受益于不受上海市2016年新能源车政策补贴限制门槛影响，永达威荣全年销售比上年大增69.4%。

(c) 二手车市场方面，受国务院《关于促进二手车便利交易的若干意见》政策利好的拉动，浦东二手车交易市场全年实现交易额133.55亿元，比上年大增50.2%。

(5) 家居建材业快速增长。受2016年又一轮火爆楼市特别是二手房交易量大涨的拉动，家居建材装潢行业得以大幅回暖，全年浦东新区家居建材业实现零售额45.41亿元，比上年大增22.9%。从具体企业看，红星美凯龙、宜家、百安居业绩均实现大幅增长，全年零售额分别比上年增长48.1%、18.7%、15.1%。

(6) 住宿餐饮业稳中趋缓。浦东新区全年实现住宿餐饮业营业收入202.81亿元，比上年增长8.7%，增速同比下滑1.1个百分点。

(a) 从餐饮类别看，大众化连锁正餐仍保持较为火爆的人气和较高的消费增速，望湘园、避风塘、大富贵全年实现营业收入分别比上年增长25.7%、20.3%、11.6%；而连锁快餐业绩表现低迷，麦当劳、必胜客全年营业收入分别比上年下降7.2%、6%，肯德基全年营业收入比上年增长3.2%。

(b) 从住宿餐饮业在网络零售方面表现看，宾馆企业锦江汤臣、金茂、证大丽笙全年通过互联网实现营业额比上年增长 62.5%、61.9%、41.8%;餐饮企业炉边盛谈、柚子全年通过互联网实现营业额同比增长 300.5%、221.7%。

(三) 2016 年浦东新区商务情况分析

2016 年,浦东商务系统围绕“四个中心”和科创中心核心功能区建设,深化自贸试验区改革创新,加快优化产业结构,着力保障社会民生,推进各项商务工作稳步前进,保障全区商务经济平稳健康发展。

1. 促进商务领域平稳健康发展

招商引资在全市地位凸显。2016 年,实到外资 70.4 亿美元,比上年增长 9%;合同外资 350.65 亿美元,占全市总量近七成;全年内资注册资本 8 648 亿元。2016 年,新区企业境外投资备案 256.8 亿美元,增长 7%,占全市 70%。全年新认定跨国公司地区总部 19 家,占全市(45 家)42%,累计已达 265 家,占全市(580 家)46%;认定区域性总部和国内大企业总部 10 家。上海首批认定的 94 家贸易型总部中有 40 家是浦东企业。此外,还集中签订 2 批 30 个内资重大项目战略合作和落户协议,形成集聚效应。

(1) 内外贸运行好于预期。在国际市场需求不振、国内经济下行的大背景下,区商务委着力通过完善贸易环境实现稳增长目标,全年货物贸易进出口额 17 595 亿元,占全市贸易额的比重为 61.4%,比上年增长 4.9%,好于全市和全国;全年浦东港口集装箱吞吐量达 3 389.5 万标准箱,增长 1%,占上海港口总量的 91.3%,其中洋山港国际中转和水水中转占比分别达到 10.7%和 51.5%;浦东国际机场货邮吞吐量 342.53 万吨,旅客吞吐量 6 598 万人次;全年新区累计实现社会消费品零售总额 2 038 亿元、商品销售总额 32 375 亿元,分别增长 8.2%和 8.5%,均高于全市增速。

(2) 新兴服务业蓬勃发展。2016 年,新区技术进出口合同金额 32.2 亿美元,占全市 33%;服务外包合同金额 86.2 亿美元,比上年增长 52.1%。浦东新区电子商务交易额 3 430 亿元,增长 9%,其中,B2B 交易额 2 444 亿元,B2C 交易额为 986 亿元。第三方支付交易额为 76 676 亿元,同比增长 6%。会展业专注专业化、国际化、品牌化发展,全面恢复至历史最高水平,总规模达 792 万平方米,举办国际性展览 265 次,UFI 国际会展协会分支机构落户浦东,全球健康促进大会等在浦东成功举办;旅游业快速发展,全年实现直接收入 170 亿元,接待游客 4 400 万人次,分别增长 19%和 21%。

2. 深入推进自贸试验区建设

(1) 深化投资管理制度改革。积极落实准入前国民待遇+负面清单的外商投资管理制度,全面实施境外投资备案管理,自贸试验区内企业受理时间从4个工作日减少到1个工作日,材料从原来的十几项减少到3项。自贸试验区内的新设外资企业,95%以上是通过备案方式设立。

(2) 抓好服务业扩大开放项目落地。截至2016年12月,自贸试验区开放措施已有30项1 900多个企业落地(不含2016年2月份后外高桥保税区数据)。再保险经纪、专业健康保险、独资医院等12个服务业有试点突破。

(3) 积极推进贸易便利化。协调配合海关、商检及市口岸办等职能部门,推进国际贸易"单一窗口"2.0版运行,3.0版也于2016年年底上线,已纳入22个口岸和贸易监管部门。拓展货物状态分类监管试点范围,所有符合条件的物流企业已全面开展试点,贸易型企业试点顺利启动,实现保税、非保税货物同仓存储。此外,与上海国检局协作,建立"特殊物品生物安全风险管理体系"平台,促进生物医药产业发展。

(4) 大力推动政府职能转变。区商务委原有的9项审批事项中,已有4项改为备案,4项实行告知承诺+形式审批;市级机关新下放的11项审批事项中,已有2项取消审批,1项改为备案,7项实行告知承诺+形式审批;对需要实行证照分离的8个事项,建立证照分离相关管理制度,优化和提高审批备案效率。制定融资租赁、商业单用途预付卡管理等20个审批事项的监管方案,积极探索商务秘书企业制度。

3. 积极推动贸易、航运中心服务功能提升

(1) 推进功能性项目落地和运营。协调迪士尼小镇、奕欧来购物村、佛罗伦萨小镇、百联世纪购物中心等开业运营,新增商业面积20余万平方米;盒马鲜生、i百联等生活性O2O项目顺利落地,发展势头良好,第二批34家离境退税定点商店正式运行。在大宗商品市场建设方面,累计批复10家国际板市场筹建,7家平台通过验收,5家已上线运行。

(2) 推动航运服务平台建设。在部、市的支持下,扩大外资船舶管理企业经营业务范围,搭建外资船舶管理产业服务平台。与交通运输部职业资格中心、英国皇家特许船舶经纪学会共同签署中英高端航运人才培养战略合作协议,并在自贸试验区正式启动航运人才"双认证"试点项目,完成两期31名双认证学员培训。举办国际化、专业化航运会议,强化业内交流。积极参与国际航运规则制定,搭建浦东与国际航运界交流平台,提升话语权和影响力。

4. 大力推动旅游产业发展

(1) 构建旅游发展新格局。建立全区的旅游统筹协调机制,成立浦东新区旅游工作联席会议,加快与工、农、商、体、文、教、卫等相关产业融合发展。制定和实施《浦

东新区促进特色民宿业发展的意见(试行)》,在全市率先开展特色民宿试点,拓展美丽乡村度假新功能。上海中心观光层、极地海洋馆、上海天文馆、滴水湖国际会议中心等新建设项目不断,旅游会展带动溢出效应进一步放大。

(2) 构建旅游服务体系。推进全区21家A级景区信息实时发布工作,落实大客流应急处制度,提升旅游会展网站服务质量,加大对旅游企业检查频次和力度,及时向执法部门抄告涉嫌违法违规企业,加强旅游投诉处理,进一步提升游客舒适度、满意度。

(3) 做好迪士尼开园配套服务工作。配合迪士尼开园,开展浦东旅游企业专题培训和市民文明旅游培训,做好迪士尼周边商业布点和管理保障,提升商业旅游行业服务水平和应对大客流的能力。

5. 切实做好民生保障工作

(1) 推进实事工程建设。商务委编制完成《浦东新区"十三五"农产品流通体系建设的实施意见》,完成20家标准化菜市场、2家中心菜场、5家生鲜菜店、6家限时菜场等区政府实事项目,探索批零直销新模式,鼓励"互联网+菜篮子"新模式发展,牵头为流通企业与本地生产企业搭桥,实现保供稳价。

(2) 优化便民服务布局。拟定大型居住区配套(街坊)商业管理办法,明确大居街坊商业处置及管理要求。制定《浦东新区早餐工程网点管理实施细则》,推动连锁企业在大居开设早餐门店,已遍及新区80%街镇,每天为约13万人次提供早餐。推进再生资源回收与生活垃圾清运体系"两网协同",在7个街镇14个社区开展新型回收试点。

(3) 守住粮食安全底线。制定粮食收购工作方案,开展订单式收购探索。完成小麦5 130吨、稻谷7.4万吨、成品米3 200吨的轮换任务。出台粮食异地储存管理实施细则,保障异地储粮质量和安全。圆满完成2016年度粮食安全省长责任制考核。

(四) 2017年浦东商贸业发展形势判断

2017年中国经济将会是稳中求进,提高增长含金量的一年,商贸业将呈现消费平稳、投资稳中略升的趋势,预计浦东新区商贸业2017年一季度实现社会消费品零售总额516亿元,比上年增长8%,商品销售总额8 160亿元,比上年增长8%。

1. 批发贸易方面

金属、汽车、石油三大主力商品销售仍将成为浦东新区批发贸易增长的主要因素,具体商品类别情况如下。

(1) 金属类商品稳中缓升。2017 年铜、铅、锌等有色金属价格将继续上涨、人民币汇率将合理贬值等因素将拉动金属类商品稳中缓升的趋势。

(2) 石油类商品销售上升。随着全球原油需求量上涨,国际油价涨幅将进一步扩大,拉动石油类商品销售持续上涨。

(3) 汽车类商品平稳增长。受三大汽车企业业绩回暖以及市场需求量的持续增加,预计 2017 年汽车类商品销售额将保持平稳增长。

2. 零售市场方面

(1) 传统零售实体店将回暖。经过一轮转型调整和设施改造后,预计明年购物中、百货、大卖场超市、家居建材等实体企业销售将呈现稳中有升的态势。

(2) 新兴零售业态(网络零售、免税店、奥特莱斯、奢侈品、运动消费市场)和增量企业仍将是支撑零售额增长的主力。2017 年预计 1 号店、日上免税行、佛罗伦萨小镇、国金中心、迪卡侬等新兴零售业态仍将保持两位数增长。从增量情况看,迪士尼乐园将纳入统计指标,期待其对新区社零增长有进一步的贡献。

(3) 汽车消费持续回暖推动销售增长。2017 年小排量汽车购置税减半政策有望延续,国务院对促进二手车便利交易的覆盖面将进一步扩大,新能源车仍将得到进一步推广,预计 2017 年浦东汽车类商品零售将保持稳定增长趋势。

(4) 住宿餐饮业方面。线上线下融合发展将成为住宿餐饮业今后的主要经营方向,特别是日趋成熟的外卖平台将在 2017 年出现爆发式增长,预计 2017 年浦东新区住宿餐饮业消费市场将保持平稳较快增长,增速将好于零售消费市场。

(五) 2017 年浦东商业发展相关举措

1. 积极探索商贸行业新亮点

(1) 探索浦东新区消费指数体系建设。继续探索和完善浦东新区商业消费指数体系建设,在牢固对商业零售市场监测分析的基础上,加强对服务业进行拓展研究分析。

(2) 加强业态拓展。争取将浦东范围内的重点服务业企业纳入监测会员单位,更加全面熟悉、掌握、了解行业发展情况。

(3) 加强对商贸行业的探索。通过对企业的调研,全面了解批发贸易行业发展情况。

2. 协调推进增量商业建设,重点对接新开工商业项目

(1) 即将开业的增量商业项目。做好世纪汇广场、上海中心、尚悦湾、浦东金融城(SN1)等即将开业的增量商业项目的建设、配套、协调等工作。

(2) 做好开业后的企业对接。对新开业的盒马鲜生、丁香国际商业广场、绿地缤纷商业广场、百联川沙购物中心做好开业后的企业对接、信息追踪、数据统计等相关工作。

3. 推进落实相关扶持政策

(1) 积极推广小微企业补贴扶持政策,探索研究商贸业创新、扶持稳增长、保贡献等相关措施和政策的出台。

(2) 支持传统商业转型升级,积极推进智慧商圈建设。

(3) 完善和延续系列传统节庆营销活动,努力开拓创新。

第二节 黄 浦 区

(一) 2016 年黄浦区服务业、商贸流通业发展基本数据

2016 年黄浦区服务业、商贸流通业发展基本数据见表 13.2。

表 13.2 2016 年黄浦区服务业、商贸流通业发展基本数据

指 标 名 称	2016 年数据	相比上年增长率/%
生产总值	2 019.16 亿元	8.0
# 第三产业增加值	1 961.86 亿元	8.2
# 商业* 增加值	331.55 亿元	0.8
商品销售总额	5 739.4 亿元	1.6
社会消费品零售总额	799.2 亿元	1.0
地方税收总额	203.83 亿元	16.8
# 商业* 税收	123.5 亿元	1.2
年末户籍人口数	86.12 万人	−1.5
年末常住人口数	65.62 万人	−0.4

* 商业口径为批发零售业

(二) 2016 年黄浦区服务业发展概况

1. 总体经济规模情况

2016 年,黄浦区实现地区生产总值 2 019.16 亿元,比上年增长 8.0%。其中服务

业实现增加值 1 961.86 亿元，增长 8.2%，占地区生产总值的 97.16%。

2. 服务业总体投资情况

2016 年，黄浦区引进内资 190.5 亿元，引进合同外资 14.52 亿美元。引进现代服务业企业 1 058 家，重点金融机构、类金融机构 62 户，总部型企业 11 家。引进外资项目 188 个，新增跨国公司地区总部 3 家和 1 家投资性公司（凯德企业管理、瑞安房地产、领先餐饮、法利投资）。引进企业呈现质地高端化。引进全球清算对手方协会、上海票据交易所等一批重大功能性机构；引进瑞银私人银行部、君创国际、万达商业保理等一批新金融企业；引进感知科技（物联网）、绿尚建筑（低碳）、拍拍信（征信）、树读信息等一批五大新领域企业。集团式产业集群加速扩容。“中民系”“海通系”等一批以国内标杆性企业集团领衔的“1＋N”产业群总量和产业链同步延伸。

3. 服务业总体税收情况

2016 年，黄浦区第三产业完成税收收入 597.65 亿元，比上年增长 25.8%，占全区税收收入的 95.8%；其中区级税收 194.85 亿元，增长 18.4%，占全区区级税收的 96.0%。

以金融服务业、专业服务业、商贸流通业、文化创意业、休闲旅游业、航运物流业等六大产业为主的现代服务业完成税收收入 484.01 亿元，比上年增长 20.7%，占全区税收收入的 77.6%，其中区级税收 139.49 亿元，增长 12.1%，占区级税收的 68.7%。

4. 总部经济发展情况

2016 年，总部经济、楼宇经济保持良好发展势头。总部经济贡献占区级税收比重达到 30.0%，被市政府认定为首批“贸易型总部”企业达 11 家，经市政府认定的跨国公司地区总部达到 42 户。楼宇经济贡献进一步增强，全区 165 幢重点商务楼宇完成区级税收 115.10 亿元，占比为 59.2%，税收亿元楼达到 63 幢，其中区级税收亿元楼 31 幢，分别比 2011 年增加 18 幢和 16 幢。

（三）2016 年黄浦区服务业重点领域发展情况

围绕打造高端服务业发展标杆，提升发展金融服务业、专业服务业、商贸流通业、文化创意业、休闲旅游业、航运物流业六大产业，聚焦发展新金融、新消费、创意 2.0、大健康、“互联网＋”五大新领域，培育发展新兴服务业。高端服务业发展引领地位逐步显现、主导作用持续加强、优势领域不断巩固、新兴领域持续拓展。

1. 金融服务业

金融服务业高速增长，完成区级税收 43.53 亿元，比上年增长 16.8%。金融服务业核心竞争力持续提升，重大功能性项目落地取得新突破，联动自贸金融创新已获新成果，金融服务业产出不断提升。

以打造上海国际金融中心核心功能区为目标，按照“一城一带”的国家战略布局，以“重塑金融功能，重现金融风貌，重树金融品牌”为核心，以形成具有较强创新引导力和影响力的全国性、国际化资产管理中心、资本运营中心和金融专业服务中心为目标，加快推进商业商务项目建设开发，拓展发展空间；积极推动老大楼改造利用，重现外滩金融经典魅力；提高金融要素集聚度，进一步集聚国家级要素市场、机构和企业总部；加强金融生态环境塑造，进一步提升外滩金融的国际影响力与号召力。

证券、信托等权重行业延续惯性增长，比上年分别增长 13.5%、18.0%；以民生加银资管、百安财险、鼎晖投资、君创融资租赁为主的一批新金融企业落户，新金融持续高增长势头，增长 42.2%。

2. 商贸流通业

2016 年实现社会消费品零售额 799.2 亿元，同比增长 1.0%。实现商品销售额 5 739.4 亿元，同比增长 1.6%。2016 年，商贸流通业完成税收 126.6 亿元，增长 3.5%，占全区税收收入的 20.3%。

黄浦区深入推进“国际消费城市示范区”建设，以推进商业结构调整和提升服务水平质量为主要抓手，全力推动商圈整体转型升级。商业结构调整方面，聚焦重点项目，完成新歌商厦(韩国八秒)、Line Friends、企业天地湖滨道等一批商业结构调整项目；加快推进外滩·中央、力宝广场(维多利亚的秘密)等一批项目建设；跟踪推进一百商业中心、瑞安广场(原太平洋百货)、锦江国购(与一百淮海店联动)等一批商业调整项目。服务质量方面，研究制订开展“服务质量年”活动实施方案以及“两街”服务奖惩机制实施意见，以打造“最放心商品、最优质服务”的品质消费示范区为目标，不断提升服务质量，发挥商业街区的体验性优势，增强商业服务软实力。

(1) 社会消费品零售总额。2016 年，全区共实现社会消费品零售额 799.2 亿元，同比增长 1.0%，社零规模继续保持中心城区首位。

(2) 商品销售总额。2016 年，全区共实现商品销售额 5 739.4 亿元，同比增长 1.6%。

3. 文化创意业

文化创意业平稳发展。完成区级税收 18.24 亿元，比上年下降 7.0%。大力发展广告设计、建筑设计、时尚设计、动漫制作和数字出版等优势行业，提升发展文化演艺、文化交易和文化金融等资源释放类行业，推动文化创意与科技、金融、贸易等行业跨界融合。完善文化创意园区布局，巩固提升八号桥、江南智造等创意园区优势，加快推进世博最佳实践区创意园区建设，推动创意园区向创意街区、创意社区拓展延伸，形成一批具有广泛知名度和影响力的文化创意产业地标。

专业细分行业稳步发展，文化艺术行业比上年增长15.7%，以咨询服务、创意设计为主的高端行业优势地位进一步巩固。创意园区贡献度提升，五大创意园区保持高速增长，增长达27.5%，其中江南智造等保持较快增长。

（四）黄浦区服务业发展布局

1. 总体发展布局

黄浦区以提升区域功能、增强发展后劲为核心，不断加大对内对外开放力度，形成了“一带引领、四组团联动”的发展格局，以重点项目为抓手，推动功能区联动融合发展，优化高端服务业功能布局。

2. 主要服务业集聚区发展布局

(1) 一带引领：外滩金融集聚带。以打造上海国际金融中心核心功能区为目标，按照“一城一带”的国家战略布局，以“重塑金融功能，重现金融风貌，重树金融品牌”为核心，以形成具有较强创新引导力和影响力的全国性、国际化资产管理中心、资本运营中心和金融专业服务中心为目标，加快推进商业商务项目建设开发，拓展发展空间；积极推动老大楼改造利用，重现外滩金融经典魅力；提高金融要素集聚度，进一步集聚国家级要素市场、机构和企业总部；加强金融生态环境塑造，进一步提升外滩金融的国际影响力与号召力。

2016年，完成滨江综合开发协调机构调整，基本完成“黄浦滨江公共空间实施优化规划设计”，8.3公里滨江岸线贯通工程有序推进。中山南路地下通道项目主体结构工程完成45%；南外滩滨水区2.2公里范围内三段岸线综合改造工程初步形成实施方案并启动前期清退；十六铺二期工程加快施工。苗江路公共绿地、世博浦西段滨江岸线贯通工程(一期)和卢浦大桥断点贯通工程陆域部分已开工。商业商务项目建设稳步推进。596项目竣工；594项目、复兴地块、179地块按计划推进。开展架空线入地试点。四川中路架空线入地工作已完成信息线主管铺设。

(2) 四组团联动：南京东路—人民广场功能组团、淮海中路—新天地功能组团、南外滩—豫园功能组团、打浦桥—世博浦西园区功能组团。具体情况如下。

南京东路—人民广场功能组团。以“会商旅文”联动为纽带，推动南京东路商业街和人民广场文化商务区的联动融合发展，打造繁荣繁华的世界级商业街区和世界知名文化演艺集聚区。2016年，大世界修缮工程竣工，并进入试运行阶段。一百商业中心调整项目完成立项；老凤祥VIP体验中心结构改造与内部装修项目正在报建。

黄浦剧场完成装修，举办开幕演出季。

淮海中路—新天地功能组团。以国际化、高端化为方向，推动淮海中路商业街和新天地国际高端商务区的联动融合发展，打造时尚高雅的世界级商业街区和国际高端商务区。2016 年，维多利亚的秘密旗舰店招商落地；淮海商都推进装修招商；瑞安广场制定改造方案。企业天地二期已完成 80%招商；新天地 88 酒店全面开业。淮海路灯光景观改造工程完成试点段建设。

南外滩—豫园功能组团。以传承、融合为引导，推动南外滩和豫园地区的联动融合发展，基本建成国际一流的南外滩中央活动区、上海最具民俗特色的文化旅游区和国内外高端品牌集聚的国际黄金珠宝商贸功能区。2016 年，十六铺水岸商业中心全面开业。

打浦桥—世博浦西园区功能组团。以创新、创意为重点，推动打浦桥和世博浦西园区的联动融合发展，打造具有国际影响力的创新创意集聚区和极具人气的商业商务中心。2016 年，65 地块（南块）建设有序推进，北块结构已封顶。

3. 服务业重点项目建设情况

（1）外滩滨江高端服务业创新发展示范区建设进展情况。一批新金融项目相继落地，金融机构立体式集聚；创新创意企业和功能机构进一步集聚，创意活力进一步增强；推动 FT 账户（指银行等金融机构为客户在自贸区分账核算单元开立的规则统一的本外币账户）、金融服务业对内对外开放等在黄浦先行推广，全力支持各类产品创新和业务拓展；着力优化金融发展生态环境，做好金融人才公寓等配套保障，办好互联网金融峰会、国际金融峰会等品牌论坛；优化滨江黄浦段公共空间，发展环境不断优化。上海市政府已正式批准设立黄浦外滩滨江高端服务业创新发展示范区。

（2）上海国际消费城市示范区建设进展情况。黄浦区编制了创建“上海国际消费城市示范区”的实施方案，并召开新闻发布会，提出未来五年以商业业态、街区形态、文化神态、消费生态这“四态并举”，以市级商圈为重点，聚焦商业项目、品牌服务、公共空间、数字应用、文化体验等具体任务，努力建成“上海国际消费城市示范区”。上海市政府已正式批复黄浦区为上海国际消费城市示范区。

（3）上海国际时尚之都示范区建设进展情况。紧紧围绕打造具有国际影响力的“上海国际时尚之都示范区”总体要求，加快整合黄浦区优势资源，带动多产业融合联动，全面落实黄浦区时尚产业创新发展规划。深化产业政策，进一步细化和完善专项资金管理办法，鼓励更多带有示范效应的时尚活动、平台等资源在黄浦集聚。目前已有上海时装周、新天地等进行了申报。编制《黄浦时尚蓝皮书》，2016 年内将印制发布。推进上海时装周一年两次作品发布，进一步集聚时尚项目、活动，同期推出 MODE 上海服装服饰展、LABELHOOD 时装演示先锋平台、2016 上海高级定制周等系列活动。

（五）2017 年黄浦区服务业发展思路和重点

1. 不断完善服务业发展体系

(1) 优化完善重点经济政策。完善进一步加快高端服务业发展“1＋3＋X”系列政策，加强跟踪分析，开展政策评估，推动政策迭代。深化服务上海科创中心建设各项工作举措，全力做好对接自贸试验区三年总结评估工作，完善评估机制，分析政策在推进落实过程中遇到的难点问题，积极谋划下一步深化推进的改革事项。

(2) 提升楼宇经济贡献度。借力金融服务综合业务平台建设，深化联合招商模式，推动存量楼宇落税率稳步提升。推进在建商务楼宇建设，特别是南外滩、新天地等地区高端楼宇建设。做好重点企业的综合服务，提升重点楼宇存量重点企业贡献度。

(3) 加快商业结构调整升级。围绕建设首批国际消费城市示范区，全面提升传统商圈能级；推进淮海路配套设施和“两街”重点项目调整；推进北京东路地区整体转型。

2. 不断提高服务业重点领域能级

进一步加快高端服务业发展，提升黄浦高端服务业规模和品牌影响力。推进创新链、产业链深度融合，实现新业务整合延伸；继续推进集团式产业集群拓展；全力推进要素市场和重大功能性平台落户、建设、运营和业务发展，加大功能性机构产业链布局；支持传统金融机构拓展新业务，发展创新型金融机构；深化产融结合推进协同发展；大力推进时尚产业发展，做大做强“国际时尚之都示范区”影响力、知名度，巩固黄浦时尚产业引领地位；加快集聚创新企业，积极开展园区结构调整，对众创空间加强分类辅导，抓项目转化落地，促金融资本对接。

3. 不断提高服务业创新水平

(1) 推进“四新”经济发展。推进创新空间载体建设；完善科技创新政策体系；设立创业创新产业引导基金；着力提升园区能级；推动大健康、信息服务产业发展；深化知识产权创造、保护和运用；拓展智慧城区建设。

(2) 推动“四众”创新创业模式。全面推进众创，加快整合现有园区楼宇资源，强化创新载体供应，形成一体化服务链条。积极推广众包，鼓励企业和研发机构通过网络平台开展设计研发外包和用户创意征集，布局社区服务类O2O项目。大力实施众扶，支持设立公益性创业基金、天使投资，指导、帮扶大众创业。稳步试点众筹，推进互联网股权众筹融资试点，推动中小微企业融资服务平台建设和征信体系建设。

(3) 积极培育发展五大新领域。聚焦发展新金融、新消费、创意2.0、大健康、“互联网+”五大新领域，培育发展新兴服务业。新金融领域，积极吸引新金融机构集聚，大力发展金融新业态。新消费领域，重点发展时尚消费、文化消费、旅游消费、高端定制、智能零售等，发展复合型消费新业态，积极推动实体商业创新发展。创意2.0领域，重点推动产业融合，加强与科技融合，培育发展“互联网+文化创意”新领域，培育发展数字内容领域，加快数字化文化产业发展。大健康领域，重点发展生物医药产业，发展与大数据相结合的健康管理服务，发展智慧医疗、高端医疗服务。“互联网+”领域，重点发展“互联网+商业”“互联网+智能应用”“互联网+旅游”“互联网+教育”和物联网等。

4. 不断优化服务业空间布局

大力建设外滩滨江高端服务业创新发展示范区，制定《黄浦区建设外滩滨江高端服务业创新发展示范区的实施意见》，不断提高外滩滨江高端服务业创新发展示范区对功能区的引领带动作用，积极打造以战略型、总部型项目为核心的集团式产业集群。引导高端服务业内部金融资本、产业资本的交互流动融合和协同发展，加速高端产业和新兴业态集聚和联动，全力提升外滩滨江高端服务业创新发展示范区的影响力、辐射力、创新力和资源配置能力。聚焦“8+4+1”工程(8项改造工程+4类码头搬迁改造工程+1个配套项目)不断优化示范区环境。启动北京路、苏州河沿线创新街区规划布局，以北京路和苏州河沿线业态调整和整体开发为契机，拓展外滩滨江高端服务业创新发展示范区外延。

5. 不断优化城区营商环境

坚持放得更宽，深入推进清单化管理，进一步完善“行政权力库及信息化管理平台”；推进行政权力标准化建设，形成行政权力动态管理机制；加强服务窗口建设；深化网上政务大厅建设，逐步实现企业登记管理全程电子化。坚持管得更严，推进“黄浦区企业事中事后综合监管系统”建设；全面推行“双随机”“双告知”监管；开展市场监管网格化管理试点。坚持服务得更好，起草制定《黄浦区效能建设工作方案》等相关配套制度，稳步推进政府部门效能评估；围绕区域重点产业，加强品牌培育、质量发展的服务工作；深化标准化工作等。努力打造全市最优营商环境。

第三节 徐 汇 区

（一）2016年徐汇区服务业、商业发展基本数据

2016年徐汇区服务业、商业发展基本数据见表13.3。

表13.3 2016年徐汇区服务业、商业发展基本数据

指 标 名 称	2016年数据	相比上年增长率/%
生产总值	1 522.17亿元	8.2
# 第三产业增加值	1 364.52亿元	9.3
# 商业增加值	322.74亿元	4.8
商品销售总额	4 473.80亿元	5.5
社会消费品零售总额	634.86亿元	5.8
地方税收总额	509.32亿元	35.1
# 第三产业税收	463.44亿元	38.7
# 商业税收	80.43亿元	9.5
年末户籍人口数	92.08万人	0.12
年末常住人口数	108.56万人	−0.32

（二）2016年徐汇区服务业、商业发展现状和运行分析

1. 现代服务业

现代服务业引领发展，2016年实现增加值685.75亿元，比2015年同期增长11.1%，占全区GDP比重为45.1%，比2015年同期提升0.9个百分点，对全区经济增长的贡献率达到59.9%，拉动全区GDP增长4.9个百分点。全年实现税收246.78亿元，增长43.8%，占全区税收总额的48.5%，高于2015年同期3个百分点。全年完成营业收入2 030.6亿元，增长14%。五大板块中，专业服务业增速明显加快，实现营业收入981.51亿元，增长17.6%。信息服务业持续发展态势，实现营业收入376.88亿元，增长11.5%。科技研发、金融和文化服务业分别实现营业收入222.16亿元、296亿元和154.06亿元，分别增长6.6%、13.9%和8.4%。

2. 商业

2016年批发和零售业实现增加值245.57亿元，比去年同期增长4.8%。住宿和

餐饮业实现增加值 77.17 亿元，增长 4.7%。

消费增长基本平稳。全年实现商品销售总额 4 473.8 亿元，增长 5.5%。实现社会消费品零售总额 634.86 亿元，增长 5.8%。连锁类销售企业依旧强于整体零售情况，全家、好德等社会连锁商业全年累计销售收入同比增长 13.6%。作为服装连锁销售企业代表的迅销(优衣库)、拉夏贝尔销售较好，同比分别增长 28.2%、5.1%。

徐家汇商圈实施业态和品牌结构调整，推进商旅文互动和线上线下融合发展，被消费者评为“上海最爱购物地”，商圈内东方、太平洋、六百、汇金、汇联、港汇 6 家百货商场全年实现销售 65.27 亿元。

（三）2017 年徐汇区现代服务业、商业发展特点和趋势

2017 年徐汇区现代服务业在总量规模不断扩大的前提下，仍将保持持续增长，预计完成全年指标 2 295 亿元，同比增长 13% ，确保完成“十三五”规划第二年的目标。现代服务业(特别是专业服务业和信息服务业)已成为区域经济增长的第一推动力，对整个区域经济发展起到了重要的支撑作用。

2017 年商业工作将以推进社区沿街道路业态结构性调整和加快城市中央活动区转型建设两个重点为核心。体现在“注重规划”“服务民生”“调整结构”“鼓励创新”“挖掘价值”五个关键词上。

（四）2017 年徐汇区服务业、商业重点工作

1. 优化指标结构，培育经济新增长点

2017 年商品销售总额指标依然会有一个较高的增长要求。为应对新常态下经济增长的压力，与统计部门一起优化指标体系样本结构，提高指标抗波动能力。同时依据现代服务业扶持意见，一是加强对商业领域科技创新项目的支持。特别是对传统商业模式的创新、新技术转化应用项目等给予支持，形成创新——孵化——应用的商业创新生态环境，力争成为中心城区商业模式创新应用高地；二是鼓励各类网上、实体商贸企业进行品牌输出。通过组织企业参加市级品牌创建，推动区域内的商业企业向外拓展市场，提高品牌知名度和能级。反过来也可以成为区域商业的转型动力。

2. 补齐民生短板，重点聚焦衡复地区道路业态调整

衡复历史风貌保护区是城市中央活动区之一，承载着挖掘和保育历史文化资源和城市遗产整体性保护功能，2017 年风貌保护区配套商业将进入集中调整期。通过由商务委协调国资企业、由街道协调私营业主两方面深入推进：一方面对国资企业的

经营用地提高准入门槛，要求其引进的业态首先应当填补民生空白，其次应具有标杆引领作用，发挥国有企业的社会责任；另一方面，对私营业主主要通过签订公约，规范经营的角度加强管理和提高品质。同时，商务委搭建招商信息平台，供业态调整过程中业主与优质品牌商互相选择。此外，加强与相关部门的沟通协同，借助社区治理综合信息系统，对于涉及街区环境卫生脏乱治理、违法违章建筑的处置、沿街商铺经营行为的规范等问题，配合执行主体及时予以处置，形成常态化的管理机制。形成风貌保护区业态调整新机制。

3. 加快转型升级，推进徐家汇地区向中央活动区转变

2017 年，徐家汇商圈进入集中建设调整期，我们将继续推进各项重点项目，做好常规化的品牌调整的引导工作，做好商圈主题活动的策划工作等，保持商圈持续繁荣。一是不遗余力地推动商圈能级提升重点项目。重点推进太平洋数码广场二期重建项目、港汇恒隆广场改造项目、推动徐家汇联廊项目（汇联—美罗—太数二期部分）建设、美罗城调整规划；研究教堂广场业态定位、跟踪 T20 项目（商业部分）、太平洋百货调整计划以及飞雕国际大厦（百思买）项目的进展；对列入中远期计划的六百——汇金的拆落地改造计划、新鸿基诸项目的建设开展对接和沟通；二是以全市建设科创中心为契机，引导和推动科技创新在商业中的运用，推动徐家汇地区的转型升级，特别是结合深化智慧商圈建设，继续通过政策引导和鼓励线上线下企业促成 1～2 个商业领域的创新应用。营造商圈创新环境和氛围，吸引更多互联网相关企业的关注和合作；三是创新商圈活动的模式与机制。转变以往政府出资营造商圈节日氛围的模式，探索粗放型的商业营销向培训商业文化节庆品牌转型。引导有影响力和实力的品牌商通过资源互换的形式营造商圈节日氛围。特别是吸引具有创新意义或首创效应的话题性事件落地。提前开展市级大型商贸活动期间及黄金周期间商圈活动的创意征集和策划，以“十一”或年末迎新两大节日的商圈活动扩大商圈的影响力。

4. 提升产业环境，发挥重点区域商业对产业的服务作用

一是徐汇滨江已升级为世博—前滩—徐汇滨江中央活动区的重要组成部分。2017 年徐汇滨江进入项目集中建设期；密切跟踪各商业项目建设，引导商业为不同功能区块的生命健康、金融服务、文化传媒等产业以及品质社区配套；二是关注功能区域的商业配套建设，包括作为全市产业功能转型的重点区域漕河泾开发区，进一步促进园区商业配套功能的提升和布局的优化；南站商务区的商业配套及南站枢纽的商业价值研究；光大会展板块的商业转型建设。

（五）徐汇区主要功能区介绍

1. 市级商业中心

(1) 徐家汇地区。1984 年，时任上海市市长的汪道涵在《政府工作报告》中提出：在徐家汇建立上海市第二个商业中心。翌年，《上海市城市总体规划》把徐家汇地区确定为市级副中心。《上海市经济和社会发展规划纲要》又把徐家汇定为市商业中心之一。1993 年 10 月 15 日，"徐家汇商城国际研讨会"召开。同年，市规划局批准了《徐家汇地区城市设计规划》。这一设计首次运用城市设计理论，将徐家汇地区的建设范围从广场四周向外扩展，使建设突破了传统的建筑管理模式，做到建筑形态、建筑群体、空间场所、城市景观和路径组织的和谐统一。徐家汇商城第一期工程从 1992 年开始，一共 10 个项目，当年规划，当年设计，当年开工，当年竣工。这项目中，有东方商厦、太平洋百货和大千美食林(后改为太平洋数码二期，现已拆除待重建)等。之后的徐家汇数期建设均在 20 世纪末完成，总面积超过 200 万平方米(含商业、办公、住宅等)，总投资在 160 亿元左右。由此确定了徐家汇城市副中心的地位。

早年的徐家汇，东起漕溪北路，西到徐虹路，南临南丹路，北至今天的虹桥路，至 20 世纪初，其区域范围内有天主教大教堂、天文台、土山湾之工艺院、妇女修道院等，与 1951 年的《上海市交通全图》中"徐家汇镇"位置相符。1993 年确定的徐家汇的范围为 1.2 平方公里，其中核心区域 0.24 平方公里。现在的徐家汇根据沪府(2005)7 号文提出的徐家汇知识文化商务区的功能定位，主要指：东起宛平路、宛平南路，西至宜山路，南自中山南二路，北至淮海西路，总面积 4.69 平方公里。区域内有大小各类商业服务业销售网点千余家，商业建筑面积近 80 万平方米(含宜山路专业特色街及各支马路)。徐汇年客流总量 1.6 亿人次，日均客流量近 40 万人次，节假日间日均客流量近 70 万人次，并在业态上构成融购、娱、赏、食、游为一体的综合消费的商业布局，其中百货、餐饮、娱乐、文化成为主力业态。

商圈目前较大的商业企业有：百货商店 5 家(东方商厦旗舰店、汇金百货徐汇店、第六百货、汇联商厦、太平洋百货徐汇店)；购物中心 5 家(港汇、美罗城、百联徐汇、腾飞、光启城)；大型电子电器专业专卖市场及自营店 5 家(太平洋数码一期、百脑汇中金店、国美肇嘉浜路店、苏宁肇嘉浜路店、宏图三胞电脑)；大型休闲娱乐城(街)2 家(星游城、永新坊)；大型超市 1 家(世纪联华体育场店)。另外，商圈内还有近千家开设在商厦内或沿街门面的餐饮、食品、电器、计算机、医药、运动器械、金银饰品、服饰鞋帽店并影院(永华影院、柯达数码影院、衡山电影院)、书店、咖啡馆等。

另，徐家汇街道辖区范围现有 1 万平方米以上的商务楼宇 31 幢，楼宇总面积

100.90 万平方米，入驻各类企业 2 314 家，其中税收属地企业 907 家，属地企业 2014 年度实现税收 46.55 亿元。

(2) 淮海中路(徐汇段)。淮海中路是一条跨区商业街，横跨了新黄浦和徐汇两区，从道路长度来看，两区大致各占一半。徐汇区境内的淮海中路长 2 730 米；东起陕西南路，西至华山路，该路段东与淮海中路(新黄浦段)的高档商业圈接壤，西邻上海最高档的住宅区域，经过历史的沉淀，逐渐发展成为淮海路上的"时尚购物圈"。

淮海路筑路在 1901 年(清光绪二十六年)，它起先是条泥石路。从 1849 年的法租界，到 1906 年的宝昌路，再到 1914 年的霞飞路，历经风风雨雨，饱经历史沧桑。这条栽满梧桐树的马路在殖民时期曾是住在东方的西洋人生活的地方，也曾为一众政商名流、绅士名媛穿梭其间的所在，直到中华人民共和国成立后的第二年，为纪念淮海战役，夺得这场胜利的指挥者之一陈毅，也是新政权下这座城市的首任市长将其改名为淮海路并沿用至今。

经过 90 年代初的改造以及近二十年的发展，淮海中路徐汇段今天已是一条宽畅繁华、闻名遐迩的商业街。虽然这里没有淮海中路新黄浦段那样繁华，但作为淮海中路的时尚购物圈，在这里消费更多呈现出的是一种品味，一种风格，一种时尚。

淮海中路沿线商铺种类齐全，集餐饮、购物、金融服务、娱乐休闲、文化艺术于一体。这里不仅有环境优雅的特色餐厅、高层次的购物场所，还有精致奢华的专业专卖店，富有文化内涵的艺术馆、画廊古玩店等。据统计，该路段共有各类沿街商贸服务类网点 8 3 家，其中，涉及金融(主要为银行网点)类 8 家，涉及母婴中心 1 家，涉及大小各类中西餐饮网点 20 家，涉及宾馆 1 家，涉及文化娱乐(含画廊、古玩、照相器材和俱乐部等)5 家，涉及其他类(服饰、灯具、家具、食品、眼镜、药品等)网点共 48 家。这里，正以丰富的中西交汇的人文底蕴，引领着上海时尚精品消费和休闲生活的潮流。

当前，淮海中路徐汇段商业街正积极演变为上海市高档商业商务集聚区，2013 年下半年开业的新鸿基 IAPM 商办综合体项目，由 12 万平方米的高级商场、两幢写字楼及两幢住宅组成，项目以糅合上海优美城市特色及大都会活力为设计蓝本，并巧妙结合欧陆风情与现代气息，该项目将成为淮海中路商务商贸集聚区的地标性项目。

2. 地区级商业中心

徐汇滨江位于徐汇区西南域，北起日晖港，南至关港，东临黄浦江，西至宛平南路—龙华港—龙吴路，紧邻徐家汇、龙华历史文化风貌区，与世博园区、后滩花园隔江相望，面积约达 9.4 平方公里，岸线长约 11.4 公里，是目前上海黄浦江两岸可成片开发面积最大的区域，区域开发总量约达 900 万平方米。

徐汇滨江地区曾是中国近代民族工业的摇篮之一，因其紧邻黄浦江岸，地势开阔,河道纵横,曾集聚了包括龙华机场、上海铁路南浦站、北票煤炭码头、上海水泥厂等众多工业设施和重要的民族企业,是当时上海最主要的交通运输、物流仓储和生产加工基地,承载了中华百年民族工业历史。2010 年,上海市启动包括世博会场在内的"黄浦江两岸综合开发计划",徐汇滨江成为上海市"十二五"规划六大重点建设功能区之一。参照德国汉堡港、英国金丝雀码头等"棕地"复兴成功经验,徐汇滨江地区创造性地运用"上海 CORNICHE"的设计理念,结合对历史遗存的保护性开发,构建出开放空间整体的故事线索,完成了旧工业的搬迁以及公共开放空间的打造。2011 年末,徐汇区第九次党代会提出"文化先导,产业主导"的徐汇滨江整体开发理念以及打造"西岸文化走廊品牌"工程战略,"上海西岸"正式作为上海徐汇滨江地区的新称谓被广泛使用。

2012 年起,遵循"规划引领、文化先导、产业主导"的总体开发思路,徐汇滨江围绕"西岸文化走廊"品牌工程、"西岸传媒港"等核心项目,着力打造汇集国内外顶尖文化艺术、信息传媒、时尚设计、创新金融等业界领袖的国际级滨水文化金融集聚区,目标成为与巴黎左岸、伦敦南岸比肩的,独具魅力与活力的世界级滨水新城区。

经过一轮的发展建设,徐汇滨江目前已成功吸引了龙美术馆、余德耀美术馆、上海摄影艺术中心、香格纳画廊等众多知名文化艺术机构,以及上海梦中心、腾讯、湘芒果、申银万国、华鑫证券等优质文化及金融产业项目的入驻。与此同时,在西岸音乐节、西岸建筑与当代艺术双年展、西岸艺术与设计博览会等品牌活动的引领下,徐汇滨江正在成为沪上高品质文化、商业和体育活动的聚集区。

在新一轮的发展进程中,徐汇滨江还将着力推进西岸传媒港、星美术馆、油罐艺术公园、西岸美术馆、水边剧场等更多文化载体建设,扩大"美术馆大道"版图,并借由产业聚集优势,进一步深化艺术品、娱乐传媒及文化金融三大核心产业板块的建设和发展。

3. 智慧商圈:徐家汇商圈

徐家汇商圈自 1992 年开始建设,经过二十多年的发展,已经成为闻名海内外的知名商圈品牌。通过积极整合商圈资源及系统改造,未来徐家汇商圈将打造集"购物、旅游、人文"为一体的共享共赢的数据生态系统,形成具有竞争力的现代化、信息化、国际化的"智慧商圈"。

徐家汇智慧商圈的建设,包含商圈 WiFi 覆盖、PC 的 O2O 平台运营、APP 功能拓展、E 卡通虚拟化、智能设备铺设以及大数据分析等六大板块工作。

(1) 商圈 WiFi 覆盖。用户进入徐家汇商圈区域,通过搜索登录"@徐家汇"无线 WiFi,能够享受"一键登录,商圈通用"的智能化服务,在所有 WiFi 覆盖区域内漫游使用。覆盖范围包括商圈内各大商场、宾馆以及商圈公共区域(即商圈主要道路的沿路区域,主要为虹桥路、肇嘉浜路、华山路、衡山路、漕溪北路、南丹路以及徐家汇商圈主要的交通站点)。

2015年2月14日情人节,我们在美罗城举办了WiFi室内覆盖启动仪式。第一期WiFi已经覆盖了汇金、六百、汇联、美罗、太平洋百货、东方商厦、徐汇百联等7个商场4个广场。第二期在覆盖斯波特和天平两个宾馆的基础上,还将覆盖港汇广场、商务楼宇、旅游景点等公共区域,并于2015年年底实现徐家汇核心商圈无线WiFi覆盖。

(2) PC的O2O平台运营。“徐家汇电商(www.xjh.com)”网站于2012年12月18日上线,目前已拥有汇金、六百、太平洋百货、美罗等22个馆涉及350个品牌。我们对创新商业模式提出了:“圈网”结合、“平台”支持、整合赢利的要求。经过反复研讨和论证,制定出了O2O模式的平台顶层架构,明确了徐家汇电商从B2C向O2O的转变。在O2O系统中,门店也不再是传统商业跟电子商务竞争的短板,而是优势资源,O2O将门店的服务适度延伸,完成了从导购、营销、下单、物流,最后到消费者的闭环整合。这种商业模式围绕商圈而设计,通过“下一站服务”的营销模式来串联商圈各实体业务,帮助商圈达成合作,同时不断地为商圈引流、带动人气、促进消费,提供消费的便利性与人性化。

(3) APP功能拓展。基于B2C向O2O的转型,将原来1.0版徐家汇电商APP“徐家汇VGO”重新进行了设计,新2.0版VGO的理念与传统的手淘型购物APP有着天壤之别,它以新PC端O2O系统为强大的后台基础,集吃、喝、玩、乐休闲功能为一体,是致力于服务商场和商户的现场型APP。2.0版VGO具有三个功能:扫码惠购、轻松购、来此购。其中来此购是新APP的一个亮点,让用户在指定时间来到指定地点以超低的价格购买指定商品,这种必须基于现场购买的限制条件是提升线下百货人气促进二次消费的不二法宝。VGO计划开发商场内定位导航、生活缴费、美食预约、电影订票、智慧停车等其他功能。

(4) E卡通虚拟化。E卡通作为用户的电子钱包和商户的管理工具,已经实现了1.0向2.0版的升级,陆续研发了个性卡、景观卡和定制卡,并计划将E卡通打造成一张集成型的综合会员卡,并将通过系统升级,将实体预付费卡2.0升级为虚拟电子卡3.0版,实现定向转账、资金清分、金融理财、数据分析等更多的功能。

(5) 智能设备铺设。为了实现智能照明、智能储物、智能引导等功能,在徐家汇商圈有选择性地进行智能设备的铺设。智慧照明路灯具备信息交互、视频监控、移动WiFi基站等功能性应用。魔方三棱柱、LED电子路牌以及智能集中寄物柜和APP

联合使用，可以实现购物后集中定点取货等功能。

（6）大数据分析。通过 WiFi、PC、APP、E 卡通等后台的信息抓取，可以获得多纬度、一人千面的大数据，针对一个用户做多维度深层次的数据分析，从衣食住行各方面入手，以立体数据预判推送消息。在满足商圈用户各类需求的同时，进行智能聚合、形成线上新的商圈入口。

徐家汇“智慧商圈”的建设，围绕传统商业的能力提升和模式创新，以商品营销和品牌服务为核心，利用无线互联网络打造“慧”及各方的“智”能无线 WLAN 系统，通过手机 APP 应用将商圈海量的信息数据进行整合，为消费群体提供个性化、整体性的信息共享服务，并以“徐家汇电商（www.xjh.com）”网站和徐家汇商圈实体百货和购物中心为载体，开展以 O2O 模式为中心的业务，拓展宣传和销售渠道（线下的往线上走），开展垂直型立体经营（线上的往线下流），完成“线上线下联通”的最终目标，不断推动徐家汇的“商”态创新，发挥商圈独有的“圈”聚效应，在全国树立便捷、丰富、安全的现代数字商业生态标杆。

4. 社区商业、特色街

（1）衡山坊（市级特色街区）。衡山坊坐落于衡山路天平路交汇处，处于徐家汇商圈核心地带，是上海市中心徐家汇公园旁一处再现 20 世纪 30 年代海派建筑风情的历史建筑精品街区。包括两排建于 1934 年的新式里弄住宅以及建于 1948 年的 11 幢独立的花园洋房，占地 0.57 公顷（8.55 亩），建筑总面积达 7 300 平方米。上海衡复投资发展有限公司在保留原有建筑风格、建筑体量及空间布局的前提下，对建筑进行修缮、加固与提升，完整呈现了原有建筑的肌理与空间形态，重现历史建筑韵味，又巧妙融入现代商业元素，最终成功打造出由花园洋房、新式里弄组合形成的精品历史建筑街区，成为徐家汇的后花园。

在商业业态上，衡山坊更加聚焦于文化和精品商业的结合：北部新里集合了创意办公、艺术空间及异国美食；南部花园洋房主要以精品零售店为主。整个衡山坊糅合了时尚精品店、高端餐厅酒吧、创意办公、艺术空间等休闲与商业空间。打造出了具有独特上海魅力的城市慢生活街区。同时，静安国际雕塑公园和韩国最知名的阿拉里奥画廊的入住，将使衡山坊跻身上海时尚生活地标的最前列。

（2）衡山路东段特色餐饮街区（市级特色街区）。衡山路东段，衡复历史风貌保护区核心区域，由两条支马路桃江路、东平路以及岳阳路合围而成的街区，以衡山路为中轴。80 余年的历史，为今日衡山路留下了许多优秀的历史建筑和人文景观。比邻使馆区和高级住宅区，吸引着大批外籍工作人员和社会地位相对较高的人群。衡山路街区是海派文化荟萃之地，20 世纪 30～40 年代，众多文化名家、达官显贵在这里居住的老洋房就有近 2 000 多栋，这里是上海最具特色的住宅群落，汇聚了世界各国的建筑精华和艺术风格。老洋房餐厅不仅有着神秘的出身，怀旧、优雅的文化基因，就餐中的任何细节，包括寻他千百度的体验，更成为都市饕餮客标榜的过程享受。

桃江路长不超过 500 米，东端起始于它与汾阳路、岳阳路以及东平路交汇的三角花园，西头止于乌鲁木齐南路。保留了一段 200 米的“散步道”“弹硌路”——这种由卵石、块石铺筑的路，至今仍是许多上海人儿时记忆中的重要片断。经过人们对昔日岁月各种掌故的不断挖掘，以及周边潮流的引领带动，今天的桃江路俨然成了一条既蕴含有深厚历史人文故事，又充满着时尚浪漫情调的街道。桃江路有服饰店、家具饰品店以及售卖各种厨房用具的小店，此外，还开着一家挂着“LA CREPERIE”法文店名的西餐厅，可谓吃、穿、用俱全，各显各的精彩。

相比政、商人物，岳阳路更多的是“文艺范”和“书卷气”。岳阳路 168 号是上海京剧院的所在地，而在过去，这里是著名京剧大师周信芳的故居。在大院的入口处，还竖立着周信芳先生的半身铜像，一旁还有另一位京剧大师俞振飞的题字。

第四节 长 宁 区

（一）2016 年长宁区服务业、商业发展基本数据

2016 年长宁区服务业、商业发展基本数据见表 13.4。

表 13.4 2016 年长宁区服务业、商业发展基本数据

指 标 名 称	2016 年数据	相比上年增长率/%
生产总值	1 195.53 亿元	9.3
# 第三产业增加值	1 114.64 亿元	9.8
商品销售总额	6 513.48 亿元	15.8
社会消费品零售总额	295.35 亿元	7.9
年末户籍人口数	58.33 万人	−0.44
年末常住人口数	68.87 万人	−0.35

（二）2016 年长宁区服务业、商业发展特点和运行分析

2016 年长宁区产业结构持续优化升级，服务业税收占全区税收比重超过 98%，

比 5 年前提高了 2.7 个百分点。现代服务业税收占全区税收比重超过 76%，比 5 年前提高了 8.5 个百分点，年均增速 17.5%左右。商业业态得到调整，对房地产业依赖进一步降低。

1. 2016 年长宁区商贸总体态势

2016 年长宁区社会消费品零售总额及商品销售总额均实现两位数增长：社会消费品零售总额 295.35 亿元，同比增长 7.9%。商品销售总额 6 513.48 亿元，同比增长 15.8%。

社会消费品零售总额月平均值 24.61 亿元，前 4 个月同比增幅波动较大，后 8 个月增长较为稳定。

2. 商贸业主要特点

(1) 节庆日效应显著。2016 年长宁区围绕重点节庆，策划丰富活动，节日效应明显，元旦、春节、五一、十一重要节庆日销售统计同比分别增长 19.44%、20.18%、22.98%、24.16%，增幅在中心城区均位于首位。9 月 9 日—10 月 9 日购物节期间，长宁区 21 家主要商业企业共实现销售额 5.25 亿元，同比增长 24.16%，增幅位居中心城区首位。

(2) 调整转型企业业绩明显提升。2016 年区商务委引导推动重点企业通过整体调整转型，局部业态升级或引入优质品牌等多种形式提升商场品质，吸引客流并转化为销售业绩。

位于虹桥商圈的百盛优客城市广场、虹桥南丰城、巴黎春天天山店通过整体转型实现了销售客流两旺。百盛优客城市广场成功转型为城市奥特莱斯，2016 年 1 月开业以来业绩大幅提升，全年销售较去年增长 100%以上。其作为上海市商业创新转型升级的典型案例，已与静安区大悦城等一同上报国务院分管领导。虹桥南丰城在原虹桥上海城基础上成功转型。多元化业态为消费者带来全方位的生活式消费体验。其特色商业街南丰城“丰尚街”不定时举办主题集市、乐队演出、街头艺人及小丑表演，带动人流和消费。2016 年南丰城全年销售同比增长 50%以上。

中山公园商圈的龙之梦购物中心引入 MUJI、GU 等强势品牌，并对原有品牌永乐电器进行了业态升级，餐饮品牌不断调整优化，经营业绩持续攀高，达到了带动商场整体提升的效果。

(3) 特色商业拉动增长。2016 年初上海高岛屋百货日本馆二期全新开业，以日本特色工艺品、服装、老年用品等为主打，强力拉动了高岛屋的消费业绩。尚嘉中心在增强国际时尚品牌的基础上提升服务体验，优化品牌组合，紧抓重要商业节点，2016 年底销售业绩得到明显提升。

ART 愚园生活美学街区经过调整，引入书店、工艺品、美食、体验式 DIY 等特色商业，精准定位消费群体，与中山公园商圈形成联动，带动了商圈及周边商业的发展。

文商结合成为提升顾客黏性的重要营销方法，高岛屋的“名侦探柯南展”、虹桥南丰城的“芝麻街中国行”等活动为企业带来良好效益的同时，也提高了商圈的知名度和影响力。

3. 2016 年商贸运行的主要问题

(1) 部分存量企业转型意识和方向不清晰。从消费市场的大环境看，传统商业升级转型是大趋势。部分企业对转型升级目标和方向明确，措施有力，取得了不错的成效。但另一部分企业对于转型带来的成本以及预期不确定，在是否转型、转型方向和转型时机上举棋不定，业绩持续低迷，难见起色。

(2) 商场调整升级不同步。2016 年长宁区部分企业进行了整体调整升级，均取得了不俗的业绩，活跃了商圈的商业氛围。但商圈内商场调整升级不同步的问题也开始显现。在一家商场完成调整，通过新引进品牌和高密度活动吸引人气、集聚消费的关键时期，周边商场开始改造调整，必然对商圈的整体商业氛围和调整效果产生不利影响。商场调整的不同步会拉长商圈整体调整时间，不易形成具备区域特色的商业积淀。

4. 服务业运行分析

(1) 着力实施产业发展战略，制定区域产业发展指导目录，明确产业发展方向和重点。上海虹桥航空服务业创新试验区、上海“互联网＋生活性服务业”创新试验区、上海虹桥时尚创意产业集聚区落地长宁，集聚了一批优质企业，推动国际航空仲裁等功能落地。国家级虹桥临空经济示范区正式获批。5 年来，航空服务业年均增长 22％左右，文化创意产业增加值年均增长 15％左右，2016 年“互联网＋生活性服务业”重点企业完成全区税收 19.9 亿元，同比增长 26.8％。与市金融办签署战略合作备忘录，启动建设长宁金融园，一批基金入驻长宁。

(2) 围绕重点区域，开展城市更新工作，着力提升产业、功能、形态。重点区域形态开发基本完成，五年累计开工经济楼宇 168 万平方米、竣工 242 万平方米，一批高品质楼宇建成并投入使用，同步推进绿化、景观、灯光、小品雕塑等建设。商业商务功能得到强化，两大市级商圈进一步繁荣繁华，文化休闲、会议餐饮等配套功能不断完善。城市更新得到统筹谋划，制定总体方案，启动愚园路城市更新，推动经济、文化、生活、艺术融合发展。重点区域路网系统得到优化，完成紫云西路、福泉路等改辟建工程，部分重点楼宇地下通道实现勾连，北横通道、北翟快速路等市级重大市政工程建设有序推进。长宁区荣获第三届国土资源节约集约模范县市称号。

(3) 对接上海科创中心建设,明确发展定位,坚持创新引领,推动人才集聚,制定长宁建设科创中心实施意见和实施细则,在全国率先建立海外人才服务“四合一”一站式服务中心和区级外国专家局,集聚了140余名行业领军人才。着力推动大众创业、万众创新,建成21家市级众创空间,其中6家获国家级众创空间称号。深化智慧城区建设,全面完成国家信息消费试点工作,基本实现全区公益场所和重点商圈公益WiFi热点全覆盖。不断优化创新环境,五年累计新增市级高新技术企业156家,新增市、区两级科技小巨人企业54家。长宁区荣获全国科技进步考核先进区、全国科普示范区等称号。

(三) 2017年长宁区服务业、商业发展趋势和热点分析

1. 2017年长宁区商贸运行的趋势预判

2017年长宁区将有88中心和来福士两个大型购物中心开业,从一定程度上带来较为可观的人流和消费。同时,2016年区内的转型企业百盛优客城市广场、虹桥南丰城和巴黎春天天山店等通过转型升级,销售基数提高很多,2017年预计将进入平稳增长阶段,增幅放缓。综合来看,2017年长宁区社会消费品零售总额预计将继续保持平稳持续增长。

全区经济社会发展的主要预期目标是:经济保持平稳增长,产业结构持续优化,质量效益进一步提高,区级财政收入同比增长7%左右;新增就业岗位3万个,城镇登记失业人数控制在市下达指标以内;新增养老床位300张;完成旧小区综合整治30万平方米;拆除存量违法建筑6万平方米;新增公共绿地2万平方米、立体绿化3万平方米;全面完成“家门口工程”等政府实事项目和市政府下达的人口调控、节能减排、河道整治等目标。

2. 服务业发展热点分析

(1) 加快推进产业发展战略。实施产业发展战略是推动长宁经济转型升级的重要举措,聚焦重点,着力培育发展新动能。

(2) 加快重点产业发展步伐。集中力量、大力推进国家级虹桥临空经济示范区建设,深化上海虹桥航空服务业创新试验区、上海“互联网+生活性服务业”创新试验区和上海虹桥时尚创意产业集聚区建设,制定年度计划,明确责任分工和重点项目,落实工作举措,加快推进重点产业发展。

(3) 推动功能、项目和企业落地。坚持功能引领,促进上海通用航空行业协会、“互联网+生活性服务业”行业组织等功能性平台落地。聚焦重点项目,积极对接东航、机场集团等相关主体产业链整合,推动衍生项目落地。推进一批时尚创意产业载

体项目建设，培育一批时尚创意品牌。围绕重点产业发展和金融园建设，着力引进一批有代表性和竞争力的龙头企业。

（4）加大政策引导扶持力度。积极争取国家部委和市里试点政策支持，全面落实市工商局支持长宁重点产业发展政策。发挥产业指导目录和产业政策作用，研究出台“互联网＋生活性服务业”、时尚创意产业等重点产业专项政策，建立长宁产业投资母基金，撬动社会资本助推产业发展。

（5）优化产业发展综合环境。加强舆论宣传，借助各类媒体，加大对试验区、集聚区和金融园的宣传力度，扩大影响范围，提高社会知名度。围绕重点产业发展，鼓励大众创业、万众创新，推动新型孵化器、众创空间建设。加强人才服务，完善人才政策，促进产业政策与人才政策融合，吸引集聚高端产业人才，为产业发展提供智力支持。

（6）加快文化繁荣发展。启动文化大厦建设，加大海粟绿地等文化氛围营造，打造海派艺术街区。依托上海国际舞蹈中心，持续打造“虹桥舞蹈”品牌。举办好“虹桥文化之秋”等群众文化活动。办好人民满意的教育。启动区少年科技指导站迁址工作。推进学区化、集团化办学。促进民办教育布局优化、品质提升，强化国际教育特色，推进终身教育发展。提升医疗卫生服务水平。深化区校合作，推动同仁医院创建成为三级综合性医院，推进光华医院异地迁建等工作。做实家庭医生有效签约，提升全科医生医疗服务能力。发挥中医“治未病”优势。做好第三轮国家卫生城区复审工作。推动全民健身。推进上海国际体操中心整体改造，推动临空慢行系统建设。不断完善 15 分钟体育生活圈，因地制宜建设健身步道，积极承办半程马拉松等体育赛事。

（四）2017 年长宁区服务业、商业发展重点工作

1. 服务业方面

推进创新发展，全力促进经济平稳健康发展。深入推进产业结构优化和转型升级，重点发展航空服务业、现代商贸业、信息服务业、专业服务业、金融服务业和文化创意产业，积极推动“互联网＋”、时尚创意等创新产业发展，优化提升楼宇经济能级和服务环境。持续增强贸易核心功能，加快提升航空服务功能，大力发展总部经济和平台经济。围绕科技创新人才集聚区建设，加大各类人才队伍建设，优化创新创业人才服务环境，大力支持创新载体平台建设，加快提升区域创新活力。

2. 商业方面

（1）促进商圈提升，引导企业转型调整。进一步引导、推动新虹桥商圈和中山公

园商圈重点商业企业优化升级，增强市场竞争力，培育新增商业项目发展；推动存量商业企业继续实施改造调整，在加快品牌开业的同时，挖掘和彰显自身的特色。多维度、多层次拓展商业空间，提升商圈氛围和消费体验。借鉴百盛优客城市广场转型开业的成功经验，探索继续引导具有人文特色和时尚潮流的业态、品牌进驻商圈，聚集商圈人气。

(2) 与艺术商圈相结合，推动商场特色营销。借助艺术商圈打造的良好契机，做好文、商融合，指导企业引入文化体验、生态体验等业态，开展文化、生态主题体验活动。围绕五一、购物节等传统节日，继续策划开展系列主题活动，引导企业开展景观营销，并积极牵线协调，力争引入在全市有影响力的"热点"活动，带动综合消费不断增长。

(3) 着力推动三大组团整体协调发展，在协调发展中实现转型升级，在平衡发展中增强发展后劲。具体措施如下。

a) 进一步优化中山公园地区发展。围绕开放式公园建设，推动绿化、灯光、雕塑等一体化提升。进一步挖掘历史文化内涵，推动愚园路城市更新。优化商务商业发展，围绕商务楼宇建设，做好功能定位与企业引进，推动中山公园商圈商业调整。优化交通组织，加快中山公园一号门地下通道建设，推进凤冈路辟建工程，合理调整公交线路。

b) 进一步激发虹桥地区活力。继续推动新虹桥商业中心整体转型，引入文化艺术、休闲娱乐、体育等元素，促进商旅文体融合发展，集聚人气，激发活力。继续引导企业错位竞争、差异化经营，鼓励企业引入特色业态和品牌。继续优化商圈环境，推进智慧商圈建设，加强交通和购物引导，完善景观、灯光和道路指引标识，加快推进虹桥地区地下通道建设。

c) 全面提升临空地区发展水平。切实提高临空地区对区域经济发展的贡献度，加快推进上海虹桥航空服务业创新试验区建设，提升航空服务功能，推动航空产业链向飞机维修、航空金融等拓展。着力提升园区综合服务水平，构建园区公共服务平台，实现园区管理的精细化、社会化、信息化，为企业提供更加优质的服务。着力推进核心四街坊地上地下勾连，完善交通、绿化、餐饮、休闲、文化等综合配套，进一步营造绿色低碳、宜商宜业的发展环境。

（五）长宁区主要功能区介绍

1. 虹桥商圈情况

虹桥商圈东到中山西路，西至芙蓉江路，南起黄金城道，北至玉屏南路和天山支路，占地 3.15 平方公里，是《上海市商业网点布局规划(2014—2020 年)》确定的 15 个市级商业中心之一。

虹桥商圈的崛起，是轨道交通 2 号线相继串起的陆家嘴、南京东路、人民广场、南京西路、静安寺和中山公园商圈这条商业黄金线的完美延伸。

虹桥商圈是集购物、餐饮、休闲、文化、娱乐等功能为一体的上海西部新兴商业中心，有汇聚国际高端品牌的尚嘉中心、上海首家日资独资百货高岛屋百货、花园体验式金虹桥商场、亲子娱乐特色的虹桥南丰城、老牌高档百货虹桥友谊商城、中档亲民百货汇金百货虹桥店及天山百盛等众多商场。新虹桥—天山商业中心构建“两纵”(娄山关路、遵义路)“两横”(天山路、仙霞路)，南高北低、梯度错位的商业空间布局：形成以尚嘉中心、虹桥友谊商城为核心的高端商业空间布局；以虹桥南丰城、金虹桥商场为核心的中、高兼容的商业空间布局，以天山路(遵义路—古北路)商业载体为核心的中档为主的商业空间布局。

2016 年，高岛屋百货进一步做强日本商品特色，开设日本进口商品保税展示区，协助申请成为首批离境退税商店。巴黎春天天山店围绕“呼朋唤友聚会地”的定位，实施形象改造和品牌调整。天山百盛与韩国衣恋集团合作进行全面改造调整，打造全新百盛优客城市广场，于 2016 年年底试营业。

2. 中山公园商圈情况

中山公园商业中心位于长宁区东北部，区域范围东起华阳路、安西路，西至中山西路，南抵安化路，北临苏州河，规划面积 1.14 平方公里，是上海市 15 个市级商业中心之一。

中山公园地区是上海城市交通的重要枢纽之一。轨道交通 2 号线与 3、4 号线在此成“十”字交叉，29 条公交线路始发或途经，日人流量达到 40 余万人次。区域内已建成发达的地下构连网络，连通龙之梦购物中心、上海书城长宁店、玫瑰坊、兆丰广场、巴黎春天中山公园店等商业载体。

中山公园商圈已初步形成了以龙之梦购物中心为“龙头”的交通枢纽型商业中心框架，凸现家电集聚的商业特色。聚集了龙之梦、巴黎春天、玫瑰坊、华宁弘基生活中心、爱室丽家居等重点企业和国美、苏宁、永乐等家电电商巨头。在全市家电零售行业中具有较强的影响力，主要家电零售企业区外来消费的比例达到 70%左右。一年一度上海购物节的重点活动——中山家电节已成为沪上家电行业的重要节日。

2016 年，兆丰广场进一步调整优化，引进日本尼达利家居旗舰店。愚园路改造调整一期启动，引进香水调香室、体验式玻璃艺术馆、生活创意品牌集成店等特色商户。

第五节　静　安　区

（一）2016年静安区服务业、商业发展基本数据

2016 年静安区服务业、商业发展基本数据见表 13.5。

表 13.5　2016 年静安区服务业、商业发展基本数据

指　标　名　称	2016 年数据	相比上年增长率/%
生产总值	1 649.72 亿元	8.7
商品销售总额	4 895.90 亿元	5.9
社会消费品零售总额	623.16 亿元	7.1
地方税收总额	648.17 亿元	24.6
#第三产业税收(亿元)	609.99 亿元	25.71
#商业税收(亿元)	136.68 亿元	−12.0
年末户籍人口数	95.00 万人	−1.6
年末常住人口数	106.78 万人	−0.6

（二）2016年静安区服务业发展概况及运行分析

2016 年 1—12 月份，静安区商贸流通业、专业服务业、金融服务业、文化创意服务业和信息服务业等五大产业累计完成税收收入 466.99 亿元，占静安区税收收入比重为 72.0%。

其中，商贸流通业全年实现三级税收 155.98 亿元，同比增长 0.4%，占全区三级税收比重 24.1%；其中区级税收 40.57 亿元，同比增长 10.9%，占区级税收比重 18.4%。

专业服务业全年实现三级税收 114.14 亿元，同比增长 27.4%，占全区三级税收比重 17.6%；其中区级税收 34.52 亿元，同比增长 17.2%，占区级税收比重 15.7%。

金融服务业全年实现三级税收 119.78 亿元，同比增长 63.3%，占全区三级税收比重 18.5%；其中区级税收 30.77 亿元，同比增长 43.4%，占区级税收比重 14.0%。

文化创意服务业全年实现三级税收 37.02 亿元，同比增长 17.5%，占全区三级税收比重 5.7%；其中区级税收 11.58 亿元，同比增长 5.3%，占区级税收比重 5.3%。

信息服务业全年实现三级税收 40.08 亿元，同比增长 18.9%，占全区三级税收比重 6.2%；其中区级税收 13.12 亿元，同比增长 0.9%，占区级税收比重 6.0%。

（三）2016年静安区服务业发展主要做法及举措

1. 抓引领，明确重点产业、重点区域发展思路

一是规划引领，研究区域产业规划布局，编制新静安商贸各领域"十三五"规划。编制完成《静安区产业发展"十三五"规划》《静安区商业发展"十三五"规划》《静安区涉外经济发展"十三五"规划》《静安区开放型经济发展"十三五"规划》等系列规划及研究报告，明确"十三五"时期全区产业发展的总体思路、发展目标、主要任务和工作措施。抓好重点地区规划，明确努力方向，在统计汇总南京西路、苏河湾两个现代服务业集聚区2011—2015年间相关数据基础上，完成南京西路、苏河湾"十二五"建设推进及运行情况的评估报告工作，完成《南京西路地区发展十三五规划》《南京西路商圈发展调研报告》；配合苏河湾控股有限公司完成"苏河湾""十三五"规划编制；二是政策引领，推动文创产业蓬勃发展、园区转型升级，促进企业改制上市。组织架构方面：梳理完善文创领导小组和企业上市工作领导小组，筹建园区转型升级工作领导小组，加强指导、协调、推进等管理职能。政策方面：《文化创意产业专项资金管理办法（送审稿）》已上报区政府，征求各部门意见；拟定《产业园区认定管理办法》《园区专项资金扶持政策》。工作推进方面：启动开展创意产业园区星级评定工作；协助27家静安文创企业通过市文创办文创产业项目初审；组织企业参加改制上市培训，做好拟上市企业备案工作；三是目标引领，明确"四个一批"，提升园区产业能级。围绕"做强一批、做优一批、培育一批、调整一批"的目标任务，积极探索园区体制机制创新，持续推进产业园区转型升级、内涵升级。结合静安产业定位，创新发展理念，推动800秀、源创大宁德必易园等园区形成主题特色，产业进一步集聚；推动全球众创空间鼻祖WeWork入驻，开创联合办公新模式，集聚一批创新创业型企业和人才，为区域众创空间建设起到一定示范引领作用；鼓励不夜城、鑫协等园区升级改造，科学规划产业定位，寻求转型突破。

2. 抓服务，优化企业发展环境。

一是推进"双试联动"贸易便利化工作。在走访海关、商检和部分进出口贸易企业的基础上，完成了新静安贸易便利化调研报告。推进海关、国检与静安区人民政府签署了合作备忘录，推动静安区总部经济、进出口贸易和商贸流通业发展，提升静安区在上海国际贸易中心建设、科创中心建设和服务业综改试点工作中的地位和作用。与海关、国检等部门联合举办"静安区复制推广自贸区政策双向交流活动"，方便区内总部企业、重点外贸企业、品牌企业、检测认证企业等了解贸易便利政策和金融政策；二是引导品牌企业转型升级，促进品牌企业持续健康发展。推进"全国现代服务业知

名品牌示范区”创建验收工作。围绕区域品牌经济建设，联合区财政局、区市场监管局完成对《静安区加强品牌建设的实施意见》《静安区品牌建设专项资金管理办法》的修改，并报区政府常务会议审核。待审议通过后，将尽快发布专项资金管理办法，启动 2016 年品牌建设专项资金项目申报工作，推动区域品牌经济发展。加强宣传展示，组织区内品牌企业参加 2016 年中华老字号博览会，展示老字号品牌形象，提升品牌影响力；三是推动委区合作事宜。完成市商务委与静安区合作推进静安区国家服务业综合改革试点、加快“国际消费城市示范区”建设的框架协议拟定，协议内容共 23 条，涵盖现代服务业综合改革试点、经济转型升级和“国际消费城市示范区”建设等方面。起草《静安区推进上海“国际消费城市”示范区建设整体方案》，明确静安区推进“国际消费城市示范区”建设的主要内容。

3. 抓成效，提升国际静安知名度和影响力

一是推动上海国际时尚之都示范区建设。启动区域时尚产业发展规划工作；举办以“设计新应用，创造新需求”为主题的 2016 设计之都活动周、中欧静安时尚产业沙龙——如何找到并打造创新时尚中心孵化地、2016 上海时装周秋冬发布、2016 顶级品牌高峰论坛等大型时尚活动，启动筹备静安中意时尚创意咨询平台第一次会议、2016 福布斯 · 静安南京路论坛等相关筹备工作、“2017 上海时装周春夏发布”等；跟踪推进“静安时尚大道”景观再造设计项目；二是强化商、旅、文联动，精心组织新静安商业活动。组织“新静安、新起点——静安商圈跨年从‘新’出发”为主题的 2016 新静安跨年迎新商业活动，跨越圣诞、元旦、农历新春以及元宵等重要时点。组织开展大宁灵石公园郁金香花博会老字号展销、2016 年金秋静安国际嘉年华、游走静安 · 寻宝找“福”、上海(静安)世界咖啡文化节、2016 年上海静安国际起泡酒节、2016 年上海(静安)国际喜剧节、2016 年上海静安飞镖大赛、“大宁音乐季”“大宁国际　知音十年”等系列商旅文体活动，形成“既繁荣繁华又便民利民”的静安商业新气象；三是推进国际知名品牌、旗舰店入驻静安。引进格琳尼、First Solar、Wework、WPP、QVC 等 10 世界知名品牌及品牌企业。积极做好 Zara 及苹果两大旗舰店的设立前期勘察协调工作；星巴克全球最大规模星巴克烘焙工场体验店已启动装修 Hard Rock 概念店目前筹备开业；四是积极推进商业业态调整，完善商圈的商业生态结构。完成南京西路 596/842/1053/1141 号的品牌调整及引进工作；积极推进金鹰国际、中信泰富、芮欧百货引进新业态；协调跟踪兴业太古汇、协和城、协信星光、大宁音乐广场和大悦城二期的招商进展；协调推进上海唯一一家出国人员服务中心“曹家渡免税店”开业；协助九百集团旗下的立丰等老字号入驻大润发、飞牛网和东方购物等平台。

4. 抓落实，夯实民生保障基础

一是南北融合，推进白领午餐实事项目向北覆盖。继续发挥静安白领午餐特色优势，开展项目市场调研，梳理相关政策、排摸新静安楼宇和园区的食堂底数；与相关餐饮企业进行工作对接，鼓励企业向北部静安发展，目前新增健康智谷、市北高新、诺诚 1895、德必易园、绿地集团园区、多媒体谷、宝矿大厦、华侨大厦、信达大厦、中欣大厦等 16 家白领午餐单位；启动 2016 年白领午餐单位的消费者满意度测评工作；二是重视民生，推动菜市场实事项目落地，围绕“全年新建、改造 8 家标准化菜市场，新增 20 家社区智慧微菜场”的目标，截至九月底，武定、余姚、大沽、同仁、海康、晋城等 6 家菜市场已完成了二次改造，桥东新建市场、绿园等改造项目已启动；新增厨易、强丰、食行等市商务委认定的社区智慧微菜场 20 余家，提前完成目标任务；三是多措并举，开展“保供应、稳价格、惠民生”工作。强化菜市场管理，制定《静安区菜市场绿菜保供稳价工作方案（试行）》《静安区关于优化菜市场功能配置的实施意见》《静安区“菜篮子”相关资金管理办法（试行）》，并指导相关单位改组成立“静安区菜市场管理服务协会”；组织各菜市场开展元旦、春节、五一、夏淡保供稳价工作，其间全区以基本蔬菜为主的平均菜价均低于市场均价的 30％以上，取得了预期的效果，特别是夏淡保供稳价工作得到市政府、市商务委领导的肯定；探索设立新型“社区商业服务中心”，将绿园菜市场确定为首个试点市场；推进新版菜市场食品安全追溯系统在武定、和宁两家市场测试运行，年底前有望实现全覆盖，7 大类农产品均可采集溯源信息，属于全市追溯安全管理的又一新创模式；四是资源共享，积极推进老字号品牌企业发展向北延伸。组织老字号企业分别在不夜城绿地、海鹰小区、五月花生活广场和彭浦新村举办了多场展销活动，把服务和便利向北延伸，惠及更多静安北部地区的居民，实现了双赢。组织区属三大商业集团负责人和老字号企业负责人考察北静安鹏程广场、佳程广场和五月花生活广场等商业项目，拓展新的发展空间。

（四）2017 年静安区服务业发展重点工作

1. 提升产业发展水平，打造行业集聚高地

一是把握重点产业、重点区域及优势子行业的发展方向。在走访调研的基础上，开展奢侈品行业、管理咨询广告业等优势子行业产业分析，为下一步企业的引导、扶持和服务工作打下基础；二是做好新建及改造园区指导和服务工作，指导园区做好产业定位，明确招商细分领域，配合做好招商引资企业储备工作；三是继续跟进南京西路商圈、大宁商圈、大悦城、协信星光广场等的业态调整与品牌引进，完善商圈商业生态结构。

2. 营造优质营商环境，增强经济发展后劲

一是推进落实上海时装周、静安国际嘉年华、福布斯静安南京路论坛、中欧顶级品牌论坛等相关组织策划和筹备工作，打造高质量会议和活动，进一步提升静安国际魅力；二是继续深化“双试联动”，与国检、海关等部门保持密切联系，推进区域贸易便利化建设；三是通过走访调研、政策宣传、解决实际问题等方式，让更多的企业享受到优质专业的服务，增强服务的针对性和有效性，提升企业根植力；四是加强跨国公司地区总部企业和知名品牌企业引进，对重点意向企业提供专人的全程跟踪服务，鼓励更多跨国公司设立总部型企业；五是创造良好的外资投资环境，增强投资满意度，强化以外引外、以商招商的效应，拓宽招商引资渠道。

3. 推进民生工程建设，提升宜居幸福指数

一是继续推进和落实白领午餐进楼宇园区、菜场改造、社区微菜场等实事项目；二是从保障供应、强化流通、加强监管等方面入手全面实施“中秋、国庆、冬淡、元旦、春节”保供稳价工作，保证全区菜价低位运行；三是继续探索“互联网＋传统商业”的商业新模式、新业态，为市民提供更加便利便捷的社区商业生活服务；四是进一步规范区酒类市场、动物监督管理，加强重点酒类商品以及节日、重大活动期间酒类专项检查，加强相关检疫、重大疫情监测。

（五）“十三五”服务业发展规划重点任务

围绕“国际静安、圆梦福地”的奋斗目标，按照“一轴三带”的发展战略，坚持创新驱动和融合发展，进一步提升服务业发展能级，优化服务业发展格局，提高产业资源配置能力，强化服务业园区平台支撑，不断增强静安区服务业发展的集聚度和辐射力。

1. 重点发展五大产业

(1) 提升发展商贸服务业。大力推动传统商业转型发展，健全立体化网络流通基础设施，以电子商务、移动支付等新兴商贸形态和技术手段为技术支撑，引导传统商业企业与网络零售企业互通互融，构建全方位的营销渠道。加快商贸新兴业态发展，探索发展体验型购物中心、买手制百货、品牌集成店、主题概念店等具有市场潜力的新兴业态，鼓励打造个性化、主题性、体验型的消费模式。依托国际消费城市示范区建设，积极优化区域商业环境，拓展总部型经济，增强奢侈品、化妆品、医药等重点商业领域的集聚效应。引进各类贸易服务商、跨国采购商、渠道商、零售商等企业主体，积极打造上海国际贸易中心总部企业集聚区。推动发展便利化、综合化的社区商业新模式，完善社区商业服务功能。

（2）开放发展金融服务业。打造多元化结构的金融集群，稳步发展证券公司、财务公司等优势金融行业。推动互联网金融、私募股权投资、创投基金等新兴金融的集聚发展，促进传统金融与新金融交互转型。推动信息安全服务、资产管理、数据分析等金融后台服务业发展，大力引进证券期货、融资租赁、股权投资等非银行类金融机构，培育发展第三方支付、众筹等互联网金融业态，积极发展艺术品鉴定、保险、拍卖等文化金融服务。积极引进与新兴金融发展密切相关的企业和中介机构，营造新兴金融发展的大生态圈。推动跨国金融业态的创新和金融业的开放发展，加速各类金融业态与实体经济的深化融合，为区域经济可持续发展提供增量和功能支撑。

（3）集聚发展专业服务业。大力引进国际知名公司，积极培育国内品牌企业，巩固人力资源、检测认证、管理咨询、法律服务、会计审计等专业服务产业的发展优势。发挥人力资源服务业发展的品牌效应，促进基于互联网的人力资源服务产品创新和技术创新，逐步形成以人力资源服务外包为主，派遣、培训、招聘、测评、高级人才推荐、人力资源管理咨询等品种齐全、覆盖完整的人力资源服务产业链。依托“国家公共检验检测服务平台示范区”，吸引各类检测认证机构、标准化组织集聚。大力发展面向重大装备、战略性新兴产业、医疗健康和食品安全、节能环保等产业的第三方检验检测认证服务，保持检验检测服务业发展的领先地位。围绕创业孵化服务，大力发展市场化、专业化、集成化、网络化的众创空间，推动有条件的企业建设产业驱动型孵化器。增强科技服务业对科技创新和产业发展的支撑力。大力支持专业服务企业拓展境外市场。

（4）融合发展文化创意产业。推进文化产业体系建设，充分发挥上海大学上海电影学院优势，借助环上大国际影视产业园区平台，吸引顶尖企业和龙头项目落地，逐步完善影视产业服务体系，积极探索“新业坊”国际影视示范园区等融合静安特色风貌和产业发展的城市更新项目。加快昌平路创意产业集聚带、张园创意经济综合体、巨富长历史风貌区建设，发展时尚设计、文化传媒、广告制作、创意策划、文化消费、文化休闲等行业，实现文化创意内涵式、集群式发展。抓紧引进区域设计总部、领军人才，培育特色鲜明的新兴企业，推进各类文化时尚活动，初步建成具有国际影响力的文化创意产业高地。加强与各类金融机构合作，发展文化产品、知识产权、文化艺术品份额等要素交易，实现文化金融、戏剧产业等领域的突破和创新。

（5）壮大发展信息服务业。依托上海云计算产业基地、大数据产业基地、国家数字媒体产业基地和国产基础软件基地，通过优质企业引进、存量企业做大、政策创新突破等多种手段促进大数据产业的内涵式发展。发挥市北大数据交易中心的平台效应，积极推动云计算和大数据相关技术研发和产品应用，引导数据资源合理分配和价值创新，努力打造全市乃至全国领先的大数据资源集聚地和大数据应用服务示范基地。继续推进轨道交通、通信信号、数字内容、信息服务外包等产业集群发展，着力提升软件信息服务业技术创新能力。

2. 积极培育新兴产业

动态跟踪“四新”发展特点，加强引导，积极培育新技术、新产业、新模式、新业态，重点关注“互联网＋”、物联网、大健康、节能环保等领域新兴技术的发展，打造区域经济新增长点。

（1）推动“互联网＋”发展。实施“互联网＋”战略行动计划，支持企业运用“互联网＋”思维和新一代信息技术，创新企业经营模式和领域，鼓励发展网络视听、互联网娱乐、互联网教育、供应链管理等新兴领域。鼓励以信息资源加工和创新为主的数据挖掘、商业分析等新兴服务形态发展，推动传统商业模式向基于大数据精准化营销的转型。

（2）推动物联网发展。以市北高新园区、上海多媒体谷、上大科技园区以及龙软信息服务外包园、新民文汇基地、新华文化创新科技园等产业园区为载体，加快集聚物联网行业领军企业，开展智慧城市建设试点示范，进一步拓展精细化定制服务模式，以及“微生活”“云社区”等新兴社区服务模式。重点发展物联网在智慧物流、移动商务、食品溯源、智慧家居、智慧医疗、智慧城市管理等领域的应用，带动 IC 卡、RFID 电子标签、NFC 智能手机、移动 POS 机、软件平台等相关发展。

（3）推动健康服务发展。依托静安在技术、资本、人才等优势，积极引进国内外一流的健康服务企业，引导发展专业的医学检验中心和影像中心。支持发展第三方医疗服务评价、健康管理服务评价及健康市场调查咨询服务，探索社会力量提供食品药品检测服务，发展专业化、市场化的医药科技成果转化服务。发展健康保险，提供健康风险评估、健康风险干预等服务。鼓励发展养老产业，适度开发社会化养老机构、老年公寓等，鼓励发展适合老年人特点的文化创意、精神慰藉、法律维权等服务，支持开发满足老年人需求特点的信息技术产品和服务。

（4）推动节能环保产业发展。立足现有产业优势，逐步做大做强节能环保产业，重点要推动“互联网＋”节能环保，发展分布式能源微网、新型环境监测、智慧家居节能等领域的技术和产品。广泛面向商务楼宇、老旧小区、产业园区等，发展楼宇智慧能源管理、城市更新节能低碳技术、绿色建筑节能改造等产业。培育节能环保检验检测产业，大力支持能源评估、能源审计、能效认证、节能改造和环境监测检测、污染治理等节能环保服务业发展，打造具有静安特色的节能环保产业集群。

3. 着力打造四类经济形态

(1) 总部经济。依靠静安外向型经济主导优势，借助区域内高度发达的专业和金融服务业基础，优化总部经济发展环境，完善总部经济政策体系，积极引进各类处于国际商务活动节点上的跨国公司和组织机构设立总部，推动一批产业层次高、带动能力强的综合服务项目落地，使静安区成为上海集聚高端创新要素、嵌入全球创新网络的重要接口。依托长江经济带强大的制造业基础和广阔的消费市场空间，引导企业实施国际化战略，构建全球服务网络。提高楼宇智能化水平，为总部企业提供优质载体。搭建全球性资金、技术、信息、人才等投资要素交流配置平台，加快建设全球海外投资的枢纽中心。

(2) 平台经济。依托互联网经济快速发展潮流及自身产业基础和优势，支持网络交易服务平台、信息资讯服务平台、互联网金融服务平台、线上线下结合和跨界业务融合平台等机构落户集聚。鼓励金融服务、人力资源、检验检测等行业企业打造高水平垂直电商平台，在高端消费、养老服务、健康医疗、教育培训、旅游休闲等新兴领域培育一批专业化平台电商企业。创新交易方式和跨境电商服务模式，建设世界级跨境电子商务交易中心、平台中心、支付中心和服务中心。

(3) 楼宇经济。继续发挥区域内亿元楼宇密集的优势，加强新静安金三角、金五星、大宁商圈等区域的楼宇连接，形成楼宇产业集群。因地制宜、分类处置，为总部企业、“四新”企业提供多样化的产业载体与招商服务。通过产业选择和引优淘劣引导楼宇产业有机更新，通过改造扩容、出售转让方式盘活楼宇资源。探索打造垂直城市，规划建设楼宇综合体，在楼宇中构造垂直型的产业链条和价值链条。

(4) “四新”经济。积极推动金融、文化、互联网、专业服务等产业跨界交叉，催生发展出一批“四新”产业集群。开展实施“互联网＋”计划，鼓励物联网、云计算、大数据等新兴产业与商务、商贸、旅游、教育等传统产业合作，推动发展垂直电商平台、智能家居、互联网医疗、网络教育等产业。布局实施“文化＋”计划，充分整合新静安传统文化、工业文化、红色文化、都市文化以及文化创意产业资源，推动文化与科技、旅游、物联网、家居等领域的深度融合。鼓励推动“金融＋”计划，支持传统企业、互联网企业与银行、保险、证券、信托、期货、基金公司等传统金融机构的融合嫁接。

4. 优化重点产业功能区布局

按照“一轴三带”的发展战略，依托南京西路两侧高端商务商业集聚带、苏州河两岸人文休闲创业集聚带和中环两翼产城融合发展集聚带，合理布局楼宇经济、园区经济，促进全区服务业联动发展和均衡布局。

(1) 南京西路两侧高端商务商业集聚带。重点发展商务商业、金融服务、管理咨询等高端服务业，进一步提升高端商务商业的活力、集聚度和影响力。加快形成全生活方式国际品牌目的地和时尚人群汇聚地，促进城市形态和生活方式向国际化转变。提升梅恒泰“金三角”和静安寺“金五星”商务品质，完成“兴业太古汇”城市综合体等楼宇建设，增强南京西路的承载和辐射能力。有序推进静安寺、曹家渡等地区城市更新和商办项目建设，提升商务商业承载能力。拓展江宁路、南阳路、奉贤路等后街功能，强化与南京西路的业态补充。依托常德路、陕西北路、江宁路等纵向道路，促进高端商务商业功能的拓展与延伸。推进国际时尚活动展示，打造昌平路创意产业集聚带、江宁路文化街等特色街区。

(2) 苏州河两岸人文休闲创业集聚带。重点发展高端商务商业、文化创意、新兴金融、人力资源等现代服务业，推进高品质商务商业载体建设，塑造人文生态商务的新地标。积极引进高端商业品牌概念店、特色店和体验店，推进高端酒店品牌和休闲娱乐业态集聚，打造高端特色明显、人文内涵丰富的区域商圈。深化中国(上海)人力资源服务产业园区建设，积极培育具有国际竞争力的本土人力资源服务机构，打造全国重点人力资源服务枢纽平台。推动文化创意与区域其他产业融合发展，建设中心城区历史底蕴深厚、人文气息浓厚的商务商业功能区。挖掘苏州河两岸深厚的历史文化底蕴，促进水岸文化、海派文化、工业文化、铁路文化等多元文化交汇共生，成为静安文化遗产、人文景观、休闲设施、时尚品牌的核心集聚地带。

(3) 中环两翼产城融合发展集聚带。南翼深化大宁地区联动发展。依托环上大国际影视产业园区，以影视后期制作为重点，发展影视传媒、动漫游戏、多媒体软件、创意设计等产业业态，促进区域资源整合和功能联动，打造产学研融合的世界级影视基地。提升环大宁市级商圈能级，推进大宁久光百货、大宁中心广场等项目建设，布局高端化、体验型、主题型商业，成为繁荣繁华、活力时尚的北上海商业中心。

北翼促进市北园区深度转型。加快云计算、大数据、软件信息、检测认证、节能环保等优势产业发展，加大新兴产业培育力度，形成以高新技术为特色的现代服务业集群。以生态化、智能化为导向，开发一批符合总部型、创新型企业办公的绿色低碳产业载体。做强园区专业孵化、人才服务、投融资服务、健康服务等功能平台，不断完善园区综合配套服务体系。

(4) 整合提升大量中小园区。优化中国上海人力资源服务产业园区、环上大国际影视产业园区等重点园区的管理机制，加强区政府与市相关部门、高校园区的沟通协作，形成园区发展合力。通过“做强一批”、“做优一批”、“培育一批”、“调整一批”，引导和激励各类产业园区加快提高产业集聚度和土地集约利用水平，推进中小园区转型升级。鼓励园区引进优质的创新创业服务机构，分类打造众创空间，提升园区产业定位和专业服务水平。加快推进旧园区旧厂房改造升级，引入有品牌、有实力的社会资本和专业团队参与联动开发和园区运营管理。

（六）静安区主要功能区介绍

1. 市级、地区级商业中心

（1）南京西路商业中心。南京西路商业中心，由成都北路—威海路—延安中路—乌鲁木齐—万航渡路—愚园路—南阳路—奉贤路—凤阳路围合而成的区域，总用地面积约118.3公顷。

按照“高起点、外向型、国际化”的发展思路，规划形成以南京西路为主轴，吴江路、威海路、陕西北路、铜仁路等支马路为支撑，纵横条状发展的空间格局。进一步提升高端商务商业的集聚度和影响力，建设成集国际商务活动、精品服务、时尚生活消费、繁荣城市景观于一体的综合商业功能区，具有国际影响力的商业中心。

（2）大宁商业中心。以广中西路为界分为南北两块，其中南块由南北高架路—延长中路—大宁支路—广中西路围合而成的区域，用地面积33.8公顷；北块由南北高架路—灵石路—大宁支路—广西中路—万荣路—永和路围合而成，用地面积70.6公顷。

紧扣“生态、文化、体验、人性化”主题，以打造商业繁荣、商务繁盛、文化繁华为目标，进一步优化布局、完善功能、提升能级、强化配套，整合商圈及周边的文化、商业、旅游资源，成为以现代商业商务为主导、融合文化、娱乐、消费、居住功能为一体的现代化生态及体验型都市商业中心。广中西路以北区域，打造现代商务区，满足地区商务人群和居民的消费需求。广中西路以南区域，形成文化演艺与休闲体验融合的消费时尚新地标。

（3）苏河湾地区商业中心。依托区域苏州河水资源和沿岸历史文化建筑资源的开发，以国际商务、商业、居住为主要功能，着力突出文化创意、商务商贸、休闲旅游、生态宜居四大功能，建设上海中心城区集聚海派文化和民族工商业历史底蕴的新兴商业商务中心。

空间布局以南北高架为中轴氛围东西两片，东片区以华侨城、中粮大悦城、规划华兴地块等为重点，依托苏河湾四行仓库、福新面粉厂等历史建筑的保护性开发和高端现代化商业商务载体建设，鼓励各类新型体验消费业态，配套餐饮、文化、娱乐等服务设施，充分利用苏河湾景观水岸线，加快滨水旅游项目开发，形成上海中心城区重要的滨水休闲活动区之一。西片区以恒丰路商务大道为发展轴，以现代和规划新建商业商务项目为重点，发展品牌专业专卖店、特色餐饮、商务配套等商业服务设施，满足地区商务人群和周边居民的消费需求。

(4) 曹家渡地区商业中心。素有"沪西小上海"之称的曹家渡商圈位于武定路以北,苏州河以南,江苏路以东,武宁南路以西,面积约 1.5 平方公里。交通便利,四通八达,拥有十多条公交车线路和地铁 13 号线武宁路站,周边地铁 2、3 及 11 号线环绕。商业总面积已超过 150 万平方米,覆盖范围达到 1.5—2 公里,辐射超过 250 万人流量。

曹家渡地区商业中心以万航渡路和长寿路为十字发展轴,以长宁 88 广场、悦达 889 广场、芳汇广场等大型商业设施为核心,重点推进周边长寿路、武宁南路、安远路、余姚路和万航渡路沿线商厦的功能置换开发,加强硬件建设,调整经营结构,着力引进知名品牌专业专卖店,与现有百货店、大型餐饮娱乐设施形成联动错位发展,形成现代化、高品质的曹家渡地区商业中心。

(5) 市北中环商圈。市北中环商圈位于江场路以南、寿阳路以西、汶水路共和新路两侧区域,周边地铁 1 号线沿线站点以及多条公交车线路,交通便利。

依托新开业协信星光耀、新建体育馆、祥腾财富广场、悦盛时代广场等商业设施,注重多元复合,着力提升商业商务、文化体育等综合配套服务功能,形成与市北高新园区以及周边静安府等高端住宅相适应的商业配套。彭浦机器厂地块商业功能和业态以体验式商业为主,同时为市北园区商务办公配套品牌零售、特色餐饮等商业设施。推进悦盛时代广场、祥腾财富广场等一批商业项目业态功能调整。促进二手车交易市场的调整转型。力争将市北中环商圈打造成为集购物、餐饮、酒店和休闲娱乐于一体的时尚购物中心,满足园区白领以及周边社区居民的日常生活需求。

(6) 彭浦商圈。彭浦商圈位于彭越浦河以西、灵石路运城路以北、沪太路以东、阳城路以南区域。

依托大融城 19 万平方米的商业项目、新普荟、雅悦新天地等商业设施,发展体验购物、特色餐饮等现代商业,建设商务酒店、引进影剧院以及休闲娱乐设施,集聚中高端餐饮品牌,力争打造成为商业商务功能集聚、商业业态丰富多样的综合性消费中心,填补彭浦西南区域商业空白。积极推进大融城商业项目开发建设。推动商业街区进一步集聚特色化发展,完善功能、提升品质。运城路美食街发展餐饮、休闲、娱乐等业态,如快餐简餐、便利店、咖啡吧等。阳城路商业休闲街发展特色餐饮、老字号零售等业态,并配套一定的文化、娱乐、休闲设施。灵石路餐饮休闲街发展特色、亲民品牌餐饮,形成优质餐饮产业链,辅之配套休闲、时尚等特色品牌。

2. 现代服务业集聚区

(1) 南京西路专业服务商务区。四至范围:东起成都北路,西至镇宁路,南至威海路—延安路，北至北京西路—愚园路，区域面积 1.8 平方公里。

"十三五"期间，要用好上海城市东西发展主轴中心节点的区位优势，突出"国际化、高端化、品质化"特征，坚持做高、做宽、做厚，构建高端专业的产业体系，彰显国际开放的海派文化，打造世界级中央商务区主干街区，成为上海现代化国际大都市最具标志性的区域。

升级打造国际商务港。强化高端要素集聚，逐步建成与全球城市地位相适应、具有国际要素资源配置能力的全球城市核心 CBD 区域。重点发展商务商业、金融服务、管理咨询等高端服务业，进一步提升高端商务商业的活力、集聚度和影响力。加快形成全生活方式国际品牌目的地和时尚人群汇聚地，通过商务、商业与文化、休闲、时尚、游憩设施等相结合，促进城市形态和生活方式向国际化转变，体现国际城区的人文关怀和包容开放。

提升核心街区的承载功能。提升梅恒泰"金三角"和静安寺"金五星"商务品质，完成"兴业太古汇"城市综合体等楼宇建设，加快张园地区保护性开发和轨交站点上盖综合开发，增强南京西路的承载和辐射能力。有序推进静安寺、曹家渡等地区城市更新和商办项目建设，提升商务商业承载能力。建设一批慢行示范道路，复合多样化功能与公共活动空间，完善城区综合功能配套和社区服务设施。

延伸拓展南京西路的辐射功能。不断丰富和拓展南京西路聚集带的发展厚度。拓展江宁路、南阳路、奉贤路等后街功能，强化与南京西路的业态补充。依托常德路、陕西北路、江宁路等纵向道路，促进高端商务商业功能的拓展与延伸。聚焦时尚设计、文化传媒、演艺戏剧等行业，推进国际时尚活动展示，打造昌平路创意产业集聚带、江宁路文化街等特色街区。挖掘历史文化内涵，建设陕西北路历史文化名街以及巨鹿路—富民路—长乐路、愚园路历史文化风貌区，彰显海派文化特质和城市创意活力。

(2) 苏河湾商业商务服务业集聚区。四至范围：南起苏州河，北至交通路、虬江路，东起罗浮路、武进路、河南北路，西至苏州河，总占地面积 3.19 平方公里，拥有苏州河黄金岸线 4.7 公里。

"十三五"期间，要发挥上海沿江沿河开发重要区域的作用，依托历史文化、滨河景观等特色优势，凸显"水脉、文脉、绿脉、人脉"的特征，坚持高起点规划、高品质开发和高能级产业注入，突出人文休闲的苏河文化和时尚活力的产业特征，全面提升苏州河两岸城区面貌形象，成为带动静安南北协调发展的引擎，打造国际都市中心的滨水示范区，海派历史文化的魅力展示区和高尚人文休闲的中央活动区，成为苏州河两岸融合发展的新标杆以及上海国际大都市中心城区的新亮点。

文化引领两岸融合发展。挖掘苏州河两岸深厚的历史文化底蕴，促进水岸文化、海派文化、工业文化、铁路文化等多元文化交汇共生，成为静安文化遗产、人文景观、休闲设施、时尚品牌的核心集聚地带。深度推进历史风貌保护性开发，实现历史建筑与多种服务功能的复合利用。融合民族工业遗产特色、石库门里弄风情、滨水绿地休闲创意，建设苏州河北部文化休闲带、东斯文里和蝴蝶湾文化创意区，做强苏河湾华侨城当代艺术中心、天后宫戏台、四行仓库抗战纪念馆等特色文化项目，加快两岸艺术人文气质相连相融。以特色历史建筑和水岸风情为载体，推进时尚和艺术财富云集，举办各类文化演艺和时尚活动，推动文化创意与其他产业融合发展，成为国际静安时尚文化展示的重要平台。

打造高端商务商业功能。承接核心CBD的商务商业功能转移，重点发展高端商务商业、文化创意、新兴金融、人力资源等现代服务业，推进高品质商务商业载体建设，塑造人文生态商务的新地标。积极引进高端商业品牌概念店、特色店和体验店，推进高端酒店品牌和休闲娱乐业态集聚，打造高端特色明显、人文内涵丰富的区域商圈。深化中国(上海)人力资源服务产业园区建设，积极培育具有国际竞争力的本土人力资源服务机构，打造全国重点人力资源服务枢纽平台。推动文化创意与区域其他产业融合发展，建设中心城区历史底蕴深厚、人文气息浓厚的商务商业功能区。

建设国际品质的公共活动空间。以昌平路—恒通路—曲阜路作为联系两岸的功能轴线，集聚文化创意、商务商贸、休闲旅游、生态宜居四大功能，推进绿地成系统、慢行成网络、楼宇成组群、地下空间互联互通的滨水公共活动空间建设。加快跨苏州河桥梁建设，优化基础道路布局，建设多条亲水型、休闲型的跨河走廊以及贯通苏州河延伸至彭越浦的亲水步道，构建区域慢行交通网络。加快苏河湾绿地建设，打造中央城区生态绿洲；持续推进区域精品绿地、林荫道以及公园生态改善工程。加快公共服务设施完善，全面提升苏州河两岸整体形象。

3. 社区商业

(1) 武定菜市场。武定菜市场位于武定路1140号，是全市首批三星示范菜市场之一，不论是硬件设施还是规范经营、管理服务，在居民中均拥有较高的口碑和美誉度，是区内居民最满意也是最常去的菜市场。在2015年原静安年度菜市场满意度综合测评中，武定路菜市场排名第一，其功能分区、环境卫生、明码标价、智能化建设等均在静安区各大菜市场中遥遥领先，市场营运和建设规范化、现代化特征明显。

(2) 五月花生活广场。五月花生活广场，建筑面积3.2万平方米。北临芷江西路，西面是普善路，东侧为大统路，南面对着普善路。地下一层有乐天玛特超市，地面商业业态有零售、餐饮、娱乐、教育、生活配套等。

作为芷江西路街道的核心社区生活广场，五月花生活广场满足了周边社区生活购物、休闲、教育、亲子等服务需求。

第六节 普 陀 区

（一）2016年普陀区服务业、商业发展基本数据

2016年普陀区服务业、商业发展基本数据见表13.6。

表13.6 2016年普陀区服务业、商业发展基本数据

指 标 名 称	2016年数据	相比上年增长率/%
生产总值	926.14亿元	6.8
# 第三产业增加值	818.28亿元	8.5
# 商业增加值	215.30亿元	3.0
商品销售总额	9 928.52亿元	3.1
社会消费品零售总额	585.23亿元	3.3
地方税收总额	95.50亿元	14.2
# 第三产业税收	84.81亿元	14.0
# 商业税收	15.69亿元	23.8
年末户籍人口数	89.61万人	0.2
年末常住人口数	128.23万人	−0.4

（二）2016年普陀区商业经济运行情况

2016年，普陀区实现商业销售营业额9 928.52亿元，同比增长3.05%；实现社会消费品零售总额585.23亿元，同比增长3.34%；实现商贸业区级税收12.67亿元，同比增长5.56%，在全区区级税收中的比重为15.14%。

1. 积极推进业态调整，满足消费需求

为了更好地满足消费需求升级，区内各商业企业积极推进业态调整。品牌影院几乎成为商场标配，巴黎春天陕西路店内年初开业的万幕电影深受顾客好评，百联中环购物广场引入大光明电影院，巴黎春天金沙江路店的德信影城于12月开业。主题游乐园成为消费新亮点。长风景畔广场与乐高合作，引进中国首个乐高探索中心，是继迪士尼之后全球另一大落户上海的儿童主题游乐场。环球港自年初引入日本著名

大型室内主题乐园"JOYPOLIS"以来，新奇的游乐体验吸引了不少游戏爱好者和年轻消费者，更有不少外国游客慕名组团前往体验。

实体书店进一步复苏并以崭新的形象入驻商业企业，营造浓浓文化气息。环球港内 9 月底开业的西西弗书店店铺设计独特，内设咖啡店和文具店，吸引大量顾客前往；百联中环购物广场内，重新装修的新华书店于 11 月开业，一改传统书店形象，对环境加以美化并增加了顾客休憩空间。

人气餐饮依然是吸引客流的重要手段。百联中环购物广场缩小百货经营面积，引进了很高兴遇见你、新白鹿餐厅等消费者认可度高的人气餐饮。近铁城市广场内的云海肴、星港湾等对食客们产生了极大的吸引力。友谊商店调整商场门头，拆除原有 LOGO 墙，在一楼沿街位置引进红宝石、乌云冰激凌等人气美食，拉近普通消费者与商场间的距离。

新型超市满足了消费者对健康、品质生活的追求。近铁城市广场、巴黎春天陕西路店、西康路 189 弄先后引进了城市超市、康品汇生鲜超市和西选食集，为周边居民、白领提供全新购物选择。

此外，结合金沙江路真北路人行天桥的投入运行，周边商业企业开展业态调整：巴黎春天 118 店压缩百货面积并以品牌折扣店形式重新推出，同时保留亲子乐园等文娱设施。农工商 118 广场则是在现有商业基础上，着力打造威尼斯河世界名品内街。近铁城市广场 2 楼与人行天桥直接连通，通过不断对餐饮、零售业态进行调整，引入更多元化的品牌。

2. 突出文化休闲主题，提升消费体验

区内各大商业企业整合营销、产品、文化、服务资源，创新经营手段，形成更有特色的商业定位，提升了消费者的购物体验。

上海环球港凭借极具特色的欧式建筑风格，在各大节日期间邀请多国艺术家进驻表演，同时举办"上海环球港旅游文化购物节""魔法美术馆""移动谜城""上海国际电影节 VR 展"等活动，全年销售同比增长 10.69%。

长风景畔广场围绕亲子互动这一主题，连续举办了"萌宠乐园""乐高小小拼砌师挑战赛""小小奥林匹克"等一系列体验活动，带动商场内餐饮、零售店铺业绩显著提升，全年销售同比增长 43.09%。

近铁城市广场举办"海绵宝宝嘉年华""日本国宝级动漫大师手稿特展"，并通过开展会员活动增加顾客黏性，全年销售同比增长 80.52%。

上海友谊商店举办"打开收藏之门——翠佛堂艺术馆"精品展，将中国传统工艺特色与体验活动相结合，满足消费者多元化的文化、购物需求。百联中环购物广场联动内部商家，利用地下一层红心舞台举办小丑杂技、魔术、西班牙舞蹈等表演吸引人气，增强互动。

3. 技术改造更新升级，挖掘消费潜力

区商业企业积极探索电子商务与传统商贸相融合，推进基础设施建设，运用先进技术手段，在提升整体经营管理和服务水平等方面下功夫。

近铁城市广场开通微信停车业务，通过在近铁官方微信上注册会员、输入车牌号实现在线缴费，会员享受两小时免费停车，还可通过积分抵扣费用，缩减了缴费流程并提升了商场人气。百联中环购物广场进行停车设施改造，实现智能停车。

为了提高企业运营效率，简化消费者结账流程，各大超市、卖场相继推出支付宝、微信、Apple Pay 等多种支付手段，并同步推出满减、随机免单等活动，取得明显效果。沃尔玛桃浦店 1—12 月移动支付金额已超过总销售额的 18%；农工商超市、好德、可的便利均成为 Apple Pay 业务在中国上线以来的首批使用商家，受到了众多消费者的关注。

麦德龙以便利店模式为切入口，为打通线上线下、构造 O2O 闭环提供有效的战略支撑，上线了便利店品牌"合麦家"，麦德龙通过在天猫国际和自营网上商城开展线上业务，实现多渠道的资源融合与共享。百联全球购 O2O 体验店于 12 月在世纪联华中环店内正式运营，消费者可通过线下扫码购买，轻松购得跨境保税商品。红星美凯龙、月星家居等传统家居企业也纷纷通过线上平台、智慧体验等形式，促进品牌营销，吸引消费者。

（三）2016 年普陀区商业发展趋势和热点分析

1. 智慧商圈成效显现，传统商业转型加速

中环商圈近年来主动融入普陀转型发展大局，将电子商务与传统商贸相融合，在商圈信息基础设施建设、传统商业转型升级、提升商圈整体经营管理和服务水平上下功夫。为让智慧商圈建设更加贴近普通居民生活，活动以推广体验为主，全新的智慧消费新模式体验受到周边居民的欢迎。百联中环购物广场推进硬件设施改造，车库停车导向系统已投入使用，新增一块电子互动屏，消费者可通过摄像头与大屏进行游戏互动。麦德龙全新升级电子商务平台，覆盖线上线下及移动终端，并与线下门店实现无缝对接。

2. 企业活动突出特色，体验营销成为主流

各大商场结合自身特点持续举办各类体验活动，整合营销、产品、文化、服务资源，创新经营手段，形成更有特色的商业定位，提升了消费者的购物体验。

3. 企业调整突出个性，满足消费多元需求

区内各大百货、购物中心不断调整转型，通过整合营销资源、产品资源、文化资源、服务资源，挖掘新的经营手段，精准营销、高效转化，不断形成更有特色的商业定位和新的经济增长点，为消费者提供更便捷、更个性化的“一站式”购物体验。

4. 传统超市受到冲击，围绕服务转变模式

因受电商冲击等原因，区内各大卖场、连锁超市业绩普遍明显下滑，为应对市场变化，各大卖场、连锁超市围绕提升服务水平、推动转型创新、加大优惠力度、拓展购物渠道等方式吸引顾客到店消费。

（四）2016 年普陀区商业发展重点工作

1. 合力推进上海“‘互联网＋’商务创新实践区”建设

自 2015 年推动该项目建设以来，该项工作已成为上海市 2016 年电子商务 21 项重点工作之一。一是推进重点项目建设。推进中环商贸区建设国家级电子商务示范基地，参与创建“国家电子商务示范基地创新发展联盟”。推进中环商贸区智慧商圈建设，组织上海环球港申报第二批智慧商圈。指导拉扎斯(饿了么)、麦德龙、九州通、天擎等一批优秀企业获评 2016—2017 年度上海市电商示范企业。推动爱屋吉屋、滴滴出行等一些知名“互联网＋”企业落户；二是推动传统商贸转型发展。积极贯彻落实《上海市电子商务发展“十三五”规划》和《本市大力发展电子商务加快培育经济新动力实施方案》，推动普陀区传统领军商贸企业如麦德龙、上海环球港等，开发建设网上商城、智慧商城和 VR 商场，积极探索商业转型升级的发展新思路、新途径和新模式，加快 O2O 全渠道融合的步伐；三是加强宣传示范。协调上海“‘互联网＋’商务创新实践区”建设现场推进会在普陀区召开，普陀经验在全市推广，吸引了多个外省市考察团、本市兄弟区来普陀考察学习。协助市商务委和普陀区政府举办“2016 中国(上海)国际网络购物交易会暨中国(上海)全球电商互联网大会”，在现场设立普陀区展示馆。

2. 提升商贸业发展能级

一是提升商业企业发展质量。培育贸易型总部，推动麦德龙、月星集团、有色金属交易中心和陆上货运交易中心等获评上海市首批贸易型总部。促进商业跨界融合联动，依托市、区文创专项资金和商旅文会体联动示范项目，支持商业领域业态、模式、技术、产品的创新发展，增强普陀商业影响力、辐射力和吸引力。

二是提升商业消费供给品质。积极组织元旦、春节、中秋节和国庆等节假日营销活动。组织开展 2016 年上海购物节普陀区系列活动，推出三大系列近 20 个主题活

动，其中5个列入市重点活动，中环商圈整体营销获评上海购物节十周年十大主题活动之一。全年中环市级商圈商业销售额增幅17.6%，位列全市12个市级商圈首位。

3. 商业转型升级项目申报

组织商业单位、企业进行上海市转型升级商圈、社区、企业、项目的申报，绩效跟踪显示销售额同比增幅明显，3家获评上海商业转型升级示范项目。

4. 项目跟踪推进、优化商业布局

日常做好摸底全区重点在建拟建商业设施、闲置商业设施，组织企业进行商业资源对接。做好中信泰富科技财富广场等一批拟建、新建项目的建设指导，西康189弄等新建项目的指导服务。中环商圈内建成人行天桥，商圈整合度进一步提高。梅川路特色街业态调整人气集聚显著，大渡河路1550弄特色街环境焕然一新并引入了永辉、顺丰等一批新业态企业。

5. "会商旅文体"联动发展

区内商务、文化、体育、旅游等各部门建立了合作机制，共同推进"会商旅文体"联动，为企业开展指导。组织一批商业企业开展市、区文创资金申报，乐高城市文化创意展示厅获评市文创资金。推动商业企业加强产业联动，环球港、长风景畔广场、近铁城市广场等产业融合效果显著，销售保持2位数高速增长。

6. 创新节庆营销

组织开展跨年、春节、消费促进月等节庆营销，在上海购物节十周年表彰中，中环商圈整体营销活动获评十大主题活动，商务委两位个人荣获杰出个人、优秀联络员。结合"互联网+"理念，创新组织2016上海购物节普陀区系列活动，推出20余项活动，5个活动入选市重点活动，创新打造"金中环杯2016普陀购物消费主题日活动"，12家参与企业开展了39天主题日活动，消费者参与踊跃。加大宣传力度，各大节日编发微信，日常通过报刊专版专栏、海报、大v微信、商业企业微信、h5等方式开展宣传。

7. 开展统计监测分析

做好月度运行分析、节庆分析。区商务委获得2016年上海市商业经济运行监测工作优秀组织奖。

（五）普陀区主要功能区介绍

1. 范围

中环市级商业中心：以中环线为中轴，东到丹巴路、西到万镇路、南到同普路、北到曹安路，其中，丹巴路、真光路、同普路、曹安路围合的范围为核心区域。

真如市级商业中心：东至真华路、南至北石路、西至兰溪路、北至上海西站北侧富平路及规划边界。

长寿地区级商业中心：由昌化路—澳门路—万航渡路—长寿路—新会路—苏州河围合的范围。

长风地区级商业中心：东起长风公园，南临苏州河，北到金沙江路，西至真北路中环线，规划开发土地面积约220公顷。其中，同普路—光复西路—丹巴路—大渡河路围合的范围为核心区域。

现代服务业集聚区：长风生态商务区位于普陀区南部，内环和中环线之间，靠近虹桥国际机场和沪宁高速公路，东起长风公园，南临苏州河，北到金沙江路，西至真北路中环线。

2. 内容

(1) 中环市级商业中心。作为全市规划的市级商业中心之一，依托商业商务设施建成体量大、大型知名商贸企业集聚度高的独特优势，不断优化配套环境，提升商业能级，发展新兴业态，正逐步建设成为引领消费生活、凸显城市功能、辐射能级较高的上海新兴地标性都市商业中心之一，对外集聚力和辐射力明显增强。

功能定位：依托中环地区连接辐射长三角独特区位、商业商务设施体量大、大型知名商贸企业集聚度高的优势，围绕新兴商贸、科技服务、文化创意等产业定位，加快调整结构、优化布局、集聚功能、提升能级，进一步推动向综合性、体验型、智能化商圈发展，形成特色鲜明、布局合理、配套完善、具有较强集聚和辐射力的上海西部重要的市级商业中心。

重点发展业态：规划商业建筑面积约110万平方米。以大型综合购物中心、百货店、大型专业店为主力业态，引进更多国际知名品牌旗舰店、品牌集成店和时尚品牌专卖店。大力发展新兴商业业态，鼓励线上线下融合发展，鼓励发展主题型、体验式、文化类消费相关的服务业态。

中环商贸区经过艰苦努力，成功创建成为第二批国家电子商务示范基地。2016年，继续培育核心电子商务企业，确定一批核心电子商务企业进行重点关注，支持核心电子商务企业做大做强；继续深化传统商贸企业电子商务转型，制定中环商贸区传统商贸企业、市场等业态的电子商务转型规划；继续推进智慧商圈建设，利用智慧商圈公共服务平台开展商家活动推广、营销互动；继续推进智慧社区建设，利用智慧社区公共平台，开展社区公共服务；推进电商公共服务平台建设，推动建立网上投诉、调解、仲裁机制和电子商务企业评价标准公共服务平台，规范电子商务市场经营主体及其交易行为，建立健全消费者权益纠纷信息公布机制，及时发布相关消费警示和指导信息。

未来，中环市级商业中心以结构调整和能级提升为核心任务，逐步优化区域交通、生态、人文、商务环境。优化空间结构，推进在建新建重点商业项目，形成"泛中环商圈"；加快业态提升、品牌提升、服务提升，形成品牌新高地；加快推进线上线下融合，打造智慧数字商圈；进一步优化区域环境，改善交通设施、公共活动空间建设；进一步强化营销宣传，提升整体知名度和影响力。发挥国家电子商务示范基地的品牌优势，引进和培育第三方电子商务交易与服务、电子支付等配套企业，吸引培育跨境电商企业，打造电子商务产业高地，着力打造"金中环"。全面推动中环智慧商圈建设，利用大数据系统促进商圈升级。着力培育智慧照明、教育装备、移动游戏、互联网影视等特色创新产业，进一步提升天地软件园、华大科技园产业能级。不断优化交通组织，全面改善交通环境。

(2) 真如市级商业中心。依托上海真如城市副中心开发建设，通过完善发展规划、有序推进土地储备、加快建设基础设施、积极引进功能性引领性项目，特别是加快推进上海西站综合交通枢纽综合开发，高·尚领域、星光耀广场、天汇广场等重点项目建设，真如市级商业中心已现雏形。

功能定位：依托城市副中心规划建设，坚持绿色生态、智能低碳的发展理念，加快载体建设和品牌引进，以商务办公为引领，以休闲娱乐为亮点，完善商业购物功能，融合文化体验功能。建设成为集城市综合商业中心、现代商务中心、交通枢纽中心于一体，功能复合、空间集聚、形态优美的商业商务中心。

重点发展业态：规划商业建筑面积约 50 万平方米。以大型购物中心为核心，集聚国际知名品牌专业专卖店、大型餐饮和文化设施，突出儿童游艺体验和电影文化体验主题，集中多家 IMAX 影院，完善为商务配套的生活服务业态。

2016 年，加快基础性、功能性项目建设，推动地铁"上盖经济"和商、旅、文融合发展。加快红旗村改造，加大土地收储力度，推进低端市场调整，着力改善区域面貌和环境品质。推进长江实业高·尚领域、天汇广场、星光耀广场等项目建设。

未来，以铜川路和曹杨路交会处为重要节点，以高·尚领域、星光耀广场、天汇广场等重点项目为依托，建设成为高端商业商务集聚地、文化休闲体验目的地。稳步推进上海西站综合交通枢纽的建设，基本形成地下南北通道、南广场及地下空间、铁路还建楼等空间与载体。

(3) 长寿商业中心。长寿地区级商业中心位于内环内苏州河以南区域，是普陀区发展条件和基础最为成熟的地区之一，也是最能展示都市繁荣繁华的地区之一。围绕打造生产、生活、生态融合发展的示范实践区目标，长寿地区级商业中心着力发展都市商业，聚焦发展楼宇经济，大力发展水岸经济，集聚和辐射能级进一步提升。

功能定位：着力发展滨河现代服务业和文化娱乐创意产业，进一步拓展功能、完善服务、深化联动、提升形象，形成普陀区内独具都市滨河景观、文化休闲功能与科技创新产业汇集特色鲜明的地区商业商务中心。

重点发展业态：规划商业建筑面积约45万平方米。以时尚主题购物中心、时尚百货店等为核心，大力发展商务餐饮、休闲餐饮等餐饮业，鼓励发展艺术画廊、文化展览等文化休闲业态，完善各类配套生活服务业态。

2016年，充分发挥区位特点，全面提升形象与功能。坚持整治、改造、新建并举，推进天安阳光半岛、安国大酒店等项目建设。促进"街与河"的融合，推动长寿滨河文商旅复合带规划研究。

未来，依托已建、新建地块及重点项目，按照产业融合、商圈互动、楼宇联动、园区带动的发展原则，加快载体建设，调整提升商业业态，引入知名品牌。

(4) 长风商业中心。长风地区级商业中心依托长风生态商务区建设，形成了以跨国采购中心基地和跨国采购大会为引领的商贸会展服务板块、以长风景畔广场、"一园十馆"和苏州河国际水上旅游为引领的文化旅游板块，以"长风金融港"和股权投资、私募企业为引领的商贸金融服务板块、区域功能集聚效应进一步显现，对外辐射能力逐步增强。

功能定位：依托区位交通便利、生态环境优美、总部企业集聚等优势，突出生态、景观、公共活动、产业、居住、文化等特色，建成以现代化的都市购物中心、大型会展设施、总部商务楼宇为核心载体，成为集零售餐饮、文化娱乐、专业会展、都市旅游等多功能于一体，具有"会商旅文"融合特色的地区级商业中心。

重点发展业态：规划商业建筑面积约35万平方米。积极引进国际知名百货店、精品超市、品牌专业专卖店等零售业态，发展大型品牌餐饮、休闲餐饮等餐饮业态，鼓励引进影院、剧场等文化休闲业态，完善超市、便利店和其他生活服务业态。

2016年，继续推进长风景畔广场提升发展，做好该项目并购改造，推进乐高探索中心建成开业，精心组织一年一度的中国(上海)全球电商互联网大会，提升配套功能，营造宜商宜人的发展环境。

未来，依托现有产业功能，着力发展都市时尚商业、文化旅游商业、会展与总部办公配套商业、依托高端住宅建设配套商业。

(5) 长风生态商务区。长风生态商务区位于普陀区南部，内环和中环线之间，靠近虹桥国际机场和沪宁高速公路，苏州河岸线长约2.7公里，整体绿化率超过50%。傍绿面水，交通便捷，区位优越，是未来上海浦西地区高级商务楼宇最为集聚的商务区之一。

长风生态商务区实际可规划开发的土地面积约22公顷，规划建筑面积290万平方米，其中高档商办楼宇170万平方米，商业娱乐设施30万平方米，高档住宅70万平方米，学校、医院等各种配套设施20万平方米。长风生态商务区列入《上海加速发展现代服务业实施纲要》和上海市"十一五"规划纲要，作为全市首批重点推进的九大现代服务业集聚区之一，今后将服务"长三角"，辐射国内外。从以项目建设为主逐步转为以招商运营为主，增强文化旅游、商务休闲功能，努力形成以跨国采购中心基地为引领的商贸会展板块、以长风娱乐中心为引领的文化旅游板块，以长风金融港引领的金融服务板块，力争在大虹桥的发展初期，获取先发优势，承担更多的城市功能，建成上海西部商务城市地标。

第七节　虹　口　区

（一）2016年虹口区服务业、商业发展基本数据

2016年虹口区服务业、商业发展基本数据见表13.7。

表13.7　2016年虹口区服务业、商业发展基本数据

指　标　名　称	2016年数据	相比上年增长率/%
生产总值	757.53亿元	8.8
#　第三产业增加值	682.83亿元	10.1
#　商业*增加值	139.45亿元	17.3
商品销售总额	2 860.58亿元	16.8
社会消费品零售总额	296.67亿元	3.2
地方税收总额	75.28亿元	9.2
#　第三产业税收	56.82亿元	8.4
#　商业*税收	10.68亿元	11.8
年末户籍人口数	75.99万人	−1.6
年末常住人口数	80.50万人	−0.5

*商业口径为批发零售业。

（二）2016年虹口区服务业、商业发展特点和运行分析

2016年是"十三五"开局之年，虹口区服务业、现代商贸业在市场竞争加剧、经

营成本快速上涨等因素的冲击下，主动适应经济发展新常态，不断进行自我调整、创新商业模式，通过发展综合消费、体验消费等新兴业态，完善社区商业配套保障民生，保持全区现代商贸业经济稳定的发展势头。

1. 经济运行情况分析。

2016 年全区实现社会消费品零售总额 296.67 亿元，同比增长 3.2%；实现社会商品销售总额 2 860.58 亿元，同比增长 16.8%。

(1) 社会消费品零售总额总体平稳。从结构看，“吃的商品”和“用的商品”依然是虹口区社零的主要组成部分，合计占总额的 83.57%。

从增速看，“吃的商品”和“用的商品”消费呈平稳增长态势，“穿的商品”小幅下降 3%；“烧的商品”则受成品油价格下行、销量减少等因素影响，较去年同比下降 14.8%。

从规模看，限额以上批发零售总额 119.99 亿元，同比增长 12.8%，限额以上餐饮总额 21.15 亿元，同比下降 5.7%。

(2) 社会商品销售总额增速较快。从商品构成看，以贵金属、有色金属为代表的金属材料类大宗商品交易，在虹口区社会商品销售总额中占比超过 70%。

从影响因素看，由于金属材料类商品价格极易受国际行情影响，市场价格波动较大，在金属类商品价格全面上涨、金属下游产业需求复苏等因素影响下，虹口区金属材料类大宗商品销售额持续走高，同比增长超过 25%，使得虹口区社会商品销售总额保持较快增速。

2. 区服务业、商业发展特点。

(1) 商业消费市场稳步上升。2016 年虹口区依托各传统节庆假日，借岁末迎新、消费促进月、上海购物节等契机，以市场为主体、企业为主角陆续举办 2016 上海购物节虹口系列活动、2016 第十二届上海酒节等品牌节庆活动及周年庆、儿童节、圣诞节等商业营销活动，与上海旅游节 · 四川北路欢乐节联动，整合商业、旅游、文化资源，提升消费热情。据对区内定点商家的抽样统计显示，元旦、春节、五一和国庆四大节日销售收入分别同比增长 10.10%、8.69%、11.08%和 8.27%。

(2) 新增商业载体丰富消费选择。2016 年 12 月 16 日，以“生活 · 音乐 · 家”为品牌内涵，以音乐为载体的瑞虹天地月亮湾正式投入试运营。目前包括法式红酒餐吧布迪格尔、薄底比萨店 PizzaMarzano、云南菜热门店云海肴等沪上热门餐饮，以及绿地全球商品直销中心 G-super、快时尚门店 H&M 等零售品牌在内几十家商户已对外营业，涵盖购物、餐饮、休闲、娱乐、健身生活等各业态，加之“光影上海”灯光艺术节、上海酒节、圣诞音乐节等各类活动的陆续举办，使之成为又一个能全面满足消费者休闲娱乐购物需求的"新"天地。

(3) 民生保障工作稳步提升。2016 年虹口区坚持长效管理机制,在副食品供应、再生资源回收、副补发放等方面坚决保障居民合法权益并尽可能地提供便利化服务,严厉打击酒类流通、动物诊疗市场中的各类违法行为,为居民生命财产安全保驾护航。同时,积极推动"互联网+菜场"模式,鼓励食行生鲜、厨艺时代等企业设立智慧菜场,促进传统菜场转型升级。

(4) 中小企业服务体系逐渐完善。落实各类中小企业政策,发展"专精特新"企业,探索多种活动模式提高服务的针对性和专业性,帮助中小企业提高对政策的认知度和操作能力,提升企业规范化经营能力和各项专业能力。

(三) 2017 年虹口区服务业、商业发展趋势和热点分析

2017 年是"十三五"规划的关键之年。从宏观环境看,国际经济复苏乏力、外需低迷,国内经济仍将面临下行压力和挑战。2017 年,内贸流通体制改革、供给侧改革和消费结构升级等相关工作将持续推进,以及上海建设"国际消费城市"机遇,都将刺激消费结构升级和需求提升。从虹口情况看,新消费增长点尚未完成释放,传统商贸又面临提质升级,在此影响下,预计 2017 年虹口区消费总体将延续缓中趋稳、稳中有升的趋势,社会商品销售总额同比增长约 5%,社会消费品零售总额同比增长约 3%~4%。

(四) 2017 年虹口区服务业、商业发展重点工作

1. 全力服务"四个经济",拓宽招商渠道

依托北外滩、四川北路新建商务楼宇和各类园区载体资源,发展楼宇经济,通过优化服务、提供政策辅导等方式,增加企业对虹口的认同感。提高对行业龙头型、总部型企业的引进力度,注重对区内成长型企业的培育,努力建设虹口区的总部经济。加大与市商务委、"一关两检"、自贸区等部门联系,在信息互通、政策培训、业务咨询等方面加强合作,探索与境外专业机构合作。积极协调内外贸企业业务问题,给予政策、信贷、融资、信息和会展等资源支持,积极发展跨境电商等新模式,形成虹口区涉外经济亮点。

2. 全力融合"商旅文体",不断提升城区形象

聚焦重点项目建设,形成商务商业新地标。推进瑞虹地区、音乐谷地区等新建项目建设,做好招商服务和业态指导。挖掘文化特色,推进四川北路商业街区的功能重塑和转型升级。增强街区整体连续性、业态多样性和文化独特性,由条状街区向组团式商圈发展,商旅文体融合发展,商业商务相互支撑,建设成为展现虹口文化魅力、现

代与传统交融、传承海派风韵、生态景观别致的商业商务中心。深化城市旅游产品，做好商旅节市品牌。积极推进浦江游览提升，开发推广"微旅行"线路，推出体现虹口特色的都市旅游产品，探索建设虹口城市游憩步道，推动北外滩邮轮、游艇、游船与岸上产业衔接，促进旅游服务产业功能集聚。以四川北路欢乐节、上海购物节、上海邮轮（游艇）节、上海酒节等节庆活动为载体，促进区内各类资源的整合，提升节庆活动的品牌效应，繁荣虹口区商业旅游市场。

3. 全面配置必备业态，不断挖掘可用载体

按照《虹口区社区商业发展"十三五"规划》中布局合理、体系完善、功能多元的要求，将围绕"载体建设＋模式创新"展开。条块联手，与部门、街道社区、国有商业企业协作，挖掘可用载体资源。发挥国有商业企业在社区商业结构调整中的杠杆作用，对必备性业态建设进行有效统筹，发挥公益托底功能。集约化对接电商企业，开展网订店取、宅配到家等业务，实现实体端和网络端零售融合，促进社区商业智能化、智慧化发展。重点配置必备业态，在目前大型超市、便利店频繁进行调整时期，尤其应重视菜市场布局建设，关注规划中预建设施的建设进度。

4. 全力做好市场监管，不断提高民生保障

重视节日期间商业、旅游安全排查力度，确保安全、有序、可控；加大对酒类监管难点和空白领域的稽查力度，强化对电子商务企业、"散装酒"市场的监管，推动酒类经营企业参与追溯和诚信体系建设；推进市、区、街道三层级动物卫生防控体系建设，提升辖区内动物疫病防控能力。

（五）"十三五"期间虹口区社区商业发展规划要点

社区商业是民生保障的重要内容，是区域经济和产业发展的重要支撑，为了做好虹口区社区商业规划编制工作，结合全区"十三五"发展总体要求，在充分调研的情况下，通过实地走访、梳理排摸，从功能定位、形态布局、点面覆盖和模式创新等方面，于2016年初编制完成《虹口区社区商业发展"十三五"规划》。

"十三五"期间，虹口区社区商业发展的总体目标以集聚一批优势企业、培育一批创新典型、建设一批亮点项目为立足点，力争在2020年底基本建成北外滩、瑞虹两个大型地区商业中心和彩虹湾社区商业中心，完善提升曲阳、凉城两个社区商业中心服务能级，调整优化欧阳、四川北等社区邻里商业业态布局。结合社区服务体系建设，积极打造"15～30分钟"社区基本生活服务圈。

虹口区社区商业发展总体布局以"补短板、调结构、促平衡、留消费"为原则，对已建成的社区商业进行优化、调整和升级，对新建的商业项目进行功能提升、业态调控

和源头把控，在形态布局方面最终形成“1＋2＋3＋7”(1 条市级商业街，2 个地区级商业中心，3 个社区级商业中心，7 条社区特色商业街)的社区商业发展格局。

虹口区社区商业发展在业态提升方面，以促进区域繁荣和提升市民群众获得感、满意度为导向，构建“15～30 分钟”社区生活服务圈，努力形成步行 5 分钟可到便利店、15 分钟可到菜市场、30 分钟可到社区商业中心的便民商业格局。结合社区商业消费特点及消费趋势，加快调整优化虹口区社区商业业态结构。一方面，合理配置必备型业态，重点完善以标准化菜市场、生鲜超市、社区便民菜店为主的农产品零售网络，满足居民日常购物的超市、便利店、药店等便民网点，以及消费便利快捷的大众化社区餐饮，满足居民日常生活需要的各种必需品和基本服务。鼓励发展社区连锁品牌餐饮、生活服务企业，规范社区商业经营，提升服务品质；另一方面，积极发展运动健身设施、电影院/剧院等娱乐休闲业态，以及养老服务、社区家政、教育培训等生活服务设施，满足居民不断升级的消费需求。同时，鼓励以网络消费、线上线下融合消费为核心的社区商业新业态，探索发展会员制商店、电商体验店、移动生鲜电商、个性化定制配送服务商等新型业态，推动新老业态融合发展，满足居民个性化、便捷化、专业化消费需求。

（六）虹口区主要功能区介绍

1. 市级商业中心——四川北路商业街

四川北路商业街南起苏州河，北至大连西路，东起欧阳路—临平北路—四平路—吴淞路，西至中山北一路—东宝兴路—轨道交通 3 号线—宝山路—河南北路，共 248 公顷。

围绕“国际化、时尚化、智能化、低碳化”的商贸旅游文化休闲体验街，依据“商旅文娱、商业商务联动”的建设理念，进一步优化布局、调整结构、提升能级、拓展功能，逐步由单一商业街向都市综合商圈转型，集商业商务、都市生活、时尚创意于一体，成为上海历史传统悠久、人文底蕴深厚、商业环境较好的著名中心街区之一，成为上海苏州河北岸主要的市级商业中心之一。按照“三区段、五组团”的空间格局，明确各路段功能定位，积极培育主题特色，与周边商业设施实现错位联动发展。

北区段(大连西路至海伦路)：在运动休闲组团，继续推动凯德龙之梦虹口广场进一步优化调整业态结构，开展形式多样的商业文化和营销活动，加快鲁迅公园改造，提升精武体育馆能级，发挥虹口足球场及周边商旅文体综合功能，集聚年轻人群和消费人气；在文化游乐组团，进一步开发优秀历史建筑和人文资源，提升老上海品位，串联红色旅游景点，推出旅游产品，导入旅游人群。

中区段(海伦西路至海宁路):在百货购物组团,优化各商场的业态品类,形成错位竞争;在时尚体验组团,围绕四川北路公园独特优势,携手知名商业地产开发商重点推进开发标志性的时尚文娱商圈;进一步调整壹丰广场、盛邦国际大厦等业态结构,增加体验式消费业态,更好促进商务办公和配套商业联动;围绕地铁十号线四川北路站建成互联互通的另一个"黄金四角"。

南区段(海宁路至苏州河):在高端商务组团,加大力度推进四川北路星汇广场、北外滩苏宁广场和中美信托金融大厦项目的建设;完成历史保护建筑"虹口大楼"的修缮改造;对南区段商铺开展大幅置换调整,政府搭台,市场化运作,对商铺外立面开展整治修缮,营造各类产品汇聚的街区整体氛围,使南区段真正成为服务上海核心CBD的重要区域。

2. 地区级商业中心——北外滩商业中心

北外滩位于上海黄浦江与苏州河交汇处,东起大连路、秦皇岛路,南临黄浦江和苏州河,西抵河南北路,北至海宁路、周家嘴路的围合区域,地域面积约为 4.7 平方公里,拥有 2.5 公里黄金滨水岸线。

北外滩是上海黄浦江两岸开发的重点区域之一,是体现虹口区城市形象和功能的标志性区域。经过多年的开发建设,北外滩地区已取得显著成效。

商业商务空间充足。北外滩自沿江一线向东大名路以北层进式发展,上海港国际客运中心、外滩茂悦大酒店、上海国际航运金融服务中心等商业商务载体已竣工,上海白玉兰广场等重点项目也将在 2~5 年内陆续落成。

商业商务发展重点。依托北外滩地区独特的区位优势、产业资源及历史人文资源,以新建的综合性商业商务设施为主要载体,形成高端商业为引领,免税商业为特色的商业发展格局。大力推进旅游特色商业和时尚休闲商业、适度发展地下商业、合理配置社区商业,进一步完善北外滩地区的购物、餐饮、休闲、娱乐、旅游、文化等综合服务功能,着力提高业态丰富度,推动商业模式创新,放大边际效益,全面提升北外滩地区的城市功能、形象和品位,营造宜商宜游宜居的城市环境。

商业商务联动发展。2015 年,北外滩"沿江一线"商务、商业氛围初具规模。深化完善北外滩商务商业规划,推动促进航运、金融、贸易融合发展,商业与商务、旅游、文化集聚发展,商业与交通、生态相协调。充分考虑北外滩地区商业价值发现与商务功能提升的衔接,以打造邮轮港功能为中心,拓展国际客运中心的服务功能。完善邮轮经济服务配套,促进邮轮产业与商贸、文化、旅游等产业的联动发展。

一是沿江区域载体建设规模化效应明显,高星级酒店已形成集群。将继续优化百货、餐饮、休闲的结构,不断适应区域内整体布局和消费群体的特征,依托综合交通枢纽站点建设，规划建成集主题购物中心、轨道交通站点商业服务、公共客运中心于一体的航运主题商业集聚地。

二是依托新建商务楼宇，大力引进贸易服务业和专业服务业；依托新建大型综合性商业项目，重点发展都市购物中心、时尚品牌专业专卖店、商务餐饮、文化休闲设施、专业会展设施等，带动改造提升现有商业街区，将第二层面打造成集时尚购物、文化休闲、商务配套、酒店住宿于一体的时尚消费集中区域。

三是历史风貌区主要是远洋宾馆周边区域，包括霍山路附近区域、摩西会堂附近区域、下海庙附近区域、提篮桥特色风貌街区等重点区域。

加快推进保护建筑修缮改造，建设商旅文结合的旅游文化特色街区，逐步发展成为历史与现代的融汇，建筑与商业的融汇，休闲与文化的融会的北外滩地区最具特色的一张“名片”。

3. 现代服务业功能集聚区——上海国际酒类现代商贸服务功能区

在国家商务部、市商务委的大力指导和支持下，在虹口区委、区政府的正确领导下，积极探索上海商贸发展新模式，紧紧围绕上海国际贸易中心建设，充分挖掘和发挥“上海酒节”已经集聚的品牌优势、资源优势和企业优势，创新性地打造以酒产业为重点的现代商贸服务功能区，努力将功能集聚优势转变为经济发展优势。

“上海国际酒类现代商贸服务功能区”作为国家商务部与上海市政府合作打造的现代服务业综合试点9个项目之一，被列入国家商务部出台的商业“十二五”规划；根据上海市人民政府办公厅关于《上海国际贸易中心建设重点工作及分工》(沪府办发〔2011〕64号)，被列入上海国际贸易中心建设重点工作。因此，酒功能区不仅是市政府督办的“部市(商务部与上海市)合作”试点项目，也是“委区(市商务委与虹口区)合作”落地的示范项目，是国内唯一以“酒”为主题特色的商贸服务引领性功能区。

酒功能区以聚集产业链为切入点，以酒产业贸易服务、追溯、仓储物流、展示推广、新产品和衍生品研发、检测评价、职业培训、数据交换和信息发布等八大公共服务平台为核心进行打造，八大公共服务平台职能彼此整合，形成互补态势。一手牵政府，一手牵市场；一手牵消费者，一手牵生产商；一手牵生产领域，一手牵流通领域；一手牵国内市场，一手牵国际市场，用先进的系统平台和创新的商业生态链使其成为辐射国际酒类产业发展的核心平台，是上海在整合和拓展酒产业链上的有益尝试。

(1) 酒品交易平台。运用不断完善的电子商务技术和交易规则，突破传统酒品市场交易方式，创新性地构建公平公正的第三方贸易服务平台，为酒品的供给方、需求方服务，依托上海国际酒业交易中心和上海红酒交易中心，打造全酒品系列的消费酒、收藏酒、基酒等各类大宗酒业贸易服务平台，开发、推广和完善酒品网上交易竞拍系统，建成全国最大的酒类交易平台，3 年内赶超伦敦葡萄酒交易所，使上海真正成为国内外酒产品的贸易服务中心。

（2）酒品检测评价公共服务平台。成立上海市酒类产品质量检验中心，建成以许可检验、监督检验和第三方委托检测为核心的检测机构，完成 CNAS 国家实验室认证，打造国家酒类鉴别中心，继而实现与国际检测机构的互认。与高校联合开展对塑化剂、添加剂、农残检测等的课题研究，提升科研水平；与名酒生产厂共建产品标样室与标样图谱，建立真假鉴别中心，把握酒品检测技术与质量标准等领域的话语权，为酒类市场监管提供强大的技术支撑，促进酒类行业自律发展。

（3）酒类产品追溯平台。推进上海追溯酒品信息中心建设，形成一个以现代物联网、移动互联网、大数据等技术为核心的酒类商品追溯、信息咨询、酒文化传播及智能营销平台，建成政府、企业及消费者广泛参与的“来源可追溯、去向可查证、责任可追究”的全国性追溯体系，为保障酒类食品安全提供有力支撑。

（4）酒品展示推广平台。依托成立后的上海酒文化展示中心、上海葡萄酒研究院、中国酒文化研究与交流中心、中国侍酒师协会、国际调酒师协会中国总会等功能性机构，同时联合国内外行业协会与功能性机构，促进酒文化交流与商贸合作。开展“葡策中国”国际高峰论坛、中国侍酒师个人和团队大赛、中国调酒师大赛、酒类沙龙、新品推介品鉴会等文化活动，为消费者、生产者和销售商提供体验互动、品牌推广服务，引导健康、理性饮酒消费理念与习惯。

（5）数据交换与信息发布平台。建设上海酒类消费指数中心与上海酒消费信息中心，采集数据进行集成、分析、编制，发布上海酒类消费指数及酒产业发展白皮书。

（6）酒类职业培训平台。开展酒类职业低、中、高端培训，开展与国际机构接轨的侍酒师、调酒师等酒类国际资质认证，推选国内酒类人才参与国际大赛为国争光，提高酒类服务水平与消费水平，推动酒文化交流，加强对酒类职业和专业人才队伍培养。

（7）酒品仓储物流公共服务平台。联合自贸区、光明集团等资源丰富的企业和地区，共享与优化酒类公共物流服务与酒品配送物流网络，节省资源、提高效率。

（8）酒类新产品及衍生品开发平台。开发适应消费潮流的保健酒、调制酒等新品酒，以及酒标、酒瓶、醒酒器等酒类衍生品，推进创意产业与酒产业融合发展，拓展和提升酒产业链。

4. 特色商业街——多伦路文化名人街介绍

多伦路文化名人街南傍四川北路商业闹市，北邻鲁迅公园、虹口足球场，全长 550 米，呈“L”形状。1911 年建成，当时命名为窦乐安路。1943 年改为现名——多伦路。

于1998年以文化街定位，1999年10月完成一期改建。

2010年经多伦路管委会召集和组织，在同济大学建筑设计专家的多次论证下，确定了以“修旧如旧”为改建的原则，并于2011年1月正式启动多伦路二期沿街外立面改建工程，进一步优化了街区整体外貌与艺术观赏感。

在多伦路上曾经居住过诸多的文化名人。如鲁迅、瞿秋白、郭沫若、矛盾等；中国左翼作家联盟、中华艺大、上海艺术剧社等也曾把这里作为活动基地。一个多世纪来，多伦路从侧面集中显示了这个历史印迹和文化缩影，如今成为幽静而文化气息浓郁的一条特色小街。

多伦路经历10多年开发建设，荣获诸多称号：“特色文化街”“上海市十大休闲街”“上海市虹口区爱国主义和历史文化风貌保护教育实践园区”“文化休闲产业园区”等等。

多伦路集聚了老上海的人文风情和具有异国特色的建筑。在多伦路上走一走，您似乎还能聆听到激荡文坛的震耳呐喊；在多伦路上走一走，您仿佛还能触摸到“民族魂”的脉搏；在多伦路上走一走，您依稀还能呼吸到近现代文化名人的气息；在多伦路上走一走，您一定还能领略到百年上海滩的民俗风情。

5. 特色商业街——瑞虹天地星星堂介绍

瑞虹天地星星堂以“上海首个亲子体验型商街”形象于2015年5月30日正式开幕。作为瑞虹天地首期开业的商业部分，星星堂分地上两层、地下一层，总建筑面积达2万多平方米，集聚众多知名儿童教育、运动娱乐与服务品牌，更有家庭式餐饮名店、生活零售、个人护理等多种业态，全方位满足年轻家庭的现代生活所需。

星星堂立志打造成为温馨精巧的亲子社交场，通过细致规划的商业组合与活动，建立一个让孩子与家庭“making friends”的乐活领地，当中的活动更强调参与感与归属感，优化孩子的社交技巧，建立自信健康的性格。目前，星星堂已有Lego Education乐高活动中心、Kidzooona莫莉幻想、E3 Club智游天地、Trzztop见林见树、鳐鳐乐、Hani Sport Club哈你运动馆、Feiyu Baby鲱鱼宝宝、Quokka夸咔、Carrera卡雷拉、Mothercare、爱婴室、Dr. Kong江博士、苏黎世家、Kids Eden等亲子类品牌商户入驻。

此外，作为关注亲子关系的星星堂，每个周末更设有创意无限的亲子体验，鼓励孩子一家与其他群体之间快乐分享，在互动中建立友情，学会交流、分享与关爱。

6. 特色商业街——星乐汇商业街介绍

星乐汇商业街位于星外滩项目腹地，东至杨树浦路西至公平路，全长820米，集餐饮休闲、生活服务为一体，由西区、中区、东区三部分构成。

2015年5月27日星乐汇商业街正式开业，西区260米26家商户揭牌起灶，入驻的品牌包括星巴克、赛百味、邑鹿咖啡、吉食、Hit Wicket 运动主题酒吧、珥玛意大利餐厅、上港精选进口超市等。此外，7-11 超市、森彩美容美发、华氏大药房、一针一线等生活配套商户也将为消费者提供更便捷的服务。

未来，待星乐汇商业街三区全部开放后，将会有超过 60 家各具特色的餐饮、超市、美容及配套服务商户入驻于此，能满足星外滩项目周边白领及居民的消费需求。

第八节　杨　浦　区

（一）2016 年杨浦区服务业、商业发展基本数据

2016 年杨浦区服务业、商业发展基本数据见表 13.8。

表 13.8　2016 年杨浦区服务业、商业发展基本数据

指　标　名　称	2016 年数据	相比上年增长率/%
生产总值	1 629.54 亿元	−1.4
# 第三产业增加值	685.11 亿元	8.5
商品销售总额	2 651.26 亿元	3.6
社会消费品零售总额	468.58 亿元	6.9
地方税收总额	118.98 亿元	24.2
年末户籍人口数	108.86 万人	−0.9
年末常住人口数	130.94 万人	−0.4

（二）2016 年杨浦区商业发展情况

2016 年，杨浦区经济总体继续保持稳定发展，主要经济指标进展良好。

总体商业运行方面，杨浦区全年完成社会消费品零售总额 468.58 亿元，同比增长 6.9%。其中，由于受宏观经济形势影响，全区规模以上商业企业销售增速呈现明显的“先下降，后恢复”态势，上半年全区规模以上企业累计销售 190.72 亿元，同比仅增长 4.35%，下半年销售额拉升显著，全年累计实现销售额 410.53 亿元，同比增长率提升至 6.72%。

销售结构方面，汽车消费增长迅猛，销售额达 83.33 亿元，同比上升 16.1%，增长率继续领跑全区商业；超市、卖场、便利店销售额 38.21 亿元，同比下降 2.82%；餐饮和住宿销售额 27.86 亿元，同比上升 8.87，说明居民在外就餐的比例在逐步上升；穿用商

品销售 100.11 亿元，同比上升 10.22％；网上购物（包括电视购物）销售 75.28 亿元，与 2015 年基本持平；电子电器类消费 15.24 亿元，同比下降 5.87％，家庭消费已基本趋于饱和。

从重点商圈来看，五角场商圈全年实现销售 134.96 亿元，同比增长 1.52％。控江路区级商业中心紫荆广场和旭辉广场为控江路商圈新增销售额 6.42 亿元，同时也分流了部分五角场商圈的客流。

（三）2017 年杨浦区商业发展重点工作

1. 加强规划引领

根据区国民经济和社会发展总体规划，以区“十三五”产业发展、重点功能区发展等专项规划为指引，加强对重点地区、重大建设项目等有关业态和功能的分析研究，对重点开业项目进行业态指导；继续与市级相关单位、区内相关委办局、滨江公司保持密切互动和联系，提前介入，引导相关企业共同推进滨江旅游发展，继续推动水岸一体发展，提升滨江沿线旅游观光的功能，促进水上观光与岸上休闲的有机结合，丰富滨江旅游的内涵和底蕴。

2. 完善商业体系建设

提升五角场市级商业中心能级，推动五角场商圈依据自身功能定位进行经营、业态、品牌的结构调整，鼓励商家打造经营特色，形成错位竞争；深化控江路区级商业中心建设，旭辉控江 mall、紫荆广场开展业态调整提升，君欣时代广场竣工开业；推进杨浦滨江南段加快打造区级商业中心；完善社区商业综合服务功能，发展社区商业新模式，促进社区实体店和网络零售商之间优势互补，加快提升社区商业服务水平和质量，新江湾城社区商业中心（悠方购物公园）和殷行南社区商业中心（太平洋生活广场）进一步丰富业态提升服务能力。

3. 推进电子商务创新发展

落实“杨浦区‘互联网＋’科技服务创新实践区”实施方案，按照与市商务委签订的有关协议积极推进相关项目建设。依托技术创新，推进智慧商圈建设，打造线上线下协同发展的信息化智能型商业街区。组织动员园区、企业开展新一批国家和市级示范工程创建与申报。坚持问题导向，做好重点企业服务，指导协会以“拓新、助力、扶小、引大、创优”为主线，服务行业和经济，协调会员单位及其内外关系，促进区域电子商务产业快速、健康和规范发展。

4. 推进“商旅文体”融合

抓住五角场广场全新亮相契机，开展特色化、品牌化、高端化的展示营销活动，进一步集聚五角场人气。构筑体验式智慧化商圈，打造规模结构、业态组合、功能配套、环境空间、交通导流等各元素协调配置的生态商圈。积极挖掘高校现有旅游资源，以参与、体验校园文化为主要形式，逐步推广“百年大学”的文化底蕴，打造杨浦高校旅游产品，丰富上海大学生旅游节内涵。注重以文带旅、以旅兴商，将百年文化、工业历史注入旅游发展，举办具有文化内涵的地方特色活动，通过旅游活动集聚人气，带动商圈消费。充分利用乐游上海官方微博和旅游时报公众号宣传杨浦旅游形象及活动。认真落实对口支援，加强与保山市交流互动、促进旅游合作。继续做好商业旅游信息征集发布，更新旅游市场管理事务中心信息平台、指南针旅行网等宣传信息。

5. 加强跨国总部功能企业引进培育，推进引资渠道多样化

建立 2017 年总部和研发中心企业目标库，加强调研，了解企业实际情况、宣传市区总部和研发中心政策，推动企业设立总部、研发中心或提升总部能级；充分利用市外资促进中心、外国领馆、投资促进机构等引资平台，拓宽总部企业的引资渠道，了解世界 500 强企业在上海的投资信息，筛选有意向与杨浦合作的企业，促进优质外资在杨浦区落户。同时推动境内外招商计划，结合拟引进重点项目的商务谈判、杨浦区主要外资来源地以及新兴对外投资活跃地区情况，在美国、加拿大、日本、以色列等地作专场推介；积极发挥市外国投资促进中心海外代表处双向投资促进作用，增进区经贸活力，派驻相关人员担任伦敦海外代表处区代表，进一步拓展、深化引资渠道；继续与欧洲商业联合促进中心、新加坡国际企业发展局上海代表处、加中贸易理事会上海代表处、美国湾区委员会等平台机构保持密切联系，大力推介杨浦投资环境；充分发挥外资商业地产在后续开发中的“以外引外”作用。

6. 促进外贸发展

抓住全面推广加工贸易行政审批改革契机，优化监管方式，加强事中、事后监管。鼓励加工贸易企业加快生产制造环节转型升级，拓展加工贸易外延，推动制造业由生产型向生产服务型转变，与服务贸易、互联网、智能化生产制造融合。鼓励园区培育或引进承接国际服务外包的龙头企业，继续创建符合市级标准的特色园区。

7. 提升菜市场建设和管理水平，确保市场供应平稳

新建和改善菜市场环境；加强已建成的食品安全流通信息追溯系统的运行维护，提高追溯系统使用率；强化菜市场日常检查、考核结果运用，通过奖惩机制，提升菜市场规范化、标准化、信息化管理水平；进一步增强政府调控菜价能力及菜市场公益性建设；继续深化产销对接，拓宽蔬菜供应渠道；进一步完善平抑菜价的长效机制，落实夏令淡季和台风汛期的蔬菜供应措施，确保货源充足和物价平稳。

8. 增强市场监管力度

加强“双打”信息简报、案件公开、两法衔接三项基础工作，深化整治流通领域假冒侵权工作；以“两网协同”为抓手，优化再生资源企业结构布局，规范行业经营行为；加强单用途商业预付卡的备案和检查；建立健全杨浦区酒类流通行业监管机制；落实安全生产企业主体责任和行业管理责任，确保行业单位安全生产平稳可控；加强旅游市场联合监管，督促企业落实主体责任、规范经营、诚信经营，确保行业安全稳定。

（四）杨浦区主要功能区介绍

1. 市级、地区级商业中心

(1) 五角场市级商业中心。五角场市级商业中心位于五角场城市副中心的南部，由国和路—国定东路—国定路—政立路围合而成，总用地面积 0.96 平方公里。五角场市级商业中心于 20 世纪 90 年代末进行规划建设，2003 年进入大规模开发，2006 年底、2007 年初随着万达广场、百联又一城购物中心的建成并投入使用形成雏形，2009 年被认定为上海市名牌区域，截至 2015 年建成商业面积(含酒店)61.2 万平方米，包括万达、又一城、东方商厦、苏宁生活广场及新建成的合生国际广场等主力商家，目前已成为上海中心城区东北部最大的综合性商业商务中心、公共活动中心和交通枢纽。

2016 年发展概述：2016 年五角场市级商业中心实现销售额 134.9 亿元，同比增长 1.53%。五角场围绕上海购物节以及各类节日节庆，创新活动形式，开展整体营销，精心策划了 2016 上海购物节杨浦区活动，其中 7 项重点活动列入 2016 上海购物节重点活动(全市共 99 项)，1 项活动纳入配套活动；五角场主力商家调整商场布局、提升品牌档次，2016 年更新单店(柜)累计超过 400 个；合生国际广场营业起步表现良好，百联又一城、万达广场持续开展业态调整和购物环境优化更新。

2017 年建设和调整重点：2017 年，五角场市级商业中心环岛将继续推动万达、百联又一城、合生国际广场等大型商业设施的业态优化、能级提升，在业态结构上大力发展五角场较为缺乏的主题式、体验式商业，在消费层次上拉动五角场整体品牌档次的提升，形成几大主力商家良性错位的发展格局。通过高端办公、酒店提升五角场商务消费的比重，丰富消费内涵，促进商业商务互动；积极对接部队方面，针对五角场地区部队开展停偿工作后的房屋土地进行开发利用的思路探索，进一步拓展五角场空间、优化商圈周边街区的业态和环境；继续推动大学路、国定东路特色街的商业环境和业态结构不断优化；积极跟踪和协调推动五角场淞沪路地下空间(太平洋森活天地）的建设和招商，通过打造绿色生态休闲为主题的地下商业街，使地下人行通道更有效地串联创智天地、轨道交通 10 号线江湾体育场站和五角场环岛，促进创智天地与五角场商圈的互通，充分发挥创智天地科技、文化、体育方面的产业优势，做好五角场商旅文体融合发展，进一步拓展五角场的发展空间和辐射范围。

中长期发展目标：五角场市级商业中心将围绕杨浦区打造“三区一基地”的中心任务，构建杨浦西部核心区的中心。围绕完善功能、提高品质、提升形象，进一步调整优化产业结构，综合治理发展环境，积极营造科技创新和文化氛围，确保城市生产安全和运行安全，大力提升市容环境管理水平，努力把五角场市级商业中心发展成为科教特色明显、商业商务发达、交通配套完善、管理规范有序，具有国际大都市品质的上海东北部最大的综合性商业商务区，为促进区域经济和社会发展提供更好的示范和带动作用。

(2) 控江路区级商业中心。控江路是杨浦区的传统商业街之一，经过 20 多年的发展，业态功能进一步齐全完善，商业结构以零售、餐饮、休闲娱乐为主，各类服务业均衡发展，主要商家包括假日百货、环球超市、上海书城、永乐电器、沈家花园、上海歌城等，中档消费基础深厚。根据上海市和杨浦区相关规划，控江路商业街区域被定位为区级商业中心，范围为控江路沿线的江浦路至打虎山路路段。

控江路区级商业中心内的紫荆广场开业，设置品牌专卖、休闲餐饮和大型餐饮、亲子游艺等业态，引进卢米埃影城、舒适堡、绿地 G-super 精品超市、金桂皇朝等主力店；君欣时代广场建设稳步推进，开展建设工程收尾；海际商业广场竣工开业；控江路沿线已有商业进一步调整提升，更好地满足杨浦中部居民的消费需求。

2017 年建设和调整重点：根据杨浦区《控江路区级商业中心商业导则》等相关商业指导意见，控江路区级商业中心按照“多节点、纵深式、条块结合”的空间布局模式，以新建现代商业综合体为支点，强调各大板块相对集聚、各富特色、功能互补、联动发展。新建商业办公载体要高起点建设和合理定位功能，其中，君欣时代广场主要推进建设工程竣工，并同步开展招商，力争尽早开业，项目定位为以体验式商业为特色的年轻时尚购物中心；海际商业广场推进业态升级调整，维持品牌档次，更好地符合消费者的需求，定位为结合轨道交通站点的休闲商业广场，同时为商务办公人群和周边居民提供优质的休闲消费场所。假日百货、环球超市及控江路沿线其他商业逐步调整提升商业环境和形象，同新建商业项目错位互动，丰富控江路消费层次，发扬控江路商业街传统内涵。进一步做好市容、环境、交通等方面的整治工作，完善配套服务。

中长期发展目标：在中长期发展中，控江路区级商业中心将依托区位、交通、产业、环境等综合优势,找准定位,以适应并扩大周边社区居民和商务群体的消费需求、完善城市综合功能为目标,打造重点商业载体,进一步扩大商业规模、提升商业能级、调整商业结构、完善商业功能。主要发展中高档品牌专业专卖店、人气休闲餐饮、大中型商务餐饮和中高档文体娱乐设施,突出自身商业特色,增强与五角场的错位发展、南北互动,将控江路打造为业态丰富、功能完善、时尚宜居、环境优美、交通便利的综合性商业商务区。

(3) 杨浦滨江地区商业中心。杨浦滨江是黄浦江沿线重要的组成部分,在当前全国产业转型发展的趋势下,杨浦滨江也从原来的工业区进入转型调整时期。按照黄浦江两岸规划的总体部署,2013 年 8 月杨浦滨江南段开发正式启动。在新一轮上海市商业网点布局规划修编中,首次提出远期将在杨浦滨江南段建成地区商业中心,为杨浦区南部和滨江发展带的产业载体及居住社区提供优质的购物消费、休闲娱乐场所。

杨浦滨江地区商业中心作为杨浦区南部和滨江未来重要的配套功能区,将以杨树浦路为发展轴,以杨浦大桥为界,形成东西两大商业片区,现有商业载体包括百联滨江购物中心、上海国际时尚中心(商业部分)、渔人码头一期、兴荣温德姆酒店等;1 街坊建发总部大厦、96 街坊绿地项目等在建,119 街坊、122 街坊(杨树浦发电厂)、84 街坊等一批项目(地块)拟建。

2016 年发展概述:2016 年,杨浦滨江地区级商业中心商业发展初具规模。主要载体中:上海国际时尚中心位于杨树浦路东端,由原第十七棉纺厂厂区改建,建筑风格极富特色,是集购物、观光旅游、休闲娱乐和时尚产业为一体的商业综合体,包括中央景观大道、多功能秀场、会所、时尚精品仓和滨江亲水平台等。时尚精品仓包括 A、B、C 三个主题馆,分别打造轻奢、时尚、运动三个不同主题,已引进 COLUMBIA、CHEVIGNON、NORTH FACE、GAP、IT、伊芙心悦、阿迪达斯、耐克等知名品牌,并配有金钱豹、江边城外、星巴克、啡你啡思、赛百味、西贝莜面村等配套餐饮,举办了爱尔兰庆典活动、CCBM 论坛等内容丰富的时尚活动;滨江国际广场项目竣工,定位为高端办公,计划主要引进企业总部等,将为杨浦滨江高端商业消费提供支撑。渔人码头一期项目基本建成,正在招商。

2017 年建设和调整重点:2017 年杨浦滨江地区商业中心将进一步提升商业设施服务能力,不断加快开发建设速度。上海国际时尚中心继续开展品牌调整提升,进一步提升知名度和品牌档次,四期公寓式办公项目力争年内完成竣工备案手续,投入使用;渔人码头一期项目各主力商家陆续开业,规划打造甲级办公楼和特色购物中心,将引进特色餐饮、主题购物、游乐场等,集文化、娱乐、休闲等元素为一体,结合高档江景办公和滨水空间，建设观光游乐特色突出的商办综合体。

中长期发展目标：在中长期发展中，杨浦滨江地区商业中心将依托渔人码头、上海国际时尚中心和其他商办项目，结合滨水公共空间和百年工业历史风貌，打造滨江亲水特色突出、观光旅游元素丰富、商务办公配套完善、历史人文气息浓郁的滨水休闲商业区。业态结构以零售、特色餐饮、休闲娱乐、观光旅游为主，着力引进演艺中心、时尚秀场、设计师工作室等设施，鼓励发展时尚专业专卖店、咖啡馆、酒吧等，并完善银行、便利店、美体健身等配套功能。

2. 现代服务业集聚区

(1) 大连路总部研发集聚区。大连路总部研发集聚区是杨浦区五大功能区之一，也是杨浦区两个市级现代服务业集聚区之一，主要发展以跨国公司和国内行业龙头企业地区总部、研发中心、营销中心等为主的总部经济。占地面积约1.46平方公里，四至边界为：控江路—打虎山路—周家嘴路—许昌路—茭白园路—怀德路—长阳路—通北路—平凉路—大连路。

从空间布局来看，分为北部、中部、南部三个地区。北部地区(周家嘴路以北)，区域面积约0.46平方公里；中部地区(周家嘴路以南，长阳路以北)，区域面积约0.54平方公里；南部地区(长阳路以南，平凉路以北)，区域面积约0.46平方公里。

大连路总部研发集聚区规划商业与办公用地约32.0万平方米，可建面积102.6万平方米。截至2016年底，集聚区已建成商务面积42.6万平方米，在建商务面积56.6万平方米。2015年大连路总部研发集聚区实现区级税收5.09亿元。

北部已建成的商务楼宇有贵人大厦、五环大厦、众合金融大厦和海上海；中部已建成的商办载体有西门子华东地区总部、北美广场、宝地广场、文通集团总部、鞋钉厂改造项目、摩卡大楼和瀚海明玉大酒店；南部开展建设，保利绿地广场(22、23街坊)、16街坊、12街坊联通项目、12、13街坊等项目开工建设，平凉西块加快旧区改造。

在西门子、大陆集团、安莉芳等跨国公司相继落户大连路后，李尔公司、文通钾盐集团有限公司、中外建投资控股(上海)有限公司、金光创利办公纸品(上海)有限公司等一批国内外总部功能型或行业引领性企业也相继入驻，进一步完善了该区域的产业结构，提升了产业能级，为大连路集聚区的发展注入了新的活力。

(2) 江湾-五角场科教商务区情况介绍。江湾-五角场科教商务区，是杨浦区两个市级现代服务业集聚区之一，功能定位为以知识创新区公共活动为特色，融商业、金融、办公、文化体育、科技研发及居住为一体的综合性市级公共活动中心，以科教为特色的现代服务业集聚区、繁荣繁华为标志的市级商业中心、三区融合、联动发展的示范性区域。规划面积 3.11 平方公里。规划范围北至殷高路，东至民京路、国京路、政立路、国和路一线，西至国定路、政立路、南至国定路。

区域按功能分为，南部商业商务区规划面积 0.96 平方公里，中部创智天地规划面积 0.86 平方公里，北部知识商务中心规划面积 1.29 平方公里。规划开发总量约 500 万平方米，其中：地下空间为 100 万平方米，地面建筑 400 万平方米。其规划建设的主要目标在于分解上海市中央商务区的公共服务功能，并服务于上海市东北部地区。

截至 2016 年底，江湾-五角场科教商务区共建成项目总建筑面积 294.4 万平方米，在建面积 174.1 万平方米。

南部环岛地区商业商务基本成型。“十二五”已完成丰达一二期、财富商业广场二期等项目与已有的金岛大厦、凯迪金融大厦、沪东金融大厦等形成了环岛地区主要的高级商务办公空间；以万达广场、百联又一城、东方商厦、苏宁生活广场等为核心的商圈基本形成城市副中心级商业中心。

中部依托知识杨浦的高校、科研院所、技术企业的优势，聚集了一批如 EMC2、易保软件、IBM 等在内的跨国企业研发总部及上海领军人才国家级“海外高层次人才创新创业基地”等建设，使创智天地商务区初具规模。大学路特色街以创业，学习，生活，交流，分享，洽谈合作，休闲娱乐等不同的需求，成为激发灵感火花，补充知识能量的创想空间站。

北部新江湾城加快建设。与五角场功能区相连接的尚浦领世、创智科技中心二期、君汇广场、凯迪商办楼、国正中心等项目建设稳步推进中。

2017 年重点推进项目：君汇广场项目东至南至政高路，西至国安路，北至三门路，总建筑面积 8.6 万平方米，其中商业面积 2.2 万平方米，将打造兼顾商务办公配套和周边居民生活配套的特色休闲商业广场。2017 年将继续推进招商工作，不断完善其商业业态配置。

国正中心项目西至国安路、南至政立路、北至政高路，总建筑面积 9.7 万平方米，其中商业面积约 0.9 万平方米。2017 年将继续开展招商。

新江湾城 F1 地块。该项目位于淞沪路、闸殷路，目前由美国铁狮门公司开发，规划总建筑面积约 52.5 万平方米，定位为集高档办公、商业、五星级酒店、剧院于一体的知识商务中心，2017 年将开展项目前期准备工作。

赣商国际广场(334 街坊)项目总建筑面积约 16 万平方米，由 21 层 5A 办公楼一幢，27 层公寓式办公楼一幢，3 层商业楼一幢，5 层商业楼一幢组成。目前项目正在施工，计划 2018 年竣工。

第九节 闵 行 区

（一）2016 年闵行区服务业、商业发展基本数据

2016 年闵行区服务业、商业发展基本数据见表 13.9。

表 13.9 2016 年闵行区服务业、商业发展基本数据

指 标 名 称	2016 年数据	相比上年增长率/%
生产总值	2 101.3 亿元	7.0
# 第三产业增加值	1 068.4 亿元	12.5
# 商业* 增加值	189.3 亿元	5.9
商品销售总额	3 157.0 亿元	3.0
社会消费品零售总额	892.4 亿元	8.3
地方税收总额	648.7 亿元	8.9
# 第三产业税收	403.4 亿元	24.9
# 商业* 税收	79.7 亿元	1.4
年末户籍人口数	109.1 万人	2.4
年末常住人口数	254.0 万人	0.1

* 商业口径为批发零售业。

（二）2016 年闵行区服务业、商业发展现状、规划和预测

1. 2016 年闵行区服务业、商业发展特点和运行分析

2016 年是“十三五”的开局之年，也是供给侧结构性改革的推进之年，闵行区坚持以提高经济发展质量和效益为中心，结构调整和创新转型效应进一步显现。全区经济总体保持平稳健康发展，服务业比重呈现稳步上升态势，全区经济总体保持平稳健康发展。

(1) 经济运行平稳有序，三产比重进一步提升。2016 年，面对复杂严峻的经济环境，全区主动适应经济发展新常态，大力促进经济转型升级，全区经济总体保持平稳健康发展，完成地区生产总值 2 101.26 亿元，比上年增长 7.0%。服务业比重不断提升。2016 年生产总值中第一、二、三产业的比例为 0.1∶49.1∶50.8，服务业比重首次超过生产总值的一半，服务业增加值比重比上年提高 2.5 个百分点。2016 年，第三产

业对全区经济增长的贡献率达 87.0%，仍为推动全区经济增长的绝对主导，但第二产业对全区经济增长的贡献率比上年提升了 10.1 个百分点。

2016 年，全区实现财政总收入 686.30 亿元，比上年增长 9.3%，其中区级财政收入 257.18 亿元，比上年增长 20%。从主要税种来看，土地增值税增长最快，增幅达 30.4%，增值税、企业所得税和个人所得税分别增长 1.3%、15.2%和 19.9%，而受"营改增"影响，营业税下降 16.6%。从主要行业来看，税收增长较快的行业有房地产业、信息传输、软件和信息技术服务业以及租赁和商务服务业，分别比上年增长 43.3%、34.4%和 24.1%，批发零售业税收增幅趋缓，比上年增长 1.4%，工业税收则下降 12.5%。从产业来看，第三产业税收与经济发展体现出良好的同步增长趋势，近 6 年来每年均实现两位数增长，为全区经济社会发展提供了强力支撑。

(2) 服务业运行稳中有进，规模以上企业贡献大。2016 年，全区服务业累计完成营业收入 5 664.86 亿元，比上年增长 14.6%；其中，规模以上服务业完成 5 159.25 亿元，增长 15.0%，规模以下服务业完成 505.61 亿元，增长 10.4%。从近五年的情况看，闵行区服务业始终维持在较为平稳的区间内运行，顶住了压力，没有出现大的波动，对新常态下经济发展起到了压舱石的作用。从行业看，房地产业受前三季度市场升温影响，增速较快，全年完成收入 771.03 亿元，增长 29.2%；批发零售业完成收入 3 432.16 亿元，增长 8.1%；专业技术服务业势头较好，完成收入 88.10 亿元，增长 20.3%，上海电气风能、国核自仪等企业均获得了大的项目和订单，业绩大幅提升，推动了行业的整体发展。

2. 2016 年闵行区服务业、商业发展趋势和热点分析

(1) 统筹楼宇经济发展，落实工作推进机制。一是明确楼宇考核指标，按进度完成考核任务。调整纳入监测的楼宇情况。根据对全区各街镇、莘庄工业区及虹桥商务区在建楼宇及建成楼宇的排摸梳理，去除纯酒店及纯卖场，确定建筑面积在 1 万平方米及以上的纳入监测的楼宇共 189 幢，其中 129 幢列为税收重点监测楼宇；二是加强楼宇及企业信息排摸，加大服务力度。实地调研走访新建成的楼宇，加强对存量楼宇的指导。按月更新并分析相关楼宇税收信息，按季度调整企业名单；三是加快智能化楼宇建设。根据 2016 年楼宇智能化推进工作目标要求，结合各街镇的楼宇的发展需求，共确定 15 幢智能化楼宇建设目标；四是完成楼宇评价体系。对全区各街镇园区 1 万平方米及以上的重点商务楼宇(地块)进行了梳理，并确定了评价监测范围；五是完善经营性用地全生命周期管理。根据市商务委相关要求，做好闵行区 2016 年商业、办公用地供应计划。不同于以往到土地出让前再做产业征询，而是在年头就对所有要出让的地块做好规划，使区内整体的产业布局更加合理化。

(2) 加强文创载体建设,推进文创项目建设。2016 年,全区文化创意产业增加值为 247.07 亿元,比上年增长 8.4%,占地区生产总值的比重为 11.8%,比上年提高 0.2 个百分点。加强宣传,发挥好市级文创政策的带动作用。2016 年,闵行区共有 115 个项目向市文创办提交了申请材料,94 个项目通过市级预审,47 个项目通过区级初审,“上海青少年运动能力信息服务平台”等 15 个区配套项目获得了 2016 年上海市促进文化创意产业发展财政扶持资金,合计获得市级扶持资金 1 560 万元。依托载体,发挥好市级文创园区的集聚效应。召开 2016 年上海市文化创意产业推进工作电视电话会议,区文创领导小组副组长沈军为第三批市级文化创意产业园区授牌仪式。上海云部落 TMT 产业园、黎安展示产业园等 2 家园区获得“上海市文化创意产业园区”称号。对外交流,学习国内外各地区先进发展经验。由区委宣传部牵头,与区文创办相关成员单位共同参加深圳文博会并参观了深圳华侨城创意园,积极协调文化、新闻出版、旅游等部门进行对接,与相关文创企业加强沟通交流。文化惠民,盘活优秀的文创园区资源。在 2015 年文创市民展厅工作的基础上,2016 年 4 家优秀文创企业市民体验展示厅继续对市民免费开放,2017 年将累计发放 1 万套参观券。

(3) 加快推进生产性服务业工作。做好区内功能区的有序建设。加快推进莘庄工业区西区生产性服务业功能区发展,会同区发改委、区规土局、区环保局等单位对莘庄工业区西区申报认定生产性服务业功能区的材料进行核实和初审,积极配合市相关部门做好申报认定功能区的调研工作。开展 2016 年上海市产业转型升级发展专项资金项目(生产性服务业发展)的申报工作,“中电投电力工程有限公司”等 3 家企业都通过了市级评审,合计获得市级扶持资金 1 100 万元。梳理区域内的工业用地,与符合生产性服务业功能区的园区进一步沟通,积极与市级部门进行对接,对于符合条件的园区加强指导。下一步将跟踪园区内的生产性服务业项目,并将重点项目纳入生产性服务业项目库,及时跟进项目的进展。

3. 2016 年闵行区服务业、商业发展重点工作

(1) 统筹推进各大商务区建设。虹桥商务区 26 个开工项目均有序推进,352 栋楼宇中有 338 栋实现结构封顶,唯品会、科施博格、梅塞尔、永恒力等区域性总部和地区性总部入驻;莘庄商务区全年完成 3 个地块的出让,累计出让 11 个地块,丰树、强劲进入全面招商阶段,金源办公楼竣工,酒店外墙施工中;西子、精工地区总部入驻。七宝生态商务区宝龙城市广场工程全部完工,集团总部办公入驻,宝龙城商业、艾美酒店全面开业;世纪出版园项目年底完成装修,报业项目年底开工,剩余地块招商项目顺利推进。剑川路商务区完成一期土地出让。

(2) 聚焦服务业重点领域发展。一是加强楼宇经济体系建设。实现 19 幢亿元楼

目标，重点楼宇总税收以及单位面积税收产出增长均超10%。加强经营性用地全生命周期管理。完成19个商办地块产业征询。探索建立楼宇评价体系；二是推动文化创意产业发展。15个项目获得1 560万元市文创资金扶持；上海云部落TMT产业园和黎安展示产业园被认定为第三批上海市文化创意产业园区，目前闵行区已有5家市级文创产业园区；初步形成区文创园区管理办法；继续启动文创市民展厅工作，为中小学生提供免费教育实践及户外拓展基地；三是推进生产性服务业有序发展。莘庄工业区西区作为"上海莘庄工业区智慧科创生产性服务业功能区"被认定为上海市生产性服务业功能区；红美电子商务公司获得2016年度"双推"服务平台企业称号；中电投电力等项目获得总集成总承包工程资金扶持。

（三）闵行区主要功能区介绍

1. 虹桥商务区(闵行部分)

虹桥商务区东起外环高速公路(S20)，西至沈阳—海口高速公路(G15)，北起北京—上海高速公路(G2)，南至上海—重庆高速公路(G50)，规划用地面积86平方公里，涉及闵行、长宁、青浦、嘉定四个区，其中闵行部分约占46平方公里，占总面积近54%。虹桥商务区分主功能区和拓展区两部分，主功能区面积约26平方公里，其中闵行区部分约22平方公里，占其总面积的85%，主要是新虹街道。目前虹桥商务区26个开工项目均有序推进，352栋楼宇中有338栋实现结构封顶，唯品会、科施博格、梅塞尔、永恒力等区域性总部和地区性总部入驻。

2. 七宝生态商务区、七宝文化公园(一园一区)

七宝生态商务区是上海市政府确定的25个现代服务业集聚区之一，位于外环线以西，漕宝路以北，横沥港以东，航南路以南，总用地约169公顷，包括商务区、文化公园和动迁安置基地三个部分。其中，商务区四至范围为：东至新镇路，南至漕宝路，西至横沥港，北至吴中路，占地约40公顷(不含100米绿化防护带)，规划建筑面积102万平方米。文化公园位于新镇路东侧地带，占地约122公顷。七宝生态商务区宝龙城市广场工程全部完工，集团总部办公入驻，宝龙城商业、艾美酒店全面开业；世纪出版园项目年底完成装修，报业项目年底开工，剩余地块招商项目顺利推进。

3. 莘庄商务区

莘庄商务区东至横沥港，西至中春路，南至淀浦河，北至顾戴路，规划总用地面积约124公顷，总建筑面积约183万平方米。莘庄商务区凭借临近莘庄工业区、紫竹科学园区的地理优势，依托虹桥综合交通枢纽的辐射影响，规划发展以现代服务业为主导，集总部基地、商务办公、会议论坛、科技研发、商业休闲、文化交流功能于一体的现代服务业集聚区，以支撑区域内现代服务业的发展，打造立足上海、辐射长三角、接轨国际的智慧型、生态型、国际化商务中心区。莘庄商务区全年完成 3 个地块的出让，累计出让 11 个地块，丰树、强劲进入全面招商阶段，金源办公楼竣工，酒店外墙施工中；西子、精工地区总部入驻。

4. 梅陇南方商务区

南方商务区位于闵行区梅陇镇，四至范围：东至万源路，西至淀浦河，南至闵虹路，北至古美西路，总用地面积约 31 公顷，总建筑面积 226 万平方米。规划建设集商务办公、主题式购物中心、金融服务、休闲娱乐、酒店和餐饮为一体，建筑形态错落有致，打造成为西南地区一流、销售规模最大、服务功能最全、具有影响力的现代化商务区。南方商务区城开中心完成股权交割，中庚集团总部即将入驻。项目沿街商铺、商务楼、酒店均已结构封顶；商铺、商务楼已完成内外装修，酒店外立面装修阶段。商务楼已开始对外销售。

5. 莘庄综合交通枢纽

该项目位于莘庄镇，南至莘朱路、西至横沥港、北至沪闵路、东至莘奉金高速公路，横跨地铁 1 号线莘庄站南、北广场，用地面积约 19 公顷。是在现有正在运行的铁路、地铁上部进行空间开发的一种新模式，并为规划高铁车站、新增地铁线预留了空间，实现了“五线合一”及地下、地面、上空的综合开发利用，将形成莘庄地区便捷安全的交通换乘枢纽，集聚发展高端商务办公、酒店，扩大现代服务业规模，提升莘庄区域的整体功能，为“资源节约型，环境友好型”目标的试点项目，在全国是首创。

第十节　宝　山　区

（一）2016 年宝山区服务业、商业发展基本数据

2016 年宝山区服务业、商业发展基本数据见表 13.10。

表 13.10　2016 年宝山区服务业、商业发展基本数据

指　标　名　称	2016 年数据	相比上年增长率/%
生产总值	1 153.1 亿元	4.1
# 第三产业增加值	725.1 亿元	8.0
# 商业* 增加值	144.5 亿元	5.1
商品销售总额	3 643.6 亿元	10.3

续表

指　标　名　称	2016 年数据	相比上年增长率/%
社会消费品零售总额	642.5 亿元	8.1
地方税收总额	126.8 亿元	11.3
# 第三产业税收	93.6 亿元	7.5
# 商业* 税收	12.3 亿元	37.0
年末户籍人口数	96.5 万人	1.7%
年末常住人口数	203.1 万人	0.4

* 商业口径为批发零售业。

（二）2016 年宝山区服务业、商业发展特点和运行分析

1. 服务业发展特点和运行分析

服务业总体投资情况：2016 年服务业完成固定资产投资 341.61 亿元，比上年上升 11.4%。服务业占全区固定资产投资总额的比重为 94.6%，比第二产业占比高 89.22 个百分点。剔除房地产业的服务业固定资产投资 55.14 亿元，比上年减少 23.7%。

服务业总体税收情况：2016 年服务业实现税收收入 205.78 亿元，比上年增长 17.1%，占全区总税收的比为 58.1%；其中服务业实现区级税收收入 93.64 亿元，增长 7.5%，占区级税收收入的比为 73.8%。

服务业载体发展情况：到 2016 年底，宝山区拥有服务业载体 105 个，沿“一带三线五园”有序分布，建筑面积 466.7 万平方米，入驻单位数 12 360 户。与 2015 年底相比，新增服务业载体 15 个，建筑面积 37.3 万平方米。2016 年服务业载体实现税收收入 25.0 亿元，同比增长 9.7%，其中区级税收 8.8 亿元，同比增长 1.3%。单位面积实现税收（服务业载体内落地型单位实现的税收收入除以载体建筑面积）402.7 元/米^2，上年年底的单位面积税收收入为 350.1 元/米^2。

2. 商业发展特点和运行分析

民生项目建设顺利推进。2016 年，以宝山区政府实事项目为抓手，推进主副食品供应网络转型升级。一是积极发展“互联网＋菜篮子”的社区微菜场模式，以“食行生鲜”项目为载体，推进政府实事项目——社区微菜场建设。年内实际新建完成 115 个站点，超额完成宝山区政府实事项目计划的 100 个站点的建设目标；二是推进菜场改造升级，主动对接有关街镇，推进中心菜场、标准化菜场建设，年内已顺利完成标准化菜场 5 家的新改建工作，5 家标准化菜场均已正式对外营业。

节庆营销促进消费增长。元旦、春节、五一、十一等重大节日期间，积极动员，组织区内重点商业企业开展主题营销活动，吸引消费，促进销售增长。节日市场监测数据显示，四个节日期间，销售同比分别增长 4.8%、10.2%、18.4%和 10.0%。

重大商业活动丰富多彩。2016 上海樱花节、2016 上海购物节期间，通过商旅互动，商圈齐动，线上线下联动，以顾村公园商圈、美兰湖商圈、淞宝商圈、大华商圈、共康商圈等五大主要商圈为核心，汇集百家餐饮单位、千家零售商共同参与，开展主题营销活动，营造欢乐节庆氛围，形成消费磁场，促进销售增长。

重点商业项目顺利开业。全力配合宝乐汇转型升级，多次实地调研推进，召开专题会议协调，帮助企业进一步明确商业定位、推荐品牌商业企业——绿地进口商品超市入驻。宝乐汇生活时尚中心开业以来，商场内的品牌店铺销售平稳，诸多餐饮商家生意火爆，商场整体销售情况较为乐观。

着力品牌化运作便民利民。一是通过早餐工程建设，引进了大富贵和老盛昌等“中华老字号”餐饮企业；二是大力推进“菜篮子”新模式的应用实施。在标准化菜场建设中，引入“永辉模式”新型菜场，采用“农商对接”方式，实现了价格亲民，品牌化运作，更好地实现了对业态从宏观到微观方面的管控，具备“稳供平价”的特点。

移动支付提升消费体验。微信钱包、支付宝钱包等移动支付手段日渐风靡。抽样调查显示，移动支付在便利店、超市等连锁门店中的店铺覆盖率在 90%左右，支付金额占比已超过 50%。以全家、罗森等外资便利店为例，其顾客支付金额中，现金支付所占的比重低于 10%，移动支付、刷卡支付占比超过 90%。购物中心内的主力餐饮门店，尤其是快餐企业也越来越多的接受移动支付。同时，移动支付在百货、购物中心的零售业态中的渗透率也在提升。

互联网零售企业结构调整。近年来，宝山区部分互联网零售企业处于结构调整状态。2016 年宝山区实现互联网零售额 29.9 亿元，同比增长 17.1%；限上企业互联网零售剔除为为网等因素影响，同比上年增长 83.7%（上年同期，受易迅网等因素影响，同比增速为－48.6%）；2016 年限上企业互联网零售占社会消费品零售总额的 4.7%，占比较上年同期下降了 1.0 个百分点。

汽车消费增速稍有放缓。宝山区 2016 年汽车行业实现零售额 146.1 亿元，占宝山区社零额的 24.6%，同比增长 7.4%，增幅较上年同期回落了 3.7 个百分点。

私营及个体零售企业对宝山区社零增长影响较大。从规模情况看，在所有注册类型中，私营及个体零售额占社零比重最高，约占社零的 72.2%，同比增长 9.0%；外商及港澳台投资零售额合计占社零的比重为 5.4%，同比增长 28.4%；国有零售额占社零的比重为 2.8%，同比下降 6.5%。从总量和增速情况上看，宝山区私营及个体零售占比较高，对宝山区经济影响较大。

平台经济发展跃上新台阶。2016 年，积极推进以大宗商品交易和信息为代表的“互联网＋平台”经济发展。截至 2016 年底，宝山区重点互联网平台 38 家，电子商务交易额 1 605.8 亿元，同比增长 62.96％，其中，B2B 交易额 1 495.8 亿元，同比增长 55.3％。重点平台中，上海钢铁交易中心：2016 年交易量 2 182 万吨，同比增长 154％，交易金额 585.9 亿元，同比增长 160％；其中开票量 1 056 万吨，同比增长 23％，开票金额 286 亿元，同比增长 27％。上海钢银电商平台：2016 年钢铁现货总交易量 3 636.5 万吨，同比增长 31.5％，总成交金额 969.3 亿元，同比增长 57.1％，其中寄售交易量 1 833.7 万吨（开票），同比增长 69.3％，寄售交易额 476.6 亿元（开票），同比增长 99.6％。

商业载体发展取得新突破。2016 年，进一步加快商业商务载体建设，宝乐汇、亿博大厦、翼生活和睦邻小镇等一批商业商务设施先后开业，建筑面积总计 20 万平方米；淞南社区商业商务城市综合体、上海芳草地（C 地块）、宝山宝龙城和金富门改造项目陆续开工。依托这些新开和新建项目，有效改善周边地区居民消费环境，促进商业业态多元化发展，提升居民消费水平，满足居民消费需求。

（三）2017 年宝山区服务业、商业发展趋势

1. 2017 年服务业发展趋势

展望 2017 年，宝山区服务业发展有望继续保持稳健发展发展态势，重点产业发展质量不断提高。一是第三产业增加值占比基本保持稳定。2016 年宝山区第一、二、三产业增加值占比分别为 0.1∶30.8∶69.1，其中第三产业可比增长 8％。2017 年，随着制造业整体复苏，第三产业增长值占比有望继续保持稳定，预期可比增长实现 8％；二是重点产业增速依然强劲。批发和零售、信息服务、租赁和商业服务业等重点产业依然保持较高增速。产业增加值和税收总收入有望继续保持两位数增长；三是服务业载体运营质量进一步提高。随着宝山区进一步加大对服务业载体的政策支持力度，全区 108 个服务业载体的入驻率、税收属地率和单位面积产出将稳步提升，运行质量进一步提高；四是重点服务业企业发展空间进一步加大。随着宝山区政策环境的进一步优化，上海钢联、好屋中国、微盟、爱回收等一批重点服务业企业将继续以较快速度发展，规模和效益将不断提高。

2. 2017 年商业发展趋势

落实实事项目载体，有序推进项目建设。重点聚焦民生，大力推进宝山区政府实事项目的落实。协调有关街镇，尽早落实实事项目载体，及时跟踪项目建设进度，协调项目建设难题，开展标准化市场和社区微菜场项目建设。

密切关注市场动态，持续推进商业调整。一是继续推进商业结构和业态调整，丰富商业内涵，满足多层次消费需求；二是针对各街镇情况，积极与有关的商业公司和房产公司联系，加大招商选资工作的信息互通和指导；三是研究互联网零售等商业发展的新模式、新方向，坚持培育和引进相结合的原则，通过项目招商、企业服务、政策落实等服务手段，努力培育和发展具有代表性的区内电子商务零售企业，形成新的增长点。

紧抓节庆营销活动，做好消费促进工作。一是组织宝山区内商业企业做好重大节日、重点节庆活动的营销策划，促进节庆消费持续增长；二是加强对新开商业项目运行情况调研和监测，培育新的消费热点；三是推进部分商业企业经营结构和品牌结构调整，了解企业调整方向，提出合理化建议。

继续推进大型商业项目引进和建设。一是重点做好顾村、罗店大型居住区配套商业，配合相关街镇，推进商业网点的建设，提高居民生活便利性；二是加大对大型商业项目的推介和建设力度，跟踪在建的龙湖天街等大居商业项目建设进度，做好协调服务工作。

继续推进平台经济发展。围绕"互联网＋平台"，大力推进以上海钢联、欧冶云商为代表的大宗商品平台经济发展。

继续推进大型商业设施载体建设。2017 年，杨行招商花园城、顾村龙湖、大场经纬汇商业广场三个重点商业项目计划开业，总建筑面积达 73.2 万平方米。这三大城市综合体建成开业后，将有效填补周边地区大型商业商务设施的空白，成为地区消费新热点。

（四）宝山区主要功能区介绍

1. 宝山区商业中心介绍

2016 年，宝山区商业发展布局以轨道交通 1、3、7 号线为商业发展核心轴线，强化核心功能节点项目间的串联与连通，注重点、线、面的商贸功能与商务、居住、文化、旅游、娱乐等功能的协调互动发展，在层级上形成"3＋5＋N(12—15 个社区商业中心)"的商业布局体系，在空间上形成梯度化、层次化、差异化、立体化的"雁型"布局态势。

(1) 重点提升三大都市商业商务集聚区。重点建设淞宝商业商务集聚区、大场北中环商业商务集聚区、共康商业商务集聚区，形成"轴线集聚、组团发展、三心联动"的格局。引导三大商业商务集聚区差异化错位发展，强化各自突出功能和优势特色，基本形成网状集聚、联动辐射的商业商务生态体系。

(2) 加快建设五个地区级商业商务功能区。根据街镇经济发展情况、人口集聚及分布情况、现有商业设施布局情况以及产业园区分布情况等，围绕产城融合，大力推进顾村、罗店、逸仙、杨行以及上大等五个地区级商业商务功能区建设。通过集群式形态建设、多业态集中发展，主要满足区域内常住人口和各类外来人群的综合消费需求，鼓励发展购物中心、主题百货店、品牌专卖店、专业店、餐饮娱乐、文化休闲等业态，鼓励发展老字号特色商业和中小精品商业；适度设置大型综合超市、仓储商店、生活服务网点；限制设置大型批发市场等网点。

(3) 积极发展社区商业中心。结合新市镇、大型社区、轨交站点等发展，在全区建设形成 12—15 个社区商业中心。社区商业设施以块状为主、条状为辅，采取相对集中或集中与适当分散结合的布局方式。社区居住人口在 5 万人以上的设社区级商业中心，服务半径 800～1 000 米，商业服务设施总建筑面积人均不少于 0.9 平方米。社区商业中心一般以购物中心、大型超市等大型商业设施为核心，同时设置各类专业店、专卖店、生活休闲服务业和文化娱乐业等网点。

2. 宝山区现代服务业集聚区——智慧湾

智慧湾科创园是宝山区"一号创新带"核心建设区之一，项目用地面积约 13.3 公顷。其中一期占地 4 公顷，于 2016 年 9 月建成开园。园区结合原有工业建筑结构特色，创新性地以集装箱为载体，建设花园式办公空间，以吸引更多优秀创业团队和文创企业。园区整体打造以 3D 打印、ARVR、智能制造 3 个中心全国联动产业平台，目前园区联动华曙高科、南极熊、极致盛放、蛋生网等业界知名企业合作共建的 3D 打印创客空间，是集展示、订购、制作、研究于一体的 3D 打印国际艺术设计中心、创客空间及国家级实验室，旨在帮助设计师和创意者实现商业价值，开启全新的个性化定制设计时代。同时，国内首家 3D 打印文化博物馆已建成，开园期间将试运营并完善调整。今后将成为集科普、教育、创新、创业等功能于一体的综合性载体。

二期占地 6.7 公顷，已启动。将充分发挥老工业建筑的历史传承，打造集文化创意、产品设计、科技创新、艺术展示、旅游休闲商业于一体的 12 街区，展示型办公，休闲娱乐体验，社区型配套商业，艺术展示活动等；以及把原有的蕰藻浜码头集装箱堆场，打造成娱乐和滨水体验相结合的集装箱办公及展示区。将于 2017 年底改建完成。

三期占地 2.7 公顷(联谊路蕰川路)，已启动。将侧重于综合配套功能，以 24 小时活力区青年创业公社为主，绿地创意公园、全民多功能综合体育中心，图书馆、社区配套公共停车场，将于 2017 年底改建完成。

园区定位及亮点：智慧湾科创园以科技创新和文化创意为定位，注重功能建设。在张江国家自主创新示范区的指导下，以张江示范区创客加为服务品牌，打造3D打印创客空间、智能制造创意工场、虚拟与增强现实创客中心、人工智能创新中心等专业化众创空间。同时，积极整合上海股权托管交易中心及各方资源，通过建设上海股权托管交易中心智慧湾服务中心，实现企业信息快速交换，提高中小企业融资服务水平，推动更多优质企业登陆上海股交中心，汇聚更多创投基金，与创新企业实现良性互动，形成投资与投智的发展格局。作为创新创业的发展重地，园区以张江示范区创客加为服务品牌、以创新创业为服务目标，联合上海大学、中科院高等研究院等高校和科研院所，聚焦3D打印、智能制造、VR/AR、人工智能等领域，倾力打造专业化众创空间。

3. 宝山区智慧商圈——大华虎城商圈

大华虎城商圈是北中环地区集区域商业中心、社区商业中心、居民区商业中心于一体的大型社区商业综合体，商业建筑总面积为50万平方米，辐射宝山大华以及普陀万里等高密度住宅区域内50万居住人口，包括了9个商业项目：综合性购物中心"大华虎城嘉年华"、大型百货商场"巴黎春天"、大型卖场"乐购"、休闲娱乐综合"第一坊"、品牌折扣卖场"奥特莱"、餐饮美食广场"澳洲广场"、商住两用办公楼及酒店式公寓"第三空间"以及由两幢商务楼和别墅群组成的时尚办公区域"大华虎城商务中心和商务园"，涵盖了十二大业态：餐饮、娱乐、休闲、教育、零售、健身、丽人、旅游、金融、社区、房产。自2015年以来，在实体商业转型升级、智慧商业与智慧社区的建设方面做出了全方位的实践与探索，具体包括WiFi覆盖、线上支付技术、APPETC不停车收费、智能停车与诱导、夜间错峰停车、智能充电桩、LBS室内地图、精准定位与导航、商业与社区多媒体互动应用、大数据分析平台等，截至目前，大华虎城智慧商业与社区建设已初具规模，其中尤为突出的是智慧停车与错峰停车均发挥出显著的效果，并因此获得了"文明交通好市民"奖。未来，大华虎城智慧商圈还考虑在AR增强现实、商业管理机器人、智慧菜场、互助式教育平台、智能家居、社区场馆整合运营等多个领域进行探索与实践，争做智慧商业与社区的领跑者。

第十一节　嘉　定　区

（一）2016年嘉定区服务业、商业发展基本数据

2016年嘉定区服务业、商业发展基本数据见表13.11。

表 13.11　2016 年嘉定区服务业、商业发展基本数据

指 标 名 称	2016 年数据	相比上年增长率/%
生产总值	1 875.9 亿元	6.9
# 第三产业增加值	575.3 亿元	11.6
# 商业* 增加值	176.2 亿元	13.2
商品销售总额	5 394.8 亿元	16.9
社会消费品零售总额	989.5 亿元	13.4
地方税收总额	802.0 亿元	4.8
# 第三产业税收	422.4 亿元	28.7
# 商业* 税收	124.3 亿元	17.4
年末户籍人口数	61.2 万人	2.3
年末常住人口数	158.0 万人	0.7

* 商业口径为批发零售业。

（二）2016 年嘉定区服务业、商业发展概况

1. 2016 年服务业、商业发展特点和运行分析

(1) 服务业。具体情况如下。

1）总体规模情况。2016 年嘉定区共实现增加值 1 875.9 亿元，比上年增长 6.9%，其中属地增加值 1 303.6 亿元，增长 7.7%。属地增加值中第三产业完成 575.3 亿元，增长 11.6%，对经济增长的贡献率为 62.4%。三次产业结构比重为 0.3∶55.5∶44.2，第三产业占比较 2015 年提高 2.9 个百分点。

从行业来看，批发零售业、房地产业和金融业占服务业增加值的比重较大，占比分别为 28.4%、15.31%、11.63%，实现增加值 163.4 亿元、88.1 亿元和 66.9 亿元。

2）服务业投资情况。2016 年完成全社会固定资产投资 430.3 亿元，比上年下降 4.8%，第三产业完成投资 347.6 亿元，下降 5.0%。第二、第三产业的投资比例为 19.2∶80.8。其中房地产完成投资 299.7 亿元，增长 4.9%。

3）服务业税收情况。2016 年实现财政总收入 846.9 亿元，比上年增长 6.2%，其中属地收入 688.9 亿元，增长 10.3%。第三产业实现收入 147.5 亿元，增长 22.5%。全年实现税收总收入 802.0 亿元，增长 4.8%。属地税收 644.1 亿元，增长 8.7%。属地税收中，第三产业实现收入 422.42 亿元，增长 28.7%。分行业看，批发和零售业、房地产业对服务业税收贡献较大，分别完成税收 122.75 亿元和 114.84 亿元，信息技术服务业完成 20.93 亿元，交通运输完成 13.31 亿元，金融业完成 2.09 亿元，住宿餐饮完

成 1.60 亿元。

(2) 商业。2016 年，在电子商务、商业综合体等新型业态的带动下，全区商业经济克服经济下行压力，保持平稳较快发展，商品销售额和社会消费品零售总额两大经济指标双双实现两位数增长，均超额完成年度计划。

1) 指标完成情况。商品销售总额：全区共实现商品销售总额 5 394.8 亿元，同比增长 16.9%。其中，属地实现 2 650.8 亿元，同比增长 22.9%，完成年度计划的 106.5%。

社会消费品零售总额：全区共实现社会消费品零售总额 989.5 亿元，同比增长 13.4%，完成年度计划的 101.2%。

商业税收：全区共实现商业税收 124.3 亿元，同比增长 17.4%，占全区三产税收的 29.4%。其中，属地实现 89 亿元，同比增长 7.2%。

商业增加值：全区属地共实现商业增加值 176.2 亿元，同比增长 13.2%，占全区三产增加值的 30.6%。

2) 全区商业经济运行的主要特点。消费品市场运行稳定。2016 年，全区共实现社会消费品零售额 989.5 亿元，同比增长 13.4%，从行业类别上看，批发零售贸易业共实现社会消费品零售额 954.4 亿元，同比增长 13.4%；网络消费带动大众餐饮受捧，住宿餐饮业增速迅猛，共实现社零额 35 亿元，同比增长 12.2%。从商品用途来看，"吃、穿、用、烧"四类商品全部实现增长，分别实现社零额 119.7 亿元，34.9 亿元，806.4 亿元和 28.6 亿元；同比增长 4.3%、6.6%、15.7%、1.1%。从各街镇来看，商品销售额方面，工业区凭借企业集聚和规模优势，商品销售总额及增幅均居各街镇之首；社会消费品零售额方面，新成路街道、马陆镇、工业区、菊园新区超全区零售额增幅。

限上企业保持平稳增长。2016 年，全区共实现商品销售额(属地)2 650.8 亿元，同比增长 22.9%，其中，限额以上企业共实现商品销售额 2 284.8 亿元，占商品销售总额的 86.2%，同比增长 31.8%，增速与去年同期相比增加 1.9 个百分点。

电子商务企业增幅超四成。随着人们消费习惯的不断改变，网络消费已深入千家万户，电子商务行业发展迅速，2016 年，区内纳入统计的 11 家电子商务企业共实现商品销售额 1 041 亿元，同比增长 41.8%，拉动全区商品销售额增长 14.2 个百分点。

大型商业综合体规模进一步扩大。2016 年，随着区内百联嘉定购物中心、大融城、宝龙城市广场的相继开业，纳入统计的商业综合体从 7 家增至 10 家，区内商业综合体规模进一步扩大，以服务消费、体验式消费为主打，放大地铁沿线优势，不断满足社区商业需求，积极探索商业转型升级。纳入统计的 10 家大型商业综合体共实现营业收入 39.4 亿元，比上年增长 24.3%。

传统商业销售无明显好转。面对新型业态的强势冲击，全区传统商业销售总体仍呈下降态势，并且短时间内未见明显好转。数据显示，2016 年，区内两大传统百货（东方商厦、嘉定商城）共实现销售额 3.3 亿元，同比下降 11.1%；苏宁、国美、永乐三家家电卖场共实现销售额 10 亿元，同比下降 8.8%；七家大卖场共实现销售额 20.1 亿元，同比下降 2.9%。

2. 2016 年服务业发展重点领域

(1) 文化与信息产业。全年新增文化与信息类企业 2 988 家，比上年增长 71.3%，实现营业收入 1 336.6 亿元，增长 28.5%。实现税收 47.1 亿元，同比增长 7.3%。电子商务、广告、互联网信息服务、动漫游戏、软件设计、创意设计、文化艺术等八大重点行业预期实现营业收入 1 183.3 亿元，同比增长 29.0%；实现税收 28.9 亿元，同比增长 2.2%。电子商务继续保持领跑态势，实现营业收入 934.8 亿元，同比增长 38.9%；实现交易额 1 653.7 亿元，同比增长 28.6%。广告业、互联网信息服务业、软件设计业营收位居其后。

(2) 金融业。全年实现金融业增加值 66.9 亿元，比上年增长 19.3%。截至 2016 年年末，全区统计范围内银行网点数 158 个，银行存款余额 2 604.3 亿元，较年初增长 17.5%，其中居民储蓄存款 1 184.9 亿元，较年初增长 9.1%；银行贷款余额 1 227.3 亿元，较年初增长 10.2%。

产融合作助力产业发展。上市企业队伍不断扩大，城地股份、康德莱在上交所上市，全区上市企业达 12 家，股权托管交易及新三板挂牌企业新增 77 家，累计已达到 248 家。小微企业创新金融服务体系不断完善，"欧盟中国（上海）科技金融中心"落户嘉定，"上海新金融科技服务平台"正式启动运行。小贷公司业务有序开展，13 家小贷公司累计放贷 308.1 亿元。持续放大"嘉定创投"品牌效应，发挥引导基金和创投基金的撬动作用。全区投资基金 48 支，投资基金总规模 660 亿元，累计投资项目近 600 个。

(3) 旅游业。全区上下牢抓旅游安全，增强服务意识，放大宣传能级，在提升城市形象等方面取得了一定成效。全年共接待游客 1 600 万人次，比上年增长 33.1%；实现旅游直接收入 87.5 亿元，增长 56.3%。全区星级宾馆 7 家，客房数 1 212 间，出租率 60%。旅行社 59 家，全年接待游客 351 万人次，增长 75.7%。A 级旅游景点 8 家，其中 4A 级景点 6 家，3A 级景点 2 家，全年接待游客 1 017 万人，增长 32.8%。

(4) 房地产业。2016 年实现房地产业增加值 88.1 亿元，比上年增长 17.1%。全年房屋施工面积 1 600.5 万平方米，比上年下降 9.0%。新开工面积 254.4 万平方米，下降 17.4%，其中住宅面积 137.7 万平方米，下降 26.0%；房屋竣工面积 555.6 万平方米，增长15.3%。商品房销售面积383.9万平方米，下降9.3%。商品房销售额645.2亿元，增长9.2%。待售面积249.4万平方米，下降12.2%。2016年动迁配套房投资41.3亿元，其中住宅投资34.3亿元，下降30.8%。房屋施工面积330.5万平方米，下降28.3%。

（三）2017年嘉定区服务业、商业发展重点

1. 服务业发展政策措施

表13.12 嘉定区服务业发展相关政策、措施

政策	《嘉定区促进现代服务业发展扶持意见》
	《嘉定区促进现代服务业发展扶持实施细则》
	《嘉定区对接中国(上海)自由贸易试验区建设的实施方案》
	《嘉定区创业投资大孵化器发展战略指导意见》
	《关于"千人计划"引进人才购房货币化补贴的实施细则(试行)》
	《嘉定区关于加快调整产业结构、促进发展方式转变的有关意见》
	《嘉定区关于加快产业集聚发展的意见》
	《嘉定区促进总部经济发展若干意见》
	《嘉定区现代服务业发展实施纲要(2007—2020)》
	《嘉定区促进文化信息产业发展若干意见》
	《嘉定区关于进一步加强科技创新服务体系建设的若干意见》
规划	《嘉定区服务业发展"十三五"规划》
	《嘉定区旅游业发展"十三五"规划》
	《北虹桥商务示范区核心区"十三五"规划》
	《嘉定科技创新核心功能区创新发展"十三五"规划》

2. 商业发展重点工作

(1) 传统商业需进一步转变思路，寻求新发展。数据显示，2016年，传统商业增长动力不足，区内百货公司、大卖场及电器卖场均呈负增长。可见，新型业态的迅速发展对传统商业冲击的负面影响仍未消失。面对严峻挑战，传统商业需转变经营理念，拓宽思路，挖掘潜力，在困境中谋求新发展。一是要提供多样化服务，满足不同消费者需求。要立足企业自身特色，提供个性化服务，摆脱单一化的经营模式；二是要探索线上线下融合发展。要在进一步提高线下服务水平的基础上，不断增强线上营销能力，实现传统业态与新型业态的良性竞争和共同发展。

(2)继续做好大型商业综合体的跟踪推进工作。今年,随着区内百联嘉定购物中心、大融城、宝龙城市广场的相继开业,嘉定区商业购物环境和营销管理水平得到较大提升,下一步要积极跟进,加大监管,及时掌握动向,要做好数据统计和分析工作,进一步扩大区内商业规模,提升商业服务能级。

3. 服务业发展趋势分析

嘉定区将持续深化创新驱动发展、经济转型升级,牢牢把握现代化新型城市和科创中心重要承载区建设的重要机遇,围绕科技嘉定、汽车嘉定、教化嘉定、健康嘉定城区定位,特色发展生产性服务业,优化升级生活性服务业,培育壮大新兴服务业,推动服务业融合发展。继续做优电子商务、文化创意、新型金融等产业发展环境,加快培育网络游戏、虚拟现实等产业发展生态。统筹区域生活性服务业布局,提升商业、休闲、娱乐等业态品质。突出比较优势,发展有特色的生产性服务业和高品质的生活性服务业,大力发展楼宇经济,吸引集聚一批企业总部。加强品牌建设,推进创意产业与制造业产业化的结合,吸引更多重大文创项目和优质资源集聚,推动文创园区从企业集聚向特色产业集聚转变。

(四)嘉定区主要功能区介绍

现代服务业集聚区——嘉定新城上市企业总部集聚商务区。

1. 简介

嘉定新城企业总部集聚商务区规划面积 42 公顷;边界范围:东至阿克苏路、南至双丁路、西至永盛路、北至伊宁路,规划面积 42 公顷,总建筑面积约 70 万平方米,以金融、贸易、高科技研发等现代服务业及生产性服务业为发展重点。

2. 2016 年发展概述

2016 年,总部园区建设有序推进。绿地集团、国北科技、中化岩土等总部入驻项目建设前期手续进展有序,其中国北科技项目年底前进入桩基施工阶段。加大招商引资力度,与紫光科技、爱派国际、民虹投资等一批项目达成入驻意向。(石榴地产)K2 地产于今年 8 月取得 F12A-01、F12A-02、F12B-01、F12B-02 地块使用权,正式落地新城总部园区。

3. 2016—2017 年建设和调整重点

大力推进现代服务业发展,全面提升产业能级,科学完善产业结构,通过改善投资环境和相关扶持政策,吸引符合嘉定新城产业转型及发展方向的实力企业和机构入驻,全力打造嘉定区核心商务 CBD,助推嘉定新城产城融合发展。

第十二节　金　山　区

（一）2016 年金山区服务业、商业发展基本数据

2016 年金山区服务业、商业发展基本数据见表 13.13。

表 13.13　2016 年金山区服务业、商业发展基本数据

指标名称	2016 年数据	相比上年增长率/%
生产总值	657.5 亿元	7.5
# 第三产业增加值	279.5 亿元	11.4
# 商业增加值	63.1 亿元	10.6
商品销售总额	1 311.9 亿元	9.3
社会消费品零售总额	414.0 亿元	11.3
地方税收总额	142.5 亿元	13.6
年末户籍人口数	52.0 万人	0.4
年末常住人口数	80.5 万人	0.9

（二）2016 年金山区服务业、商业发展特点和运行分析

1. 商品销售稳中有升，市场运行平稳有序

2016 年，区社会消费品零售总额不断增长。全年累计完成社零额 414.0 亿元，同比增长 11.3%。春节、五一、十一等节日市场销售监测中，抽样商业企业整体实现不同增长。全区以安全为第一要务，强化城市运行安全管理，切实加强烟花爆竹、防汛防台等安全监管工作，金山服务业全年未发生重大安全事故。

2. 商业业态持续优化，商业用地合理供给

金山区商业行业不断优化业态布局。区内主要商业企业通过调整百货区域、丰富体验型业态等方式进一步提升服务质量，满足市民购物、休闲需要。全区结合商业、办公用地供应计划编制工作，进一步合理把控商业设施供给数量和时序，对拟出让地块的运营管理、业态功能、周边商办设施、地块招商及供地时间等情况进行综合评估和调整。

3. 节庆活动精彩纷呈，商旅联动焕发活力

金山区各类节庆活动商业氛围浓厚。2016 金山购物节、旅游节双节合并，以“畅

想金周末 欢乐购物游”为主题，分为开幕启动、欢乐购物和休闲旅游三个篇章，共十二项重点活动，涵盖了商业、旅游、文化、美食等各个方面。期间，金山智慧商业街启动、上海旅游节花车巡游金山专场、金山“名特优”产品展示展销、上海金山国际沙滩音乐烟花节等系列活动的举办，进一步给金山的商业带来了人气，提升了品牌形象。在以上海魔都消费卡、i金山、乐活金山等微信公众号为代表的新媒体以及传统媒体的投放推广下，金山购物节的认知度和品牌效应得到了进一步提升。

4. 商业保理开展试点，智慧商圈推进建设

金山区积极开展区商业保理试点评审和企业指导工作。3月29日，市商务委、市工商局联合发文(沪商秩序〔2016〕77号)同意金山区开展商业保理试点工作。8月11日，对上海新跃商业保理有限公司的设立方案进行了评审，该公司也成为金山区首家设立的商业保理公司，可为更多的中小企业提供贸易融资、客户资信调查与评估、应收账款管理与催收等业务，助力物流企业快速发展。

为加大金山嘴渔村信息化基础设施建设力度，优化调整渔村商业结构促进转型，金山区积极推动金山嘴渔村老街智慧商圈建设。通过信息网络建设以及大数据、电子导游、民宿预定、商圈人流量监控等系统和平台的搭建，促使金山嘴渔村老街进一步强化商圈信息化管理和服务水平，提升传统商业能级，探索经营模式创新。

5. 大力推进市场建设，推动市场转型提升

金山区围绕标准化菜市场社区微菜场建设目标，共完成区内7家菜市场新建改造工程，包含康品汇和正育等转型升级的2.0版菜市场项目，进一步丰富了金山新城2.0版新标准化菜市场的业态。通过2.0版菜市场统一标识、统一管理、统一结算、统一服务、统一品牌的“五统一”管理模式的探索，为金山区菜市场行业未来的整体转型升级提供了良好的参考和借鉴。智慧微菜场建设中，全区“强丰实业”累计完成全市76台微菜场设备布点，涉及金山、普陀、静安、杨浦、浦东等9个区。其中金山区内布点38台，大大方便了小区居民的购菜便利。金山区积极探索菜市场智慧支付应用，以建行“闪付”为契机，通过布设与追溯电子秤相连接的pos机终端设备，实现手机支付(Apple Pay)、IC借记卡、龙卡云闪付HCE等支付方式，进一步提高资金交易的安全性和便捷性，减少了假钞风险和找零麻烦，提升市民购菜消费体验。

6. 立足创新实践，推进“互联网+产业服务”工作

为贯彻落实《上海市国内贸易流通体制改革发展综合试点方案》(沪府发〔2015〕66号)，正式印发了《金山创建上海“互联网+产业服务”创新实践区方案》(金府发〔2016〕10号)，围绕服务平台、园区载体、治理模式等重点，大力推进10项重点任务建设，跟踪服务25个重点项目，积极推进金山区“互联网+产业服务”行业发展。

7. 立足载体建设，提升重点服务业园区集聚能级

围绕园区对产业的集群效应，金山区生产性服务体系逐步形成了“面向产业、服务产业”“二、三融合、互动循环”的良性发展格局。如：杭州湾北岸电子商务产业园，围绕“互联网＋”概念，加大力度培育上海网化化工科技、猎商网、造价师平台等项目；枫泾现代服务业集聚区科创小镇举办活动 240 多次，其中长三角农创项目路演取得良好效果；金山科创园与云服务商、天使投资等合作打造创业生态圈，是上海首个海峡两岸青年创业基地，发展情况良好，项目领域覆盖文化创意、生命健康、物联网、“互联网＋”等方向。

8. 立足平台经济，引进和培育服务业重点项目

积极培育并跟踪服务生产性服务业重点项目建设，引导企业积极探索“互联网＋”概念，不断完善企业服务链，提升服务能级。在大宗商品交易领域，上海化工品交易市场：截至 11 月底，专场开户企业 1 797 家，其中危化品专区交易客户 505 家，现货专场交易品种达 886 种，入驻企业累计成交量 191.8 万吨、交易额 180.6 亿元。在供应链管理领域，新跃物流“物流汇”平台：截至 11 月底，平台入驻物流企业 7 032 户，累计营收 84.5 亿元，同比增长 15.5%，累计税收 2.1 亿元，同比增长 10.4%。在安全监控领域，蓝亚全国带泵罐车信息监控平台项目：截至 9 月底，已有 1 780 辆车、173 家使用单位和 14 家制造单位在平台注册，13 342 个卸液点纳入平台监控范围，该监控平台的建设、推广和运营将逐步汇集全国带泵罐车的流动流向大数据，为“物联网＋大数据”的商业运营模式创新提供发展空间。危险化学品流动流向监控系统：截至 11 月底，纳入试点单位共 61 家，累计交易 7937 笔，累计运输 6 294 笔，累计告警 13 038 条，涉及环氧乙烷等危险化学品 165 个品种，共计 22.4 万吨。在检验检测领域，国家级石油钻采炼化设备质量监督检验中心：已全面完成项目建设和资质转移。1—11 月签约合同金额 8 000 万元，实现营业收入 7 000 万元，上缴税收 300 万元。国家质检总局化学品安全研究中心项目：已完成场地装修，待运营主体入驻后将配备 350 台设备、年检测业务量超过 3.7 万批次。

9. 服务业利用外资规模持续扩大

1—12 月，新批服务业项目吸引外资突破 2.33 亿美元，金额占新批总量的 91.4%，呈现出服务业比重增大、制造业比重减小的趋势。金山区服务业利用外资主要呈现如下特点：一是服务业投资覆盖多个领域，有融资租赁、交通物流、批发零售、餐饮管理、商务服务、科技推广和创意设计等；二是重大项目发挥支撑作用。新批服务业规模项目 6 个，合同外资金额 13 307.5 万美元，占新批服务业总量的 57%。

10. 金山区对外贸易整体情况和主要特点

2016 年，金山区外贸进出口总值 535.77 亿元，同比增长 6.00%，其中，出口 288.21 亿元，同比增长 8.31%；进口 247.56 亿元，同比增长 3.43%；贸易顺差 40.65 亿元。在 8 个郊区中，金山区外贸进出口总额相比 2015 年同期增长 5.32%，位列第一，高于第二名嘉定 4.60%和第三名闵行 3.58%（其余郊区均呈现负增长）；其中，出口方面，金山区外贸出口总额相比去年同期增幅列第一位（同比增长 8.31%）；进口方面，区外贸进口总额相比 2015 年同期增幅列第三位（同比增长 3.43%）。金山区对外贸易具有 4 个特点。一是一般贸易稳居主导地位，2016 年，金山区一般贸易进出口 388.57 亿元，同比增长 8.67%，占同期区进出口总值的 72.53%，一般贸易项下的顺差为 0.45 亿元；二是民营企业增速较快，2016 年全区民营企业进出口同比增长 10.17%；三是主要贸易伙伴保持稳定，与日本、美国等传统市场的双边贸易发展保持稳定增长。在出口目的地方面，日本位列首位，占同期全区外贸出口总额的 16.47%；四是化学制品和纺织服装是主要出口商品，出口额分别为 52.12 亿元、46.91 亿元，两者占全区出口总额的 34.36%。

11. 旅游产业相关规划进一步完善

金山区进一步完善旅游产业“十三五”规划，对外发布《金山区旅游产业改革发展“十三五”规划》；摸底休闲农业与乡村旅游的发展情况，编制金山区休闲农业与乡村旅游设施布局规划，解决乡村旅游发展的突出瓶颈。

12. 旅游产业有序推进旅游项目建设，增强旅游产业实力

金山区继续推进古镇人文旅游区、中部乡村生态旅游区、滨海休闲旅游区建设，以打造“宜居宜游优选地”为路径指引，继续推进“金周末”系列产品落地，充分发挥重大项目的带动作用，发展旅游新业态，开发旅游新产品，提升乡村旅游、滨海旅游品质，为“十三五”开好头。全年全区游客数达 650 万人次，同比增长 18%，旅游综合收入 38 亿元，同比增长 10%。

13. 强化旅游行业管理，提升旅游服务品质

不断提升旅游服务能级。3 家国家 4A 级旅游景区通过景区评定性复核；3 家星级饭店通过评定性复核；途安假日酒店创建成为三星级旅游饭店，新义农庄成功创建为上海市三星级农家乐。旅游行业从业人员的综合技能和素质进一步提升，200 多名旅游从业人员参加 2016 金山区旅游行业服务技能大赛，通过导游讲解、中式餐饮铺台、中式铺床比赛，以赛促学，以赛促练，进一步提升金山区旅游行业服务接待水平。全年开展各类旅游行业培训班 12 期，1 000 多人次参加培训。大力推进旅游厕所革命。按照《金山区旅游厕所建设管理行动三年行动计划》的要求，通过政策引导、

资金补助、标准规范等手段持续推进旅游厕所革命，将旅游厕所与景区特色高度融合，受到《中国旅游报》专题报道，并入选上海市旅游厕所优秀案例。

（三）2017 年金山区服务业、商业发展趋势和重点工作

1. 2017 年金山区服务业、商业发展趋势和热点分析

（1）进一步注重商业业态的布局和提升。金山区大型商业项目已陆续完成建设并投入使用，未来商业将进一步注重业态的布局和提升，重点聚焦金山新城区域的商业提升。主要对商业业态、城市风貌以及经营状况等方面的重点整治改造区域，有针对性地进行优化和提升；对各类专业市场根据业态定位、布局形式和社会服务配套供给等方面进行优化和引导；对社区邻里商业根据现有实际情况，查漏补缺，引导功能业态落地，构建邻里中心服务体系，不断落实优化举措。

（2）服务业的支撑作用逐步加强。以拓展服务功能、提升服务质量、培育服务品牌为导向，充分融合“互联网＋”概念，关注平台经济、移动互联网等发展模式，促进新兴技术与现代服务业结合，实现现代服务业高端化、特色化发展，促进产城融合，打造“金山服务”品牌，进一步发挥服务业在全区经济转型中的重要支撑作用。

（3）旅游产业发展能级进一步提升。依托美丽乡村建设和特色小镇建设，金山区旅游产业将加大合作开发力度，不断提升古镇人文游、乡村生态游、滨海休闲游的品质，加快推动旅游产业转型升级。北部枫泾古镇片区依托枫泾“小镇更新”计划，重点细化与上海建工集团的合作项目；中部生态圈区域依托廊下郊野公园、吕巷水果公园开展乡村生态游品质优化提升工程，出台民宿扶持政策支持乡村民宿发展；南部滨海区域依托龙泉港西侧圈围工程、金山嘴渔村景区环境整治项目、鹦鹉洲湿地公园等，打造国家海洋公园，加快滨海旅游度假区建设。

（4）服务业吸引外资速度进一步加快。服务业特别是现代服务业作为金山区重点聚焦的外资引资领域，利用外资规模将持续扩大，金额占比将进一步超过制造业。未来将继续加强对服务业吸引外资的工作支持，助推注册型企业等绿色经济发展，引导优质服务业企业落户。同时，新批外商投资中，中国香港、中国台湾、韩国以及日本、欧洲等国家或地区将成为主要投资来源地。

2. 2017 年金山区服务业、商业发展重点工作

（1）推动商圈功能优化提升服务能级。利用移动互联网和大数据技术，结合金山区智慧城市建设，进一步加快服务业与互联网的融合，进一步丰富金山新城和新市镇的商业服务内容，提升商业服务品质。重点推进金山嘴渔村等智慧商圈项目建设，通过 APP 运用、微信公共号、无线 WiFi、商圈数据云平台及线上线下互动等方面进

行探索和尝试，优化商圈服务体验，提升商圈服务能级。

(2) 聚焦民生保障推进菜场转型发展。继续推进社区商业服务模式，进一步促使社区智慧微菜场落地，满足更多社区居民消费需求，让居民买得实惠，取得方便，吃得新鲜。指导传统菜市场转型发展，开启菜市场星级评定，对菜市场的环境卫生、食品安全、诚信经营、追溯系统运行等情况进行考核，推动菜市场硬件改进和软件提升，促进菜市场规范长效管理。

(3) 继续推进"互联网＋产业服务"。经过近阶段的实践，继续大力推进"互联网＋"行动，发展为"金山智造"提供配套和支撑的服务经济，进一步加大服务业项目的招商和引进力度。鼓励区内制造业积极开展"互联网＋"行动，支持上海化交、新跃物流等为代表的电子商务平台企业不断完善提升，指导化交依托易贸集团在金山投资成立易贸化工交易集团，整合原上海化交、易通、自贸区平台等公司业务，形成交易平台、撮合交易业务、经纪、供应链金融等多方面多层次一体化的业务体系，指导新跃物流不断完善辐射"一路一带"的物流资源交易中心平台，整合国内外物流资源，拓展交易方式，促进信用、保理、融资、交易结算等多项服务融合发展；支持区内企业如融氏、比瑞吉、山林等生产企业通过自营电商平台、与第三方合作等模式进一步拓展网上交易业务等。

(4) 加快推进服务业园区载体集聚能级。大力培育市级服务业园区：助推金石湾功能区、上海杭州湾北岸电子商务园区、枫泾现代服务业集聚区的招商引资和项目推进，加强上下联动。加快推进科创园发展：指导金山卫科创园、漕泾鑫智源、枫泾科创小镇、瑞空间、金石湾科创天地等新载体，按照自身功能定位，融合"互联网＋"和创新创业概念，进一步完善硬件设施和相关配套政策，加大项目引进力度。继续关注文化创意产业园建设：加大对区内 10 座文化创意园区的跟踪服务力度，指导园区重点引进影视、创意设计等项目。创新服务业园区发展模式：依托工业园区转型和制造业服务化，打造特色的园中园发展模式，推进杭州湾北岸电商产业园成立文化创意产业园；推进金石湾功能区建设环境服务业集聚区和创业苗圃。

(5) 加强对服务业吸引外资的工作支持。顺应金山区"两业并举，智造强区"的发展战略，坚持吸引外资两业并举、优化结构。结合先进制造业作为金山区聚焦发展产业、服务业吸引外资快速发展的特点，继续认真做好对外资的招商引资工作。服务业特别是现代服务业作为金山区重点聚焦的外资引资领域，近年来服务业吸引外资快速发展，金额占比已经大大超过制造业，在医疗器械、化妆品等部分领域逐渐形成集聚效应。要加强对服务业吸引外资的工作支持，助推注册型企业等绿色经济发展，引导优质服务业企业落户金山区。

(6) 鼓励扶持企业走出去。根据上海国际贸易中心建设"十三五"规划的目标，依据金山区推进供给侧结构性改革促进工业稳增长调结构促转型的要求，支持企业开拓国际市场。鼓励企业拓展"一带一路"沿线国家市场，充分利用品牌展会等平台扩大出口。加强对"走出去"企业的服务，鼓励和引导企业开拓国际市场，帮助企业分享经验，共享资源，推动产品、装备、技术、标准和服务"走出去"。加快发展跨境电子商务，鼓励企业建立海外营销网络，带动产品出口。加大出口信用保险政策宣传，加强对小微外贸企业的支持力度。

(7) 推进旅游项目建设。继续推进项目建设，提升旅游产业发展能级。以枫泾古镇与上海建工集团开展战略合作、金山嘴渔村景区开展海鲜一条街环境整治、管网改造等为契机，进一步整体打造开发金山区旅游资源。着力加强宣传扩大旅游品牌影响力，以新媒体、旅游节等形式创新开展旅游市场推介。研究出台民宿产业扶持政策。适时启动工业旅游试点，推动工业与旅游产业融合发展。

(8) "十三五"服务业发展规划要点。在总量增长方面，"十三五"期间，全区服务业增加值年均增长 12%，生产性服务业增加值年均增速高于服务业增加值年均增速。社会消费品零售总额年均保持两位数增长速度。到 2020 年，服务业增加值占地区生产总值比重提高到 51%。

在服务功能方面，逐步提升服务能级、优化服务功能、丰富服务品牌和载体。"十三五"期间，建设提升 10 个左右能级较高的开放式创新服务平台，打造长三角地区生产性服务业高地。打造"金山旅游"品牌，成为长三角知名的闲乐旅游目的地，争创 1 个 5A 级景区，建设提升一批 4A、3A 级景区。到 2020 年，形成一批在服务业领域具有创新性、引领性作用的龙头企业和服务品牌。

在总体布局方面，不断优化、融合互补，形成"两轴两心"的空间布局。到 2020 年，着力创建 10 个左右产业集聚的现代服务业创新发展示范园区。推进金山新城和枫泾特色镇两个地区级商业中心建设，打造朱泾、亭林、张堰等具有特色与区域人口规模匹配的新市镇商圈。

（四）金山区主要功能区介绍

1. 商业中心

(1) 金山新城中央商务区。新城中央商业商务区是金山新城服务业发展的核心区域，集商务、商业、酒店和其他公共服务设施于一体，体现现代化城市风貌和核心功能，是金山区内商业商务资源较为集中、服务产业能级较高、具有城市标志性建筑的功能区域，也是上海南部区域性商业商务副中心的重要载体，是服务长三角、辐射长三角的重要平台。

新城中央商业商务区处于重要的交通节点区域，杭州湾大桥的建成、金山铁路的开通、沪乍铁路的建设，使金山从交通终点转变为交通重要枢纽，打通金山与松江、奉贤及浙江等地的对接道路，实现与周边地区的有机对接，立体化交通网络体系逐步完善。

新城中央商业商务区以块状、组团、成片集聚开发为导向，将商业、商务、酒店、餐饮、会议、文娱等城市功能集聚于一地。按照功能定位，以高品质、现代化的商务楼宇、大型购物中心、高星级酒店三大功能板块为主体，集聚形成金山区乃至上海南部门户的标志性区域。

规划商业立足金山新城区域、服务金山及长三角周边地区的超广域消费人群，以集聚国际知名连锁品牌为主力店，积极引进国际知名时尚品牌商品和品牌企业，完善零售购物、餐饮服务和休闲娱乐功能，形成金山区乃至上海南部地区设施较为先进、品牌较为集聚、功能较为齐全、辐射能力较强的城市商业新地标。规划商务突出低碳设计和商务社区的规划理念，强调功能、产业、空间的整体性和人性化，与周边商业区联动，按照“智能化程度高、低碳化程度好、生态环境佳”的原则，建设成为楼宇成群、产业成链、配套完善、共生发展的新兴低碳商务社区。规划酒店按照标志性区域、低碳生态建设要求，参照五星级酒店的空间设计，建设配备有大型会议设施和各类餐饮娱乐休闲设施，集商务住宿、会议会务和休闲度假等多功能设施于一体的高星级商务酒店。引进知名国际酒店管理集团进行管理和经营。

(2) 百联商业中心。百联商业中心位于金山新城中央商务区南侧，目前已集聚了百联金山购物中心、若干酒店、办公等服务设施。百联金山购物中心于 2010 年 9 月底建成开业，是集购物、餐饮、娱乐和社区服务为一体的商业综合体。周边另有大型专业店、宾馆、酒店、商务会所以及银行、证券等各类金融机构办公设施。

百联商业中心将以现有百联购物中心为依托，利用临近中央绿地、主要道路等综合优势进一步集中集聚建设高品质、现代化的商业设施，形成金山新城新兴商业中心。

(3) 枫泾特色镇。枫泾镇地处上海西南，是上海通往西南各省重要的西南门户，也是我国南方沿海城市陆上进入上海的桥头堡。枫泾特色镇建设已经列入金山区“十二五”规划重点建设区域，是上海“十二五”期间郊区重点建设的门户镇之一。在新形势新要求下，枫泾镇将积极贯彻落实上海“创新驱动、转型发展”的战略要求，紧紧围绕建设成为“富有活力、生态宜居”现代化特色镇的目标任务，加快探索大力发展现代服务业、推进产业结构调整、实现经济复兴的道路。

枫泾镇未来将建设成有鲜明特色风貌的、与上海国际大都市相匹配的现代化城镇，着力提升商贸业功能和品质，以现代化、综合性商业为引领，以发展现代连锁商业业态为核心内容，完善购物、餐饮、住宿、休闲、娱乐等生活服务功能，明确商业业态定位，优化商业空间布局，同时引进和培育电子商务等新兴贸易业，提升商贸产业能级。

商贸发展立足服务于镇区居民及各类外来消费人群，选取交通便捷的新镇区中心区域，以一站式、综合性的购物中心为载体，形成集聚和辐射能级较高、独具文化魅力和时尚活力的上海西南商业新地标。一是重点发展零售业。加快推进现代商业设施的综合开发，重点建设具有主题特色、"商旅文"功能融合、建筑形态新颖、综合配套齐全的购物中心；二是大力发展餐饮住宿业。突出商旅文联动发展，发挥老字号餐饮品牌影响力，提升发展名店名品，推进集团化经营和连锁化扩张发展，弘扬枫泾镇餐饮文化；三是完善发展生活服务业。以大型居住社区为重点，改善社区便民商业服务设施，满足区域内各类消费人群的基本生活服务需求，方便居民日常生活。

2. 枫泾现代服务业集聚区

(1) 集聚区总体描述。枫泾现代服务业集聚区位于上海市金山区枫泾镇朱枫公路西侧，规划总用地面积约 4.8 平方公里，核心建设区约 3.1 平方公里，规划建设规模约 420 万平方米。四至范围为：东至朱枫公路—泾标路，西至嘉善边界及环枫西路—规划道路，南至新泾路，北至蒲泽塘。五年来，集聚区以可持续发展为原则，注重功能提升、聚焦转型创新发展，坚持"重结合、树品牌，重宣传、提服务，重优势、创特色"的要求，进一步集聚资源，努力把枫泾现代服务业集聚区打造成上海创意的后花园、创业的新乐园、创新的新天地，使之成为枫泾经济发展的新动力。

"十二五"初期，枫泾镇是金山区最大的经济总量镇，是上海市"十二五"规划指定发展的特色镇之一。枫泾工业区十年来开发建设已形成一定特色和规模的产业基础，为加快现代服务业发展提供了前提条件，同时落地企业正进入工业企业产业能级提升的关键阶段，企业转型的内在需求以及总部企业的服务外包需求为发展现代服务业提供了条件。通过资源整合，产业结构优化升级，逐步形成了汽车及汽车零部件产业、新材料及机电设备产业、品牌服装产业及黄酒酿造及食品产业四大特色产业，具备了承担现代服务业集聚区的外在条件。在此背景下，为推动和加快上海枫泾现代服务业发展，推进现代服务业载体建设，充分发挥枫泾镇现有工业基础，特色镇启动开发建设的优势，更好地利用现有土地资源和产业用地，充分发挥枫泾各种优势，枫泾镇提出建设以现代服务业为发展重点，服务生产经营主体，突出产业转型，产业升级以及产业链延伸，建设形成空间布局合理，产业特色明晰，配套功能完善的上海枫泾现代服务业集聚区。

2012年1月9日，在上海现代服务业集聚区建设推进大会上，枫泾国际商务区被认定现代服务业集聚区，成为上海25个现代服务业集聚区之一。

枫泾国际商务区将按照“一次规划、分期供地、滚动开发”的模式，依托临港、漕河泾的优势品牌，“先规划，后建设”，实现产业规划与形态规划的有机结合，实现产业、功能、形态的“三合一”。围绕区域功能定位，明确发展方向，采取针对性措施，突破瓶颈，加快空间载体建设，实现建设效率和效益最大化，着力引进关联性大，带动性强的大企业、大集团，引导行业龙头企业进驻。

枫泾国际商务区按照规划目标，基于产业关联效应和社会网络效应而逐步形成“三轴三心六片”的布局结构，具有资源共享、服务网络系统和品牌效应的特征，为现代服务业的发展构筑起一个良好的产业生态环境。三轴：黄良府港生态轴、上南浜生态轴形成内部“十字”形生态轴，构筑商务区的总体生态框架，与外围生态水系成网络状联系，轴线布局公共绿地和文化、体育等公共设施，形成商务区的活动轴线。枫湾路发展轴是商务区主要功能轴线，与新镇区、风貌区以及东部的产业区形成联动。三心：一个镇级公共活动中心，位于“十字”形生态轴交汇的地区，形成以文化、体育、商业等设施为主的公共活动中心。两个社区中心，分别位于居住北片区和南片区内，提供社区级的综合服务。六片：六个功能片区，包括城市商务区、生态商务区、两城更新区和三个居住片区。其中城市商务区位于枫翠路和枫阳路之间，以小高层商务办公楼宇为主，成为区域生产性服务业功能区。生态商务区位于枫兰路北侧，以较低密度的多层和小高层商务办公楼宇为主，成为长三角区域内的企业总部经济集聚区，为对环境品质有较高需求的企业提供成长空间。两城更新区未来进行整体策划和开发，形成以零售商业、大型购物中心、居住为主的综合商住社区。

(2) 2016发展概述和2017年建设重点。现代服务业集聚区科创小镇以“四新”经济为主要内容，以创业服务、孵化空间(开放工位、孵化器、加速器)、创业投资为主要服务内容，建设各类科研孵化设施，利用相关财政扶持政策，吸引各类天使投资基金等各类创投资本在小镇设立自由的孵化设施和办公场所。截至12月底，累计注册企业102家，入驻项目24个，举办活动245场。

2016年12月，金山区、枫泾镇与上海建工正式签订战略合作框架协议。枫泾镇人民政府与上海建工投资有限公司、上海建工房产有限公司签订合作协议，以“政府主导、市场运作、优势互补、合作共赢”为原则，有机整合和互补各方优势和特点，加快推进资源共享，以PPP开发模式不断拓展合作领域，实现共同发展。此外，枫泾镇人民政府与建工集团合资的平台公司、上海韵创文化发展股份有限公司签订了《长三角路演中心开发建设与运营管理合作意向框架协议》。枫泾镇人民政府与建工集团合资的平台公司还与上海山麓酒店管理有限公司签订《合作开发古镇民宿战略框架协议》，与上海八号桥投资管理（集团）有限公司签订《关于建设“漫创＋古街”特色文创区域战略作框架协议》。从 2017 开始，枫泾镇与上海建工将以 PPP 模式开展全方位合作。

（3）中长期发展目标、规划方案。集聚区将坚持招商引资、产业升级这条主线，以科创小镇和总部经济集聚区建设为抓手，优化资源配置，提升产业能级，提高服务水平，努力打造和夯实商务区投资软环境。

一是加强科创小镇建设，以现有的产业为基础，依托科创小镇平台在全镇范围内布点，着重聚焦科创、文创、农创三大方向的创新项目，引进和培育具有较强创新能力的项目，推动枫泾存量资源和低效资源的二次开发和产业升级转型。建设上海长三角路演中心，成为上海科创中心建设的重要科技创新功能平台，长三角标志性路演中心。立足上海及长三角，致力于促进跨地域、跨行业、跨组织间资本、技术、人才和信息的集聚、交流、交易和展示，集“创业路演中心、上市路演中心、技术转移和交易中心”三大平台为一体，打造创业者向往、投资者便利、技术转移自由、上市融资宽松、商务配套舒适的功能性平台。

二是依托漕河泾品牌和成功发展经验，加快推进枫泾现代服务业集聚区建设。以临港漕河泾开发公司发展开发为主体，重点发展与新城建设产城相融合、与产业相配套的生产性服务业 2.5 产业，打造有国际知名度 500 强企业进驻，实现区域发展引领性、功能性、基础性、公共性的协调统一，成为枫泾镇功能提升和经济、社会可持续发展的新亮点。枫泾国际商务区转型发展重点依托漕河泾品牌和成功发展经验，加强合作，推进转型升级，加快建设速度，在上海沪杭线门户桥头堡着力打造长三角现代服务业特色集聚区。加强园区联动发展，不断深化与临港集团、张江高科的合作，争取在项目合作、项目导入、成果转化等方面有新的突破。

三是注重项目招商工作的组织协调，建立与市、区的协调互动机制，在招商引资方面开展沟通与合作，实现资源共享。编制和完善重点地块、重点项目的专项规划或设计方案，指导开发商招商。定期汇编招商指南，加强包装、策划和宣传工作，精心策划组织现代服务业项目推介会，利用各类渠道进行全方位招商。从政策配套的完善、加强与区各部委协调沟通、提升招商人员专业水平等方面着手，解决项目多，落地难的问题。

四是努力发挥“三三枫会”平台作用，通过企业互访、组织考察、企业沙龙、培训、驴友等活动，使会员间增进了解，增强感情，增加会员间合作的机会，促进枫泾经济转型升级。加强综合服务配套，优化现代服务业的发展环境。政府通过规划布局、产业导向、政策措施，营造良好的市场环境。同时加大公共要素投入，建设公共服务平台，合理引导各类资源优化配置。进一步加强职业培训和岗位培训，为枫泾镇现代服务业发展扩充各类专业人才和经营管理人才。

第十三节　松　江　区

（一）2016年松江区服务业、商业发展基本数据

2016 年松江区服务业、商业发展基本数据见表 13.14。

表 13.14　2016 年松江区服务业、商业发展基本数据

指标名称	2016 年数据	相比上年增长率/%
生产总值	1 040.5 亿元	5.0
# 第三产业增加值	491.9 亿元	12.0
# 商业增加值	171.5 亿元	8.7
商品销售总额	1 635.4 亿元	9.3
社会消费品零售总额	538.5 亿元	8.5
地方税收总额	387.0 亿元	21.8
# 第三产业税收	230.5 亿元	40.5
# 商业税收	52.0 亿元	22.4
年末户籍人口数	62.4 万人	2.1
年末常住人口数	176.5 万人	0.3

（二）2016年松江区商业发展特点和运行分析

2016 年是推进供给侧结构性改革的攻坚之年，全市层面经济社会平稳发展，经济保持平稳运行，但实体产业下行压力仍然较大，创新引领发展的动力还不强，创新创业的体制机制、政策环境有待进一步完善。在这样的大背景下，松江作为全市率先进入转型发展阶段的地区，聚焦聚力 G60 科创走廊建设、全域旅游发展和新型城镇化综合试点“三大举措”，紧扣创新、转型、发展的主线，实现了经济总量规模平稳增长，经济结构优化提升，产业经济整体趋稳向好的发展态势。

1. 商业经济贡献度稳步提升

商业增加值及税收贡献稳定，全年商业增加值 171.5 亿元，可比增长 8.7%，商业

税收 52.0 亿元(全区总税收 387.0 亿元),同比增长 22.4%,商业增加值占第三产业增加值比重稳定在 34.9%,占全区 GDP(1 040.5 亿元,可比增长 5.0%)的比重 16.48%,其中批发和零售业实现增加值 159.38 亿元,可比增长 8.6%,住宿餐饮业实现增加值 12.08 亿元,可比下降 2.4%,值得一提的是,第三产业增加值在 2016 年一季度末占比达到 48.11%,达到历史新高点,显示出松江区经济结构逐步优化,商业在促进产业结构调整、推动区域经济发展中的基础性作用持续增强。

2. 商业消费市场持续增长

在商贸市场环境改善、居民消费需求拉动下,全年社会商品销售总额达 1 635.37 亿元,同比增长 9.3%;社会消费品零售总额达 538.47 亿元,同比增长 8.5%,分别较去年同期提升 1.0 个百分点和微跌 0.1 个百分点,均顺利实现年度目标。社零额按商品类别分,吃的商品 171.0 亿元,穿的商品 39.0 亿元,用的商品 278.9 亿元,烧的商品 49.6 亿元,吃、穿、用、烧四类商品所占比重为 32∶7∶52∶9,“吃、用”两类商品占绝对消费主力。

3. 重大项目带动效应明显

2016 年,松江区大力推进商贸项目建设,重点商旅项目推进有力。生态商务区板块:万达百货已完成业态调整,销售业绩喜人;“嘉利成·澳洲天地”澳式生活体验中心于 4 月 30 日开业,形成特色消费;富悦大酒店于 5 月 21 日开业,商务接待火爆;月星家居于 9 月 10 日开业,是一家家居主题购物中心。麦德龙松江商场于 9 月 29 日正式开业,开业一周销售额 400 余万元,位列麦德龙中国区域开业销售业绩前列。九亭板块:九亭 U 天地于年内建成并已基本完成招商,预计明年年初开业。积极推进九亭北部商务区建设,目前宝龙商业广场正在建设中。新桥板块:亚繁亚乐城项目于 5 月 28 日正式开业。松江新城板块:东鼎购物中心于 6 月开业试运营,上蔬永辉松江区首家门店也在其内入驻。开业半年来吸引了众多消费者。

4. 传统商业业态调整提升明显

百货、购物中心业态在万达广场、开元地中海等大型购物中心的带动下累计实现销售额 33.9 亿元,同比增长 16.0%(剔除 2015 年未纳入统计的新理想广场)。其中万达引进苏宁云商,并利用飞凡网的资源优势导入客流;月星家居开启体验式消费;开元地中海不断调整商业业态,引入中高端商业品牌,传统商业业态在市场的压力下不断做出适应和转型,整体品质提升明显。

5. 商品交易市场止跌回暖

商品交易市场止跌回暖。由于在全区范围深入开展的环境综合整治,以及对于农贸市场的智慧改造等措施的影响下,商品交易市场的成交额出现好转,增速自年初开始逐步止跌转增，并一直保持在一定的稳定水平。2016 年全年全区商品交易市场成交额累计 222.75 亿元，同比小幅增长 1.3%。其中，专业市场成交额 204.06 亿元，同比增长 1.2%，集贸市场成交额 18.67 亿元，同比增长 1.8%。

6. 节庆假日拉动消费作用明显

2016 年，松江区积极整合资源，促进商旅文体农融合，成功举办佘山元旦登高、“春游茸城、乐享生活，let's 购”松江消费促进月、端午龙舟赛、松江青岛啤酒节、2016 松江旅游节、购物节等主题系列节庆活动。在元旦、春节、五一、十一等假期里，节庆与假期产生叠加共振效应，充分拉动消费。4 个假期，列入监测的重点商业企业销售额累计 10.1 亿元，同比增长 12.53%。

7. 商旅文体联动促进消费

成功举办上海松江第八届青岛啤酒节，通过打造松江节日文化品牌，推动夏日消费，共有 9.2 万市民的参与，62 吨啤酒的销量。开展各类主题商业营销活动。2016 上海松江购物节活动共有 19 项主题活动，活动涵盖了购物、美食、休闲、娱乐等各个方面，参与商业企业、行业协会 80 余家，门店上千家，提高居民消费意愿。举办岁末营销活动、消费促进月等活动，并积极组织商业企业与龙舟赛、元旦登高等文体赛事对接，促进商旅文体联动。

8. 服务民生措施有力

积极推广放心早餐工程，着力打造以大型餐饮龙头企业为主体，以现代主食加工配送中心为支撑，以连锁早餐销售网点为载体的现代化早餐供应服务体系，其中中饮餐饮和康琛餐饮在全市 24 家早餐加工配送中心项目企业之列，在全区早餐网点布点超过 100 个。中饮餐饮正在建设全国最大透明化工厂预计于明年正式投入生产。引进食行生鲜项目，在中山街道、方松街道、永丰街道、九亭镇等社区内建设智慧微菜场，目前已完成 68 家的建设。强化食品流通追溯体系建设，进一步强化肉类、蔬菜流通追溯日常运行管理加快推进标准化菜市场改造，基本满足市民多元化主副食品消费需求。

（三）2017 年松江区商业发展趋势和重点工作

1. 2017 年区服务业、商业发展趋势和热点分析

（1）旅游消费整体将呈现增长态势。随着广富林郊野公园、松南郊野公园和广富林遗址景区的不断建设，松江旅游资源和旅游设施不断开发和完善，将进一步带动旅游客流，进而提升酒店和餐饮消费。从商业配套上，华侨城主题酒店将在 2017 年底正式营业，深坑酒店各项验收工作也在加快进行，各类大型商旅设施的建设也将不

断带动商业发展。

(2) 电子商务发展方兴未艾。近年来松江电子商务发展迅速,丽人丽妆、购酒网等龙头企业在业内树立了良好口碑,行业发展已经开始步入个性化、品质化阶段。依托云汉芯城、购酒网、可得光学、诺心、21 客等垂直电商,进一步打造各类专业化垂直电商平台;依托飞科、来伊份等企业,加快线上一线下融合发展,实现电子商务快速发展。

(3) 商业转型发展迫在眉睫。松江大型购物中心近年来陆续开业,多种业态丰富了市民需求,但同时也造成竞争激烈。各种儿童娱乐、教育业态同质化经营严重,加剧了行业竞争。传统商业要走出逆境,加快发展,需要进一步加大创新力度。一方面会加快硬件升级。例如,对相关发展较缓慢的商户进行调整,对各种硬件设施进行升级,以满足客人更高需求。另一方面进行服务创新。例如,设立商户微信公众号,及时通过微信对产品和活动促销进行推送等。

2. 2017 年区服务业、商业发展重点工作

2017 年在松江加快科技创新和转型发展步伐的要求下,在松江创建全国文明城区的总动员下,松江区商贸服务业将在适应新常态中转型升级、稳步发展。

一是聚焦重点项目建设。继续以国际生态商务区、佘山旅游度假区、广富林等项目为重点,加快形成"商务办公、休闲度假、娱乐消费"三大支撑板块,打造松江新城城市经济带。服务推进五龙广场、华侨城主题酒店、深坑酒店、纳米魔幻城、广富林文化项目等重点项目建设。

二是助力市场体系建设。继续加快社区商业发展布局,加快商品交易市场改造提升,大力支持电子商务发展壮大,积极吸引和培育知名品牌产品、品牌企业和品牌服务,努力推动松江商贸服务业品质能级跨越式提升。

三是优化市场发展环境。通过"五违四必"整治、商办项目的整治等工作,优化松江商业发展环境,积极引进和发展新业态,拓展新服务,以企业为主体,延伸产业链,提供各类商业增值服务,激发消费热点,促进消费层次升级。

(四) 松江区主要功能区介绍

1. 范围

(1) 地区级商业中心:新城北区地区级商业中心(新城北区开元广场及周边)、新城南区地区级商业中心(老城区中山路人民路区域)、新城国际生态商务区地区及商业中心(国际生态商务区)。

(2) 现代服务业集聚区:松江区(欢乐谷)休闲旅游区、松江新城国际生态商

务区。

(3) 社区商业：开元地中海商业广场社区。

2. 内容

(1) 松江新城三个地区级商业中心。松江区地区级商业中心主要分为新城北区地区级商业中心（新城北区开元广场及周边）、新城南区地区级商业中心（老城区中山路人民路区域）、新城国际生态商务区地区及商业中心（国际生态商务区）。

1) 新城区北区商业中心。以开元地中海商业广场为核心，环人民路—新松江路，南靠G60高速公路，北临松江大学城，该区域通过整合新松江路、文诚路沿线商业资源，调整提升东明广场、安信广场、嘉和广场、塞纳左岸生活广场等现有商业商务设施，集聚知名品牌、时尚品牌、特色品牌，发展主题商店、家庭购物、亲子游乐等新兴体验式业态或模式，完善购物餐饮、休闲娱乐、商务服务等功能，形成各具特色、错位联动的发展格局，成为多形态、多功能、多业态集聚，体现松江区综合城市功能和形象的标志性区域。2016年，开元地中海积极求变，不断创新，围绕商铺租赁挖潜增收、营销活动整合创新、内部管理提质增效等核心，持续推动升级调整，取得了积极成效。广场客流、车流稳步攀升，商户业绩再创新高，公司经营业绩稳步攀升，各项工作有序推进。一年来，广场继续保持平稳增长，全年商户累计实现营收11.38亿元，与上年的10.42亿元相比，增长了9 600余万元，增幅达到9%。商业经营实现收入1.38亿元，同比增长了14%。商业中心内新建大型购物中心东鼎购物中心也于6月开业运营。

中长期目标：周边安信生活广场等项目鼓励发展现代化社区型购物休闲中心，凸显购物休闲生活服务功能。鼓励引进生鲜食品超市、中西连锁快餐、特色休闲餐饮、药店、皮具护理店等生活服务设施以及儿童教育培训、健身舞蹈会所、钢琴教室、文化沙龙等文化休闲设施。绿庭广场、祥和路一号地块（御上海商业项目）等项目加快推进定位研究、开发建设、主题招商，依托新建商业载体，鼓励发展主题化、特色化百货店、购物中心，完善商务酒店、休闲娱乐、特色餐饮、文化体验等功能，形成松江区文化休闲时尚新地标。充分发挥商务楼宇优势，引进各类大中型商贸、金融、电子商务、科技等优质企业，提高新建楼宇的入住率、落地率和产出率，形成商业商务办公融合发展的高品质的商业商务集聚区域。

2) 新城南区地区级商业中心。以中山中路、人民北路为发展轴线，突出历史老城风貌和旅游文化特色，强调与环新松江路区域功能互补与错位发展，依托重点区域现代商业商务设施的引进和建设，推动商业结构优化、商业档次提升，着力打造以满足区域居住人群多元化、综合性生活消费需求为主的商业消费集聚地。其中包括松江商城、第一百货松江店、平高世贸中心、鹿都国际商业广场、新理想商业广场以及松江沃尔玛大卖场等大型商业网点。其中平高世茂根据自身发展,不断调整业态,以体验式消费为重点,引进了钟书阁等知名企业。飞航广场和物美超市也在 2016 年相继开业。

中长期目标:一是加快推进存量商业设施功能结构调整。依托中山路、人民路沿线松江商城、松江第一百货等商业载体,推动形态结构、行业结构、业态结构、品牌结构的调整提升,突出商业购物、旅游休闲、生活服务等功能,引导错位竞争,实现功能集约化和经营细分化,提升老城区商业品质和服务能级;二是加快重点项目的建设。云间商业广场、永航商业中心等项目引入专业商业地产运营商,以规划设计、业态定位引领商业项目建设,形成引领和满足城区综合消费的新兴载体。此外,强化商业设施与商务楼宇、酒店之间的相互融合,推动老城区商业结构优化、商业能级提升。三是加快周边特色商业街区建设。依托华亭老街、仓城、府城历史风貌区等主要商业街区商业氛围,充分挖掘老城历史风貌和旅游特色,以老字号品牌、特色餐饮、文化休闲为主题,鼓励集聚老字号品牌和中小特色商业品牌,建设成为老城极具人文气息的休闲消费街区。

3) 生态商务区地区级商业中心。是以生态商务为主导功能,依托松江新城优越的文化、交通、产业、生态等资源和基础,建设成融商业商务、酒店会展、产业服务、生活居住等功能于一体的高品质城市发展区。国际生态商务区的建设,将有效促进松江新城产业的转型升级,不断丰富松江现代服务业的发展内涵,使松江新城的城市功能得到进一步完善。2016 年,松江新城国际生态商务区紧紧围绕"打造上海西南地区商业商务中心"的发展目标,园区建设稳步有序推进。2016 年着力推进园区重点项目的开发建设。一是加快五龙商业广场建设,五龙商业广场于 1 月完成主体结构封顶,9 月完成工程竣工验收。该商业广场定位于"生活、亲子、社交"三大主题,一层麦德龙超市、轻餐饮,二层为儿童综合及亲子体验区,三层为影院及餐饮,9 月 29 日麦德龙松江商场正式开门迎客;二是加快万达百货业态调整,一楼 TopSports 滔博运动品牌 10 月已开业;二楼苏宁易购 9 月已开业;三楼孩子王儿童用品专营店 9 月已开业;四楼如此生活 O2O 线下实体店 10 月底已开业。2017,商务区将着力做好三个方面的工作,一是全面推进五龙商业广场建设,确保 2017 年整体开业运营;二是加快土地开发,积极协调,争取全面完成土地储备,积极接洽标志性建筑地块意向企业,做好该地块招商选商工作。

中长期目标:把松江新城国际生态商务区建设成为功能齐全、配套完善,以"生态商务"为主导,融文化娱乐、商务服务、生活居住等功能为一体的复合型综合城区。整体形成“一核、两轴、三区”的圈层式空间布局结构。一核即生态绿核，在茸兴路广富林路交叉口周边，结合大型生态绿地、广场以及景观水面形成T形生态绿核，提升生态商务区的整体品质。两轴即区域发展轴，横轴——沿广富林路是商务区串联工业区、大学城、广富林遗址公园、轨交站的重要轴线。纵轴——沿茸兴路是商务区串联佘山国家旅游度假区、工业区、老城区的重要轴线。三区即核心商务区和两个居住组团，以中心绿地为核，内圈形成商务区，以现代商业、商务功能为主，设置星级酒店、购物中心、大型超市、休闲娱乐设施等，打造成为松江新城主城区的新地标；外圈形成高标准的居住组团，以居住及配套商业功能为主。

功能定位：松江新城是松江发展都市商业的核心区域，展现了松江历史老城风貌、核心商务办公、旅游文化特色，强化分段设计，引导功能集聚，体现“国际花园城市”特色形态和高雅氛围，形成不同建筑风格、不同功能配置、不同业态组合、组团状辐射、轴线发展的新城地区级商业中心。

市政交通建设配套：松江位于上海市西南部，沪昆铁路、沪昆高速（G60）、沪渝高速（G50）、沈海高速（G15）、申嘉湖高速（S32）、绕城高速（G1501）等交通干线贯穿全区，轨交9号线全线贯通，方便了松江与市区及其他各区的出行交通。

（2）松江区欢乐谷休闲旅游区。松江区欢乐谷休闲旅游区目前拥有上海欢乐谷、玛雅海滩水公园两座主题公园。上海欢乐谷于2009年9月12日正式开园；玛雅海滩水公园于2013年7月5日正式开园。经过多年发展已形成上海欢乐谷、上海玛雅海滩水公园“水陆两栖”产品格局。2016年7月，上海玛雅海滩水公园再升级，2期新增3万平方米的游乐空间“魔力水城”，从加拿大、美国等引进全新“水上跳楼机”——极速水蟒等国际项目。2016年7月8日，上海欢乐谷重磅推出大型跨媒体实景水秀《天幕水极》。

下一阶段，上海华侨城将继续升级现有两个公园的项目及品质，并逐步丰富业态，打造配套完善的综合性旅游目的地，如建设主题度假酒店群，推出大剧院的演出，香格里拉区的改造，在已有的两个公园用地范围内陆续进行园区的改造升级及环境景观品质提升。上海华侨城旨在立足松江，面向上海，全力打造长三角地区都市娱乐旅游目的地。

1）2016年发展概述和2017年建设和调整重点。2016年是“十三五”开局之年，上海迪士尼正式建成开业，对中国本土旅游企业带来挑战与机遇，上海华侨城着眼于固本强基，共做市场，差异化竞争的战略原则，不断加强自身景区的品质，滚动发展建设，不断完善旅游配套，不断推出新的旅游产品，坚持在市场上发声。

2016年上海华侨城坚持经营发展大方向，提高主营业务竞争力，以“品质提升”

为核心思路，取得了良好的经济和社会效益。坚持创新，水陆两园双重升级，推出玛雅海滩水公园二期及实景水秀《天幕水极》，以产品赢得市场，累计接待游客近300万人次，显现鲜活生命力。2016年上海华侨城以成绩强管理，坚持品质，服务水平不断攀升，顺利通过4A景区复核，焕发一流主题公园勃勃英姿。同时，坚持安全至上，确保园区安全事故零发生。

结合松江"十三五"发展纲要，"以创建国家全域旅游示范区为契机，有机整合区域资源，把松江建设成为上海全面建成世界著名旅游城市的重要功能区、长三角地区知名旅游休闲城市。"上海华侨将积极参与，寻求在文创、郊野、地产等方面的多元化合作。2017年上海华侨城将继续扬帆奋进，落实"文化＋旅游＋城镇化"的发展路线，结合华侨城的统一发展战略，以"共享、突破、落地"为行动指南，以"分期开发、滚动发展、持续升级"为发展策略，放眼长三角旅游资源，加快新项目拓展脚步，利用自身优势，谋求多元化发展，秉承"专一、专业、专注"的工匠精神，以更加饱满的热情，更加昂扬的斗志，迎接新的机遇和挑战。

2）中长期发展目标、规划方案。在上海加快建设世界著名旅游城市新形势下，上海迪士尼国际旅游度假区、佘山国家旅游度假区"一城两区"旅游新格局初步形成。上海华侨城将依托佘山国家旅游度假区得天独厚的生态及产业发展资源，全力以赴完善产品体系、丰富产品业态，加快主题酒店建设，策划大剧场主题演艺，推进全新香格里拉主题区的规划建设，逐步完善金矿镇、上海滩等区域的升级改造，同时持续提升服务水平，强化安全管理，建设智慧景区，逐步形成"主题公园＋主题酒店＋文化演艺＋娱乐商业"的旅游度假综合体。

(3) 松江新城国际生态商务区。松江新城国际生态商务区位于松江新城东部，东接工业园区，西临松江新城地铁九号线和大学城，规划占地面积4.14平方公里，其中东至茸惠路，南至梅家浜路，西至光星路，北至茸盛路为核心区，规划占地面积2.02平方公里。区内规划总建筑面积为373万平方米，商务区将开发建设各类商务办公、商业金融、文化娱乐等公共设施160万平方米，住宅120万平方米，规划容纳4.5万人的居住生活空间。

功能和定位。商务区依托新城优越的文化、交通、生态和第二产业资源，以"生态与低碳"为关键词，融文化娱乐、产业服务、生活居住于一体，发展成为以"生态商务"为主导功能，融文化娱乐、商业服务、生活居住等功能于一体的高品质、高品位的复合型综合城区，主导产业为商务商业和金融服务业。同时，松江新城国际生态商务区的开发建设，又是实现松江产业转型，促进新城由生产型向服务型、创新型和文化型发展，打造成为长三角地区的制造业研发中心、商业商务中心、上海西南的"都市花园"。

配套便利度。商务区配备了完善的包括供电、供水、通信、交通、停车、节能、环保等配套设施，以及金融服务、餐饮宾馆、仓储会展、健身娱乐、教育服务等配套服务，居住、娱乐、商务办公等多重功能，将在整个生态商务区内得到综合体现。

1）2016 年发展概述和 2017 年建设和调整重点。园区有在建项目 8 个，总建筑面积 58.8 万平方米。五龙商业广场于 2016 年 1 月 4 日完成主体结构封顶，9 月 27 日完成工程竣工验收。该商业广场定位于"生活、亲子、社交"三大主题，一层麦德龙超市、轻餐饮，二层为儿童综合及亲子体验区，三层为影院及餐饮，9 月 29 日麦德龙松江商场正式开门迎客。复旦复华 S2、S3 地块均已结构封顶，正在安装幕墙和办理预售证，进度较慢；温商国际大厦 S4、富悦 3 号地块正在办理竣工备案手续；融慧置业、开天地块正在进行外立面和内场装修施工；信达地块一期住宅即将开盘；绿地地块商业区域结构封顶，正在进行室内装修和外墙施工，一期住宅已开盘并售罄；郭氏、日播 2 幅地块开工建设。

万达金街 260 套商业用房约 81％完成招租并开业，入驻商户 242 户，餐饮占 65％。万达 4 幢 SOHO 共 1 632 套，除物业自持 14 套，其余 1 618 套全部售罄；中展瑞景、嘉立国际办公用房基本售罄，并已陆续交房；富悦财富广场、三迪曼哈顿商铺和写字楼基本售罄；双高世贸广场已签订租房协议 32 家，其中，办公 28 家、商铺 4 家；中展爱琴海商铺和办公已开始销售。

万达百货已完成业态调整，一楼 TopSports 滔博运动品牌 10 月 15 日已开业；二楼苏宁易购 9 月 28 日已开业；三楼孩子王儿童用品专营店 9 月初已开业；四楼如此生活 O2O 线下实体店 10 月底已开业。嘉鸿 N3 地块"嘉利成 · 澳洲天地"澳式生活体验中心已于 4 月 30 日开业，昂立 N4 地块二三楼的星婚派 · 婚庆文化产业园项目已完成企业注册并在铺位招商；富悦大酒店已于 5 月 21 日开业；月星家居已于 9 月 10 日开业；麦德龙松江商场于 9 月 29 日正式开业。

2016 年，商务区在规划方案优化和园区环境综合整治方面取得了优异的成绩。编制的《商务区城市夜景照明概念规划以及照明设计分类导则》，为塑造高品质有特色的生态商务区夜景风貌，提升整体城市夜景品质提供了设计导则和管理准则。另外，制定了商务区环境综合整治实施方案，方案明确了整治范围，具体措施和节点目标，有效整治了园区内环境存在的突出问题。同时，对未开发地块全面开展土地平整，安装铁丝网围栏及播撒草籽工作。通过不懈努力，商务区环境面貌焕然一新。

2）中长期发展目标、规划方案

展望未来，未来的工作重心为：一是加快土地开发，积极协调，争取全面完成土地储备，积极接洽标志性建筑地块意向企业，做好该地块招商选商工作；二是要全面推进项目建设；三是加快基础设施建设，全面完成商务区路网建设和河道建设；四是强化园区综合管理，建立长效机制措施，加强工地管理，商务环境治理工作，着力优化商务区社会管理职能，有效建立商务区与各开发商、楼宇业主以及相关职能部门的日常沟通机制，不断增强园区综合管理能力。

（4）开元地中海商业广场社区。开元地中海商业广场坐落于上海松江新城核心商务区，占地约 6.1 公顷，总建筑面积 26.8 万平方米，包括了高级住宅楼、单身公寓、办公楼、五星级酒店及一站式购物中心。购物中心总建筑面积 12 万余平方米，其中地上 8.6 万平方米，地下 3.6 万平方米。室内设计引入了地中海主题概念，以创造性的手法把购物、休闲与娱乐结为一体，把商业广场打造成一个以家庭、休闲、娱乐为一体的区域主题性购物中心。

广场于 2006 年 12 月 18 日正式开业，总共四层，在业态组合和功能布局方面，坚持以服务社区、回报社区，融入社区为基本原则，通过多种类、多样化的店铺组合与品牌配置来满足社区居民的一站式便利购物与消费。广场拥有大小商业网点近 200 个，其中主力店占 20%，餐饮娱乐占 30%，百货占 40%，配套占 10%。各楼层百货、餐饮、娱乐错落分布，年开业率稳居 98%左右。目前已经有星巴克、肯德基、味千拉面、一茶一座、棒约翰、法国鳄鱼、优衣库、JACK&JONS、VEROMODA、ONLY 等上百家知名连锁企业进驻，还引进了乐购、苏宁电器、中国联通、屈臣氏、新华书店、电影院等数十个社区便民服务业态。9 年来，开元地中海商业广场秉承“五个统一”的（即“统一业态规划”“统一招商”“统一运营管理”“统一营销策划”“统一物业管理”）经营管理理念，融入社区、回报社区，打造城市核心商圈，已成为上海松江的一张名片。广场先后获评全国社区商业示范社区、全国食品安全示范街、上海市消费者权益保护示范联络点、上海市诚信企业等数十项荣誉。

1）2016 年发展概述和 2017 年建设和调整重点。2016 年，积极求变，不断创新，围绕商铺租赁挖潜增收、营销活动整合创新、内部管理提质增效等核心，持续推动升级调整，取得了积极成效。广场客流、车流稳步攀升，商户业绩再创新高，公司经营业绩稳步攀升，各项工作有序推进。一年来，广场继续保持平稳增长，全年商户累计实现营收 11.38 亿元，与上年的 10.42 亿元相比，增长了 9 600 余万元，增幅达到 9%。商业经营实现收入 1.38 亿元，同比增长了 14%。广场本着“动线较弱区域租金稳定增长，热门区域利润最大化”的原则，积极推进场地深度挖潜，强化商户经营预警，加大品牌资源储备，实现商户调整无缝链接。全年广场累计调整面积约 1.9 万平方米，先后引进翠华餐厅、潮品挚尚、晨光生活馆、速比坤、詹姆士排骨、宽窄巷、米斯特比萨等 10 个直营品牌，完成 114 个品牌续签或签约，为广场业绩提升提供了强劲动力。

进一步优化业态布局，丰富业态组合，降低商铺空置率。利用合同到期这一契机，将网鱼网咖这一有指向性的业态调整至三楼北侧区域空铺，为其他优质客户腾出调整空间，引入詹姆士排骨、宽窄巷等品牌。新松江路沿街商铺引入华氏药房、沙龙漫美发、辛草宫水族馆、速比坤洗衣店，连同原先的联通营业厅、全家便利店等配套商户，一条社区配套服务街的格局也初步成型。

智慧商圈建设已成为开元地中海商业发展的又一助力。海鼎商业软件、免费WiFi 硬件配置、飞凡 APP 应用已经构成智慧商圈的发展的三驾马车。特别是飞凡上线运作一年来，先后开展了元旦跨年、情人节、三八节、618、七夕、双十一等多场大型活动，吸引了上百个商户参与，很好地带动了线上线下的互动。

2017 年，开元地中海商业广场将进一步总结经验，弥补短板，积极主动应对各种挑战，继续深耕松江新城社区商业，加速推进智慧商圈建设，推动各项工作的有序开展。

进一步提升营销推广活动的品质，努力推动营销方式创新，增强消费互动体验。要继续加大与飞凡网在互联网平台上的深度合作，积极推动智慧商圈建设，为后续电商及品牌授权合作积累新的经验。要积极推进商户资源整合，提高商户参与营销活动的积极性，加大体验类、互动类等活动的比重，促进商户业绩提升。在资源整合方面，要进一步加大商户、消费者、媒体互动，整合商户、外部资源，推动消费黏性的提升，促进活动营销的创收工作。

2）中长期规划和发展目标。积极推动商业项目现场管理的制度化、规范化、流程化建设，努力提升现场管理水平。通过提升服务品质，改进服务水平，努力为消费者提供舒适、安全、便捷的消费环境和氛围。要进一步推进主题百货销售，丰富营销推广思路，推陈出新。借助飞凡网平台，努力扩充和稳固会员队伍，提升会员消费空间。同时，加强连锁加盟品牌的宣传、推广与运营工作，认真总结连锁品牌管理经验，梳理形成连锁管理流程与制度，为后期商业经营的连锁拓展和运营积累经验。

第十四节　青　浦　区

（一）2016 年青浦区服务业、商业发展基本数据

2016 年青浦区服务业、商业发展基本数据见表 13.15。

表 13.15　2016 年青浦区服务业、商业发展基本数据

指标名称	2016 年数据	相比上年增长率/%
生产总值	939.7 亿元	7.0
# 第三产业增加值	482.1 亿元	13.1
# 商业增加值	163.2 亿元	6.9
商品销售总额	1 282.9 亿元	10.1
社会消费品零售总额	538.7 亿元	10.0
地方税收总额	385.9 亿元	14.3
# 第三产业税收	263.8 亿元	26.9
# 商业税收	75.0 亿元	1.5
年末户籍人口数	47.8 万人	1.3
年末常住人口数	121.5 万人	0.5

（二）2016 年青浦区服务业发展特点和运行分析

2016 年是"十三五"规划的开局之年，得益于供给侧结构性改革政策的积极推动，全区经济保持平稳健康发展，服务业继续保持较快发展，商贸业平稳有序，平台经济成效渐显，新兴产业表现突出，产业结构持续优化。

1. 服务业快速发展，商贸投资远超预计

2016 年，全年实现地区生产总值 939.7 亿元，比上年增长 7.0%，增速较上年提升 0.9 个百分点。其中，第三产业增加值 482.1 亿元，增长 13.1%，高于全区增加值增幅 6.1 个百分点，占全区增加值比重 51.3%，对全区经济增长贡献率为 91.0%。三次产业比为 0.9∶47.8∶51.3。第三产业占比与上年相比上升 2.8 个百分点。

社会投资和招商作为服务业的重要体现之一保持快速增长。服务业在外资招商中占据明显的主导地位：合同外资与实到外资中服务业项目金额占比分别达 70.6%、65.1%，远超制造业占比的 29.4%、34.9%。2016 年全社会固定资产投资 388.8 亿元，其中第三产业完成投资 349.4 亿元。商贸业固定资产投资年初时设立确保目标为 40 亿元，奋斗目标为 60 亿元，最终完成商贸业固定资产投资 76.5 亿元，远超奋斗目标 27.5%。

2. 商贸业平稳有序，社零增速高于平均

全年商业增加值完成 163.2 亿元，同比增长 7%，占全区生产总值和第三产业增加值比重分别为 17.4%、33.8%，对全区生产总值和第三产业增加值增长的贡献率分

别为 17.3%、19%，其中：批发和零售业继续保持第三产业行业增加值规模第一，实现增加值 142.6 亿元，同比增长 7.6%；住宿和餐饮业增加值完成 20.6 亿元，同比增长 2.6%。

全区共实现商品销售总额 1 282.9 亿元，同比增长 10.1%，高于全市增速(7.9%) 2.2 个百分点，其中限额以上企业完成 271.8 亿元，同比增长 5.3%。社会消费品零售总额增速低开后逐步回升，总体运行平稳，共实现社会消费品零售总额 538.7 亿元，同比增长 10%，高于全市增速(8%)2 个百分点。社零规模完成最大的三个街镇依次为赵巷镇(94.7 亿元)、盈浦街道(84.7 亿元)、夏阳街道(66.2 亿元)。

3. 平台建设显成效，集聚效应发挥突出

四大产业平台的集聚示范效应进一步体现。会展平台——国家会展中心 2016 年共举办展览 36 次，展会总面积约 396.8 万平方米，参展观众总人数超 333.2 万人次。目前，国家会展中心 15 万平方米商业空间出租率已达 85%，18 万平方米办公空间出租率也已达 45%，成功引进了 23 家会展及会展服务类企业；13 家贸易及总部型企业；63 家餐饮等功能性企业；4 家高科技企业。快递平台——青浦区快递物流产业平台保持健康快速发展，全年快递物流行业实现业务量和收入 7.5 亿件和 483.3 亿元，分别增长 102.0%和 73.8%，占到全市的 28%和 68%。2016 年，圆通、申通被认定为“市级贸易型总部”。各快递物流公司加快上市步伐，圆通速递于 10 月 20 日借壳上市成功，成为中国第一家登陆 A 股的快递公司。随后，中通也在海外上市，申通、韵达相继借壳上市。北斗导航——全年实现产值 8.7 亿元，同比增长 94%，完成税收 4 926 万元，同比增长 53%。大力开展招商活动，基地入驻企业和机构 117 家，其中实地型企业近 30 家。民用航空——全年民用航空基地新引进企业 8 家、总数达到 20 家，实现产值 25.8 亿元、税收 4 993.7 万元，同比分别增长 14.7%和 7.7%。同时，《青浦区关于加快民用航空产业发展的实施意见》申报指南，重点推动东航基地企业落户工作，成立区航空产业协会，优化航空产业发展环境。

4. 新兴产业露头角，重大项目加快落地

跨境电子商务作为新兴产业中的一匹黑马在 2016 年表现抢眼。青浦出口加工区和徐泾西虹桥商务区成功获批“上海市跨境电子商务示范园区”，创立了青浦模式并复制至其他区域，实现日单量 5 253 单。绿地全球供应链青浦基地开仓运行，跨境韩国购 O2O 线下体验中心正式落地并开业运营，全年跨境电商企业备案 16 家，电商商品备案量已突破 3 000。2016 年青浦出口加工区一线进区商品 75 批次，货值 290 万美元；二线出区 6 万多单，货值超过千万元。

与此同时，一批重大实体项目落户松江区预示着产业发展的新机遇。这其中包括中铁十五局集团二公司总部落户朱家角，威马汽车技术公司总部签约落户国家会展中心，云轮大数据项目签约落户青浦工业园区，哈工大机器人集团签约落户张江高新区青浦园，绿地、洋码头跨境电商项目落户出口加工区等。

（三）2016年青浦区服务业发展重心和工作措施

2016 年全区上下紧紧围绕"十三五"规划发展目标，主动适应经济发展新常态，稳步推进供给侧结构性改革。在推进生产性服务业和生活性服务业工作的基础上，加快发挥产业功能平台的作用，推出一系列促进措施。

1. 深入开展多项规划课题研究

随着"十三五"专业规划的完成，加快重点地区、重点产业的专项规划和课题研究。完成编制《青浦区现代服务业发展"十三五"规划》，并启动编制《淀山湖地区产业发展规划》，完成规划招投标工作；扎实完成社区商业网点课题，对青浦城区内商业网点布局情况进行全面研究；加快编制会展拉动效应课题，通过委托第三方专业机构，对场馆、组展商、参展商以及参展观众等展会主体进行分类调研，统计各类主体在展会活动期间消费情况及构成，并与相关展会活动的实际成本进行比对分析。

2. 转型升级传统商贸焕发生机

面对新的消费理念和需求，区内各大商业企业积极探索调整转型，通过整合营销资源、产品资源、服务资源，挖掘新的经营手段，精准营销、高效转化，不断形成更有特色的商业定位和新的经济增长点，为消费者提供更便捷、更个性化的购物体验。集百货、超市、专业专卖店、餐饮、影院，KTV、儿童娱乐、教育、美容等娱乐服务为一体的吾悦广场，聚客效应明显，同时引入文化、艺术品展示等互补业态；奥特莱斯以"名品＋折扣"特色吸引消费；尚都里"古镇与时尚"相结合，举行周末创意集市、海派旗袍大赛；元祖启蒙乐园亲子活动等成为广大游客和市民喜欢的休闲之地；赵巷商业商务区成功入选上海市第二批智慧商圈创建活动试点区域，进一步提升商圈整体经营、管理和服务水平。另一方面，各大卖场、连锁超市、百货等传统零售企业在加快硬件更新改造，优化消费者购物环境同时，围绕提升服务水平、推动转型创新、加大优惠力度、拓展支付渠道等方式吸引顾客到店消费。通过接入微信、支付宝、移动等多种支付方式，推出专属活动，进一步吸引客流，提升消费。

3. 多措并举拉动会展行业发展

为进一步发挥会展业的拉动效应，从政策、平台、活动、研究"四管齐下"投入产业平台管理工作。一是积极宣贯，严谨执行产业政策。新修订会展业政策，分别从会展园区扶持、会展企业补贴、展览举办奖励、会议举办奖励和基础保障费用等五个方面增加了展览业资金补贴。2016 年共计受理 60 个会展相关项目，最终通过 36 个，拨出会展业扶持资金 1 131.607 2 万元；二是密切沟通，做好保障和服务。作为展会事务组牵头单位，依照市区级会展保障工作制度，加强应急值班保障力度。作为产业领导小组的办公室负责部门，积极联动相关成员单位，切实解决产业发展中遇到的实际问题；三是参与活动，积极扩大影响力。与属地西虹桥公司形成密切合作，深入到会展企业、行业机构组织的多项活动中，与先进地区的行业组织加强切磋。参加并支持包括国家会展中心运营总结大会、“国际组展人之声暨广东会展组展企业协会年会”“第十四届中国主办者大会暨中国会展财富论坛”、UFI 第 83 届年会等活动。值得一提的积极配合上海市会展行业协会有序做好 2016 年 UFI 全球年会筹备工作，主动衔接市会展协会、区府办、区旅游局、区公安局、西虹桥社管中心等部门的信息沟通工作，确保大会圆满召开，完成目的地营销(XChange)环节青浦区英文推介，得到来自全球各地与会嘉宾的认可及肯定；四是主动学习，加强产业研究。积极学习国务院 15 号文、《关于第二批取消 152 项中央指定地方实施行政审批事项的决定》《上海市关于促进展览业改革发展的实施意见》等最新文件，参加行业研讨，加强与其他地区管理部门沟通学习，提高会展业管理水平。

4. 加强监督保持快递高速增长

青浦区按照搭建快递物流产业平台的总体要求，推动快递物流产业发展取得了新成效，成功获批“全国快递行业转型发展示范区”。主要工作有以下几方面：一是建设完成“全国快递行业转型发展示范区”。为此开展《上海市青浦区“全国快递行业转型发展示范区”建设评估报告》编制工作，与邮政部门和指标编制单位积极对接，对示范区建设和发展情况进行综合评估报告。根据评估报告和市政府、上海市邮政管理局意见，向国家邮政局提出“全国快递转型发展示范区”挂牌申请。12 月，经《国家邮政局关于同意授予上海市青浦区“全国快递行业转型发展示范区”称号的函》(国邮函〔2016〕189 号)批准，青浦区成功获批“全国快递行业转型发展示范区”。这是对青浦三年来创建工作的肯定和鼓励；二是推动企业资本化发展。为此，青浦搭建上市培训平台，完善企业投融资渠道建设，积极走访申通、韵达等快递企业开展调研工作，并召开上市座谈会，对企业进行上市辅导，为企业间交流提供平台。三通一达和顺丰在 2016 年先后通过借壳上市和海外上市等手段登陆资本市场。同时，诸多集聚青浦的二线快递企业也陆续推出重磅融资方案。青浦作为快递物流总部集聚地，在汇集了物流、人流之后，将迎来资金流的集聚；三是推进产业项目建设。鼓励推荐符合要求的快递物流企业及相关项目申报市级专项资金，助力企业创新发展。开展大型商贸物流项目调研，进行项目储备工作。快递物流政策部分进行修订、完善，有效提升了产业发展资金对快递物流产业发展的推动作用；四是加强行业监督管理。配合青浦邮政管理局做好日常监管工作，全面提升快递行业安全服务水平，有效推进寄递物流企业实行“三个100%”，在G20、双十一等业务高峰期前做好各快递企业的培训和动员工作。牵头召开寄递业务安全培训会议，对企业烟草和酒类寄递业务进行安全培训。五是探讨人才输送新模式。成立现代物流专业建设委员会，开设现代物流专业，为青浦物流业的发展培养物流专门人才。青浦职校物流专业最快将于2017年9月开班招生，届时将为区快递产业发展提供培养和输送人才的新渠道。

5. 跨界融合“会商旅文”联动发展

全区加强资源整合，丰富“会商旅文”联动方式。会展方面，国家会展中心在办好各类展览的同时穿插举办各类活动，提高场馆的使用率。随着2016年9月1日国家会展中心洲际酒店开业以及12月1日中心商业广场正式开业，展馆配套的住宿、餐饮、消费功能得到完善，国家会展中心作为集展览、会议、活动、商业、办公、酒店等多种业态为一体的会展综合体将逐步显现平台威力。旅游方面，加强完善旅游宣传资料，围绕“会聚青浦”的主题，从“会吃、会住、会行、会玩、会买、会乐”等方面整合区内旅游资源，制作《会聚青浦——会·住》手册，通过有效渠道把住宿资源推广给参展商。商贸方面，全区各镇、街道，商业企业、行业协会抢抓节日契机，策划各类主题鲜明、形式新颖、惠及民生的营销活动，精心组织了2016消费促进月、2016年上海淀山湖旅游购物节、岁末迎新营销活动等购物节庆活动，丰富多彩的购物节庆活动活跃了市场，促进了消费，受到百姓欢迎，其中购物节活动融合“互联网+”思维，在引领新消费、聚焦新载体、创新新模式、打造新平台上创意迭出，充分展现了“青浦质造”品牌特色，实现了青浦区“会商旅文体”深度融合。区内上百家商业企业、千余个商业网点广泛参与，共实现销售额7.7亿元，销售规模创历史新高，客流总量达1 000多万人次，取得了良好效果。

6. 倾尽全力打造跨境电商平台

青浦区的跨境电商产业发展从无到有，产业引领效应逐渐显现，在这一年间全区投入大量资源打造新兴产业平台。一是加快跨境电商保税物流中心建设。完成公共平台建设，作为上海跨境公共平台的第一家试点用户，实现跨境物品“三单比对”“清单核放”的线上自动放行，为后期批量出货奠定基础；实现监管平台(查验点)建设，完成海关、国检集中监管查验点的硬件建设和软件调试；加快保税仓建设，青浦出口加工区通过“腾笼换鸟”、自用转型等方式共整合出3.7万平方米的自有仓库资源开展招商，吸引了绿地、洋码头、大田物流等4家重点企业入驻，并全部出租完毕；二是倾力打造跨贸小镇。依托赵巷电子商务园区项目、赵巷V机电项目、吉盛伟邦跨境家具体验中心项目、重固意邦进口商品 O2O 展销中心项目、华新西郊国际进口商品直销中心项目等项目，在现有的基础上统筹资源重点打造跨境电商 O2O 商业中心（即跨贸小镇）；三是支持建设跨境电商产业孵化中心。西虹桥商务公司与东方飞马投资管理有限公司共同打造以“上海全球青年创业中心——大虹桥飞马新立方”为主题的众创空间，主要引入互联网硬件产品创业、无线生活服务价值链创业、创新供应链创业、互联网物联网、跨境电商组合创业，载体规模计划约 10 万平方米。四是政府协调统筹加快发展。发挥区跨境电子商务发展领导小组统筹作用，积极组织学习培训，分赴杭州、郑州考察学习。制订出台了《青浦区开展跨境电子商务试点实施细则》（青府办发〔2016〕73 号）及申报指南。2016 年度给予 7 家企业 9 个项目扶持资金 568.3 万元。统筹全区招商资源与招商信息对接，促进企业引进落地。

7. 相互协作确保民生安全可溯

相关职能部门加强协作，加强对标准化菜场、活禽定点交易、食品追溯系统、商业预付卡备案、再生资源整治等进行管理。区内先后引入“智慧菜市场”和“智能微菜店”项目，在界泾港菜市场、城东菜市场安装 POS 机，探索银联“闪付”、APPLE PAY 的新型支付方式，并引进“食行生鲜”品牌智能微菜店，在全区 60 个小区设置了 300 余个冷藏、冷冻自提柜，推行“网订线送”的购物买菜新模式。做好活禽零售定点交易点季节性暂停交易、恢复交易等工作，加大日常检查及联合执法力度，依法取缔和查处非法活禽交易行为，确保青浦区活禽交易规范有序，防控禽流感。全区 36 家标准化菜市场网络建设稳定，确保食品流通安全追溯系统数据上报及时准确。根据上海市“双打”工作要求，制定了《2016 年青浦区打击侵权假冒工作要点》，确定五个方面 23 项工作措施以及相应的负责单位，进一步明确了工作方向和责任主体。加强青浦区单用途商业预付卡规范管理和再生资源行业安全检查，在全区范围开展专项整治行动。

（四）2017 年青浦区服务业发展工作重点

2017 年是落实“十三五”规划承上启下的关键之年，也是供给侧结构改革的深化之年，青浦将贯彻创新、协调、绿色、开放、共享的发展理念，突出“创新驱动发展、经济转型升级”，保持现代服务业快速发展的势头。

1. 谋划重点区域，做好产业规划

加快完成《淀山湖地区产业发展规划》编制工作是 2017 年规划重中之重，要做好与《淀山湖地区中长期发展规划》《淀山湖地区历史文化名镇联动开发建设总体方案》等规划衔接，形成合力，进一步厘清淀山湖地区发展所面临的痛点和难点，特别在产业总体定位上，紧紧围绕“世界著名湖区”这一总体区域定位，挖掘差异点，找准尖叫点，掌握制高点，规划产业发展新生态。

2. 聚焦转型升级，培育新消费点

支持商贸企业发展电子商务、实行网络营销及探索新型交易服务模式。推动商圈智能化，在重点地区开展智慧商圈试点创建工作。推进商业特色街（区）建设，以示范创建带动传统商业转型发展。打造节庆品牌，大力促进消费。制定全区扩大消费指导性文件，培育、扶持、发展全区各类重大商贸节庆活动，做深做精购物节等节庆消费，拓展网络消费，督促引导商贸企业搞活市场。加强“会商旅文体”联动。探索“会商旅文体”示范区创建，打造联动示范活动项目。推动电子商务发展，开展区、市级电子商务示范企业、示范园区、示范平台创建工作。

3. 强化会展服务，发挥平台效能

随着一系列文件的深入落实，政府职能完全从展前审批中退出，将进一步加强在展中和展后的监管和服务能力，全区将从以下几方面增进会展产业平台作用。一是全力做好会展保障工作。完善国家会展中心展会常态保障工作制度，做到区内各部门信息高效互通，营造良好的产业发展环境；二是完善规划政策等文件体系。关注上海市会展业“十三五”规划，推动会展产业标准化和规范化发展。继续贯彻落实会展服务类政策，发挥产业资金的撬动力量；三是加强各条线会展招商力度。统筹开展主题招商活动，“走出去”和“请进来”相结合，深入推进产业链招商；四是加快会展产业特色园区建设。充分激活国家会展中心带动效应，积极创建或认定会展特色产业园。在园区招商等方面给予引导和支持，加大对优秀园区的资金奖励。五是加强会展经济评估及统计。加快应用“会展拉动效应课题”和“青浦区会展产业评估课题”研究成果，发挥会展产业对属地其他行业的拉动效应。推动完善区级统计制度，健全产业发展环境。

4. 深化快递转型，发挥示范效应

快递产业发展继续以围绕“全国快递转型发展示范区”建设，推动全区快递企业健康发展，确保全区快递企业2017年业务收入完成480亿元，力争突破500亿元。具体工作思路如下：一是履行政府创新引领职能。全面落实快递物流产业“十三五”规划，积极推动快递业与交通运输业协同、融合发展。做好“全国快递行业转型发展示范区”授牌及深入建设工作，以“示范区”创建为抓手，争取国家和上海市层面现代物流和快递政策试点优先在青浦区试点；二是优化产业营商环境。优化政府审批流程，建立绿色通道，对重大项目开展全生命周期管理。完善各部门执法联动机制，全面提升快递行业安全服务水平。推动企业人才队伍建设，落实青浦区人才相关政策，缓解中高端人才落户、就医、就学等矛盾，为区内快递人才培养开拓新渠道；三是推动企业转型升级。强化总部经济效益，支持引进大型现代快递物流企业的总部、研发中心、结算中心、电子商务及城市配送的信息中心，鼓励快递企业与电子商务、大数据、互联网和金融等关联产业联动发展。支持企业资本化发展，强化上市培训平台功能。鼓励企业推进信息化、自动化、标准化、品牌化发展战略，对符合区产业发展方向的项目予以大力支持。

5. 联动跨境资源，打造示范园区

加快推进跨境电子商务示范园区建设，着力做好以下五个方面工作。一是聚集产业联动发展。加快跨境电商企业的招商工作，跨前一步主动参与统筹全区招商资源与招商信息对接，形成涵盖跨境电商平台、第三方支付、金融服务、仓储服务、代运营服务、创意设计、推广服务等方面的产业集聚和产业链，优化并拉长跨境电子商务整体产业链；二是推进“三个中心”建设。推进保税物流中心建设，与海关、国检、统计等部门进行对接，加快实现订单放量。推进O2O商业中心建设，聚焦奥特莱斯、吉盛伟邦线下体验店，加快推进西郊国际进口商品直销中心项目。推进产业孵化中心建设，利用国家会展中心影响力，联合青浦区快递物流产业，利用中欧·上海跨境电商研究中心青浦分中心吸引产业上下游企业落户；三是完善服务平台体系。继续推进上海跨境电商公共服务平台建设，优化保税进口集中监管点运作流程，发挥监管区海关国检的配套优势，完善人员配置满足电子商务要求，改善查验点运行软硬件环境；四是推动出口功能突破。在成功开展保税进口业务的基础上，探索跨境电子商务出口B2B模式业务，向上海海关申请开展跨境电子商务出口业务，争取实现新的突破。

6. 促进惠民服务，提升监管水平

积极推动智能微店布点，鼓励青浦区市场管理公司积极探索新的菜场管理经营模式，推动标准化菜市场新建改造。进一步提升食品追溯工作水平，按照《上海市食品安全信息追溯管理办法》加强执法力度，并进一步提升食品安全追溯系统的使用率、数据上报有效率。加强商业预付卡监管，做好规模性发卡企业的备案工作，全面推开商务行政执法工作，进一步预防消费风险。保障市场运行和消费安全，做好行业监督管理工作。加强市场营销安全宣传和管理，强化安全经营责任制，排除安全隐患，督促商贸企业规范经营。以文明指数测评为契机，做好商贸行业文明提升工作。加强督查、抓好问题整改，宣传优秀管理案例，探索建立长效管理机制。做好商贸服务企业节能工作，加强政策宣传，引导商贸企业争创环保节能示范单位。

第十五节 奉 贤 区

（一）2016 年奉贤区服务业、商业发展基本数据

2016 年奉贤区服务业、商业发展基本数据见表 13.16。

表 13.16　2016 年奉贤区服务业、商业发展基本数据

指标名称	2016 年数据	相比上年增长率/%
生产总值	729.3 亿元	5.5
# 第三产业增加值	316.4 亿元	8.2
# 商业增加值	93.8 亿元	6.5
商品销售总额	1 506.4 亿元	10.1
社会消费品零售总额	490.3 亿元	10.0
地方税收总额	285.6 亿元	15.3
# 第三产业税收	142.3 亿元	33.0
# 商业税收	41.7 亿元	15.0
年末户籍人口数	53.2 万人	0.7
年末常住人口数	116.7 万人	0.6

（二）2016 年奉贤区服务业、商业发展特点及运行分析

1. 总体运行分析

商业规模提升但增速有所下降。商业增加值（包含批发零售业、住宿餐饮业）共计 93.8 亿元，可比增长 6.5%，与 2015 年同期（7.4%）相比减少了 0.9 个百分点；增速高于全区增加值增速（5.5%）1 个百分点、低于第三产业增加值增速（8.2%）1.7 个百分点。

“三驾马车”中，消费规模及增速均保持第一。在拉动经济增长的“三驾马车”——“消费、投资、出口”中，消费依旧占据了规模及增速的第一名，消费增速分别超过投资和出口 7 个、14.7 个百分点。

商业税收大幅增加、增速提升。商业税收共计 41.7 亿元，同比增长 15%，与 2015 年同期（13.1%）相比提升了 1.9 个百分点；商业税收占全区和第三产业的比重达到了 14.6%、29.3%。

2. 主要业态发展特点

(1) 购物中心百货类“百家争鸣”，总体稳步增长。2016 年奉贤区 4 家主要购物中心销售共计 25.14 亿元，同比增长 31.01%，成为五大业态中全年增长速度最快的一个业态。

继浦商百货(原金叶商厦)迎来“老店新开”后，宝龙城市广场和苏宁购物广场也于 2015 年年底陆续开业。这 3 家购物中心的出现一改奉贤区百货业过去只有百联南桥购物中心“一家独唱”的购物形式，为奉贤区的消费市场注入了新的活力。

经过一年多的发展，新加入的百货运营能力都已步上轨道，对区内消费者的需求也有了更具体的了解。购物中心的发展除了可以给奉贤区人民带来更加丰富的购物休闲选择，更能通过各家百货独特优势与竞争力对民众需求进行合理分流，从而达到提升全区生活性服务业水平，完善城市综合服务功能的目标。

(2) 卖场超市总体销售保持平稳。卖场超市类累计销售 10.96 亿元，同比减少 0.90%。2016 年初由于春节放假提前至 2 月，民众集中 1 月份的购物消费带动了 1 月整体的销售额，销售情况同比成上升状态。除去 1 月份，整个上半年的大多数卖场超市业绩略有下滑。2016 下半年，受“双 11”电商冲击，卖场超市类的销售困境依旧，主要原因是由于来客量的衰减，其中有因为周边商区日渐成熟而导致的客户分流，也有因为电商普及便利变广而增加的客户网上购物。

针对目前商超销售普遍下降的情况，如何寻找业绩增长新的切入点，促进销售额是实体超市卖场面临的问题。大润发于 2015 年起开始打造的网上销售平台“飞牛网”，在丰富线上线下销售渠道的同时，也吸引新的客户群。

诚然在电商的冲击下，实体超市卖场选择线上经营已经成为一种趋势，但在选择与电商结合时也面临着不少挑战和问题，如何利用自身已有的客户资源、商家优势竞争已有的成熟电商来争取市场是未来超市卖场的发展方向。

(3) 专业专卖店类销售略有下降：同比减少 13.96%。医药市场持续火爆：2016 年医药市场销售火爆，同比增加 32.34%。主要原因是成西药销售、代中医院加工煎中药、中心医院内新开门店销售的增加。

家电市场中规中矩：2016 年全区永乐、苏宁销售共计 5.02 亿元，同比下降 11.7%。其中主要原因是由于在相同市场区域内新增了苏宁云店，对部分客户进行了分流；二是因为以往客户对通信、电脑批发的需求减少；三是普通类家电彩电的客户需求价位比同期价格低，合资品牌例如夏普、三星、索尼等都有所下滑，从而导致客单价的下降；四是因为网购平台对实体家电的冲击较大。

家装市场表现略显低迷：2016 年初房地产业的热销带动了建材市场的发展，市场销售红火。但后几月家装市场销售趋向平稳后销售有所下降,原因之一是2015年家饰佳同期的营销活动投资费用较高,创造了销售峰值,2016年相比有所减少;二是由于2016年家装行业的网上交易也越来越方便,导致实体交易相对难做。

黄金市场呈现低迷:黄金市场2016年销售同比减少36.41%。除去1月份的销售旺季给黄金市场带来了一定销量,受到宏观经济的疲软影响,2016年我国黄金首饰消费呈现低迷状态。加上投资者对金价预期涨势不强,继续持观望态度,导致销售同比减少。

(4) 宾馆餐饮类销售分化明显。2016年区内宾馆餐饮企业销售情况分化明显,根据对区内14家重点餐饮企业数据监测,虽然总体同比增加3.09%,但主要集中在星级酒店和高端餐饮:年初起大量年会、年夜饭和聚餐使得餐饮市场一片红火,加之2016年节假日婚宴桌数同比增加不少,婚宴和满月酒的销售对高端餐饮和四大星级酒店的拉动影响明显。但与此同时,受到新入驻百货商场带来的大面积餐饮新店影响,区内不少中端餐饮面临竞争,为求差异化而进行餐饮饭店装修、重新定位客户人群、改版菜式、增加服务特色等调整,所以中端餐饮本年度销售总体略有下滑。

(5) 网络购物类平稳增长。2016年区内三家电商企业累计销售13.9亿元,同比增长19.44%。回顾2016年的网络购物销售情况,虽然年初受制于物流,一、二月的假期对网络销售产生了一定影响。但"双11"的电商狂欢节无疑是助力电商销售浓墨重彩的一笔。2016年的"双11",水星当月销售1.91亿元,同比增长10.98%,当日销售额突破1.87亿元,同比上涨18.3%,位列天猫平台单品牌销售排名第一。电商平台的日益发展使其逐渐成为人们消费购物渠道的选择,包括超市卖场、家电、家装在内的很多实体经营都受到来自电商的冲击。电子商务依托其库存压力小、经营成本低、经营规模不受场地限制等特点总能有新的销售突破。

(6) 农副产品批发类稳步增长。2016年农副产品批发类同比增长2.94%,总体价格基本保持平稳。其中受夏季高温和冬季寒潮等天气因素影响,蔬菜的价格偶尔会产生些许波动,但总体影响不大。

(三) 2016年奉贤区商业发展趋势和热点分析

1. 推动多中心多层次均衡发展

提升发展南桥新城商业中心,依托百联南桥购物中心、苏宁生活广场、宝龙广场等商业载体,突出主题化、个性化、特色化发展,引导商圈加强信息化和智慧化建设,积极探索发展建设体验式智能化商圈;加快新市镇商业中心建设,以柘林镇、青村镇、奉城镇等为落脚点,加快佳源梦想广场、帝豪综合体等项目建设,积极引进大型综合超市、各类特色品牌专卖店等，凸显大众综合购物和生活服务功能；持续稳步推进特色商业街和商业示范社区提升工程，稳健推进社区商业中心，完善社区商业综合服务功能，完善产业园区及农村地区配套商业设施建设。

2. 引导存量传统商业转型升级步伐加快

推动新城周边存量商业资源转型升级：一是杭州湾综合市场，通过装修改建后面貌焕然一新，在原建材业态基础上增加了餐饮、服装服饰、休闲娱乐、百货用品等新业态，为消费者提供了一个舒适安心的一站式购物环境，改造后建材类年营业额达 7 000 万元，餐饮类年营业额达 2 000 万元，娱乐年营业额 500 万元，大大提高了市场经济效率。该项目已申报上海市存量商业转型升级示范项目；二是南方国际钢材市场整体改造升级，拟打造汽车全产业链销售、展示平台，规划建设成为融合了新车及二手车汽车文化、汽车展示、查验检测、汽车销售、汽车电商、电子金融、商业配套的家庭一站式汽车主题文化公园。目前方案已报上海市商务委有待批复。

3. 不断提升消费对经济增长的拉动力

2016 年正值上海购物节十周年，自 2007 年举办以来，上海购物节奉贤欢乐购物活动的销售增速均超过两位数，增幅连续 10 年超过全区同期社会消费品零售总额。2016 购物节奉贤区以“新消费、新体验、新联动”为主题，发动全区商业资源积极参与引爆消费热潮，先后开展了南桥商圈嘉年华、奉贤第二届婚博会 、宝龙城市广场闽南文化展、苏宁生活广场佳节大狂欢、艺术进商圈等九项活动贯穿“特色奉贤”“购想佳节文化”“商旅文体互动”三大板块。参与主题活动的 24 家零售商家销售额达到 6.42 亿元，比同期增长 12.2%，消费市场反响热烈。

4. 推动国内贸易流通体制改革发展综合试点工作

为期一年的内贸流通体制改革发展综合试点工作初见成效。在上海市商务委员会的指导下，全区按照《上海市国内贸易流通体制改革发展综合试点方案》的要求，落实了团结有效的部门协作体系，制定了详细可行的试点工作方案，推动培育了一批具有示范引领作用的现代服务业项目，在试点过程中逐步形成的“平台经济”发展模式成为工作亮点。试点期间，奉贤以两个市级平台——上海石油化工交易中心和上海煤炭交易中心为龙头为引领，围绕大宗商品交易平台、电商平台、专业市场平台、制造业集成平台、专业服务平台五类重点平台企业，聚焦大宗商品能源、生产资料与农副产品三大领域，积极培育一批“线上线下、二三融合、区域联动、内外连接”的资源配置型平台。其中，上海石油化工贸易服务功能区 2016 年平台会员企业数近 626 家，平台交易量突破 1 621 亿元人民币，同比增长达 2.5 倍，税收贡献达 1.56 亿元，同比增长 50%以上。

5. 推动服务业园区品牌化培育加速

生物科技园区、工业综合开发区、星火开发区三家单位获得由市经信委、市商务委、市工商行政管理局评比的上海产业园区品牌和优秀开发建设运营机构；上海爱企生产性服务业功能区，2016 年由上海市经信委认定为上海市 2016 年两个(创建类)生产性服务业功能区之一。2016 年开展了第三批奉贤区服务业重点集聚区、重点企业和项目认定工作，5 个重点集聚区、5 个重点项目，22 个重点企业通过评审成为区级服务业第三批重点单位。一批符合奉贤区现代服务业产业整体规划，主导产业明晰、管理体系成熟、市场竞争力较强、品牌辐射力显著、示范引领作用突出的服务业领域重点集聚区、重点企业、重点项目培育加速。

6. 探索区内商业办公用地年度供应计划评估体系

贯彻沪府办〔2016〕10 号文精神，与区规土局联合探索建立工作机制，按照市政府的要求，评估区内商业办公用地年度供应计划，优化区内土地和住房供应结构，合理把握开发的规模、结构和节奏。2016 年共有 13 个地块通过上海市商务委的审核。

7. 推动高层次产业招商活动进入奉贤

联合上海生产性服务业促进会共同主办上海生产性服务业功能区服务创新论坛暨功能区产业地图、公共服务平台创新集锦发布活动。39 家市级生产性服务业功能区、20 家区级服务业重点集聚区、重点企业和合作单位共计 200 人参加了论坛。活动充分展示了奉贤在产业经济发展方面具备的战略储备空间和强大服务能力，又加强了奉贤与上海市区在生产性服务业领域的沟通交流与联动发展。

（四）2017 年奉贤区商业发展重点

1. 聚焦服务业五大重点产业争创赶超发展新优势

集中优势发展服务业五大重点产业，支持传统商贸转型升级，重点突破平台经济及电子商务，着力发展生产性服务业，积极发展文创旅游服务业，鼓励发展金融服务业，形成五大重点产业相互促进、齐头并进、各具特色的发展局面。

2. 打造服务业四大发展形态培育城市发展新亮点

推动区内形成总部经济、服务业集聚区、楼宇经济、二三产融合四大服务业发展形态，形成空间布局合理、功能配套完善、交通组织科学、建筑形态新颖、生态环境协调，充分体现以人为本的，具有较强现代服务产业集群功能的若干个区域。

3. 紧扣服务业发展三大抓手增强发展新活力

紧紧围绕产业定位、产业招商、产业服务三大抓手，进一步深入研究区域特点，合理地选择和确定产业发展的方向、产业规划和布局；进一步提高服务业招商的整体性、计划性和协调性，整合区内现有的商务办公楼宇资源，理顺机制，加强管理，精心包装，积极推介；进一步提升产业服务的深度，以加强政府自身建设为突破口，统筹各相关部门职能，并不断提升服务平台，引进和培育社会力量，形成服务产业的工作合力，优化区域营商环境。

4. 落实区级服务业扶持政策持续优化服务业发展环境

加强服务业"三个认定"项目的跟踪评估，持续推进区级服务业品牌培育和打造工程；落实区级服务业扶持政策，保持区级服务业扶持资金逐年增长。

（五）奉贤区主要功能区介绍

南桥中小企业总部商务区

1. 商务区总体概况

商务区规划面积1.47平方公里，东至金海路，西至S4高速，北至南奉公路，南至G1501高速。商务区开发主要分三个阶段（即"三个四年"）进行。第一个阶段：2007—2010年，是提升规划、完善配套和重点打造商业居住板块阶段，重点建设商务区一期用地，集聚人气和增强社会关注度；第二个阶段：2011—2014年，是完善功能，丰富业态和总部经济成长阶段，重点打造商务区二期与三期用地，提升商务功能和培育总部基地；第三个阶段：2015—2018年，是提升功能，引领示范，成为企业总部落户发展的孵化器和助推器阶段，重点打造总部基地品牌和增强现代服务业实力。

经过9年来的开发，目前商务区已经开发面积162万平方米，在建面积38万平方米，总实际投资额102亿元，区内从业人员1.8万人，上缴税金13.54亿元，完成营业额93亿元。

2. 商务区开发现状

(1) 商务区一期（南至百通路、北至南奉公路）全部完成地块招商任务。

1) 南方国际广场（50万平方米体量）：3.3万平方米的南方国际大厦，企业进驻率达100%，其中规模企业超过42家；百联南桥购物中心11.59万平方米，自2008年开业以来，成为百联集团业绩增长最快的商厦；8万平方米的南方国际中心已交付使用，大厦招商业态主要集中在金融、商贸和服务业等，目前奉贤三大国有银行支行都已经签订进驻协议。南方国际广场整个项目建成后，年交易额将达50亿元，创税5亿元。

2) 绿地"望海CBD"项目：总建筑面积22.27万平方米，其中地上商业5.71万平方米，办公8.25万平方米。目前，正在推进招商工作。

3) 银河丽湾项目：总建筑面积41.89万平方米，其中商业办公10.64万平方米，一期已完成建设，目前正启动二期项目建设，预计2017年底进入预售。

(2) 商务区二期(南至南港路、北至百通路)部分完成招商。

1) 中企联合大厦：主楼部分通过社会公开招标，由函众商务公司整体租赁，目前已正式对外招租；裙楼部分作为区行政服务中心办公使用，于2015年5月正式对外开放。

2) 杭州湾生活广场：原为杭州湾建材市场，为进一步改善市场环境充分发挥地理优势，并与周边商业相连接，提升商务区整体形象，于2015年进行改造成为集餐饮、服装、百货、娱乐、生活用品为一体的生活广场。

3) 卓越世纪中心：总建筑面积28.8万平方米，其中商业2.44万平方米，商务办公8万平方米。目前正在积极推进"卓越E+"平台招商。

4) 中企大厦南部1.87公顷地块已于2013年4月28日成功出让给上海南郊能源开发有限公司建设南郊石油交易平台"南郊能源大厦"，目前已全面启动建设。

5) 南桥国际商业广场(即礼品城)：总建筑面积10.2万平方米，目前定位为建材市场，但由于小业主众多，无法统一招商。

6) 绿天商城：已成立业委会筹备组，主要负责对商城内相关问题的协调。依靠紧邻百联购物中心的地理位置，绿天商城沿街商铺都已出租，且有一定人气。一层定为服装零售市场。但是整个商城由于小业主众多，管理难度较大。

(3) 商务区三期开发(南至G1501、北至南港路)，2014年起进行动迁阶段，将作为住宅用地。

3. 区域环境与交通情况

(1) "两路一带"。贯穿商务区东西向的"两路一带"：沿百秀路以北、百兴路以南建设宽度约100米长度约1 000米的复式绿化游憩带，选择观赏价值高的树种和花卉，重点进行绿化，形成长年有绿叶，四季有繁花的城市绿化体系，规划中穿插其间的文化休闲娱乐建筑以及各式建筑小品和雕塑小品一起，以供市民游憩休闲之用，同时绿化和美化城市生活。

(2) 交通情况。商务区对外交通方面，西侧的S4(莘奉金)、南侧的A30均已建成贯通区外纳入高速公路网；东侧的金海公路是奉贤区的"黄金大道"，虹梅南路越江隧道奉贤段已通车，向北直达闵行剑川路，向南连接的海湾地区；规划中15号线轨道交通站点"南桥新城站"将建在靠近南桥国际广场的金海路西侧。

商务区域内共有4纵3横7条道路。南北主干道望园路将商务区地块与北侧的浦南运河以南区域取得了便捷的联系；此外还有百顺路、百齐路、百富路。东西主干道百秀路、南港路是与老城区的紧密联系起来。

4. 经济税收数据

南桥新城商务区园区，成立于2011年，是南桥新城公司下属企业，主要负责经济园区招商，也是全区35个经济园区之一，承担着招商引资和服务管理的职能。至今，商务区已累计吸引近3500家企业入驻，共计实现税收26.7亿元。在引进企业的结构和比例方面，商务区税源从房地产业、建筑业为主逐步转向服务业和批发零售业。

5. 问题分析和发展措施

(1) 大交通。从国内外发展总部经济的经验来看，快速便捷、纵横发达的交通体系成为必不可少的条件之一。从南桥新城的交通配置来看，大容量交通尚未形成突破，到市中心还是不太方便，自然对楼宇经济的招商影响较大。建议：要加快轨道交通5号线南延伸段、金海路—虹梅南路越江隧道、BRT、城际有轨电车等重大交通基础设施的推进力度，以解决交通瓶颈问题。

(2) 功能性项目进驻。积极开展楼宇招商和总部招商。商务区一直与中国中小企业协会、国家网联会和长三角地区服务中心的联系，利用好北京与长三角地区的优厚资源。着重加强抓住“营改增”机遇，考虑以“园中园”方式，加强项目招商对接，实现“共同招商，利益共享”。同时，要学习漕河泾科技绿洲、杭州湾产业园区的发展经验，借助漕河泾开发区、临港园区和虹桥开发区的品牌优势，善于“借船出海”。建议发挥资源优势，引入一些知名的招商平台，或者是开发区联手，助推总部经济与楼宇招商发展。

第十六节　崇　明　区

(一) 2016年崇明区服务业、商业发展基本数据

2016年崇明区服务业、商业发展基本数据见表13.17。

表13.17　2016年崇明区服务业、商业发展基本数据

指标名称	2016年数据	相比上年增长率/%
生产总值	311.7亿元	7.0
# 第三产业增加值	152.7亿元	10.9
# 商业增加值	25.5亿元	9.9
商品销售总额	450.6亿元	11.4
社会消费品零售总额	107.2亿元	10.3

续表

指标名称	2016 年数据	相比上年增长率/%
地方税收总额	164.5 亿元	32.2
# 第三产业税收	116.0 亿元	39.2
# 商业税收	14.0 亿元	12.7
年末户籍人口数	67.1 万人	−0.2
年末常住人口数	69.8 万人	0.2

(二)2016 年崇明区服务业、商业发展概况

1. 服务业发展概况

2016 年是贯彻实施“十三五”规划的开局之年,围绕全市产业结构调整和现代化生态岛建设的需要,崇明坚持创新驱动发展、经济转型升级,适应经济发展新常态,化解发展中诸多困难形势和不利因素,服务业总体保持平稳发展。

(1) 从规模上看,服务业经济规模不断扩大。近年来,随着生态岛建设的加快推进,崇明服务业规模不断扩大。2016 年,全区服务业实现增加值 150.90 亿元,比上年增长 9.66%。三大产业结构进一步优化,全年三次产业增加值比重为 7.7∶45.9∶50.3,第三产业增加值比重比上年提高 3 个百分点。从历史数据看,服务业呈现较缓增长态势。2016 年,崇明区继续加大对重点地区、重点工程的投资、建设力度,推进相关服务性功能项目落地。

(2) 从核心产业上看,生态休闲旅游业发展取得较大成效。全区积极推进国家全域旅游示范区和东海瀛洲国家 5A 级景区创建,东滩湿地公园和西沙·明珠湖景区成功创建国家生态旅游示范区,西沙湿地成为全市首家国家级湿地公园。成功举办环崇明岛国际自行车联盟女子公路世界杯赛等运动赛事和崇明森林旅游节、文化艺术节、休闲体育大会等特色活动,促进“体旅、农旅、文旅”等融合发展。2016 年,旅游业总体保持平稳较快的发展态势,全年接待游客 500 万人次;实现旅游直接收入 11 亿元,增长 9.18%。

(3) 从发展的趋势上看,新兴服务业加快培育。目前,崇明区一些新兴的服务业开始萌芽,如信息数据产业、总部经济园区建设等。一是上海智慧岛数据产业园区代表的信息数据产业为崇明现代服务业增加了新的内涵。目前,智慧岛数据产业园建设正在对园区形态、内涵进行优化调整,启动“园中园”一期项目。在招商方面,坚持“招精引强”,把招商工作的着重点紧紧瞄准跨国公司总部、大型企业总部、地区总部、

高精尖技术研发总部、高端产业企业总部等高端、精品企业与研发机构，目前已累计引进企业超过400家。在区域合作方面，由浦东新区金桥集团、张江集团与智慧岛园区共同出资成立的“上海东明瀛洲投资开发有限公司”完成注册，目前正对园区内60-01、60-08两个地块启动土地招拍挂前期工作；二是发展区内总部经济。崇明工业园区总部经济园项目是园区根据《崇明生态岛建设纲要》提出的新要求，按照转变经济发展方式、调整优化产业结构的发展思路，通过打造以生产性服务业为主的总部经济“园中园”，吸引一批高质量企业落户崇明并成立企业总部，发展产品研发、专业设计、商务办公等，加快推动产业集聚，提升产业发展能级，实现园区发展方式的转变。项目位于崇明工业园区二期南部，临江而设，东至三沙洪、南至人民西路、西至岱山路、北至无名河。规划总面积211 500平方米(折合为317.25亩)。其中，总部经济园项目中五个地块(共计113 022.8平方米)于2012年与中信昊园成都置业有限公司上海分公司达成合作开发协议，由中信昊园方面按照总部经济园整体规划，独立进行开发建设和招商引资，2014年正式揭牌启动。截至目前，中信昊园项目10个研发总部类地块完成实体项目引进工作。总部经济园区域园区自行开发建设地块完成土地挂牌出让及开工前期各项准备工作，即将开工。

(4) 从存在的问题看，服务业发展仍需提速。尽管崇明区服务业取得了一定发展，但还在很多问题，突出表现为服务业发展缓慢。一是新兴服务业发展仍处于培育阶段，在很多体制机制上仍需要创新，有很多政策需要突破。如文化产业方面，急需打造一批具有时代特征、崇明特色的文化产品和文化基地；健康产业方面，缺乏办医政策优惠，吸引社会资本及市级优质资源到崇明发展高端医疗的力度不足；二是现有服务业缺乏大项目支撑和带动，无法形成产业集聚效应。例如上海智慧岛数据产业园，还需要市级部门按照生态产业定位，在项目引入上优先布点布局；生态休闲旅游业方面，还缺乏重大旅游项目和国内外知名旅游企业的落户。

2. 商业发展概况

2016年，按照市区政府的部署和要求，崇明商业经济运行工作，以生态岛建设为总目标，抓繁荣市场扩大消费，抓行业规范保障供应，不断满足日益增强的居民消费需求，完成年初人代会所确定的各项目标和任务。

(1) 商业市场繁荣稳定。2016年社会消费品零售总额完成107.22亿元，同比增长12.1%。分行业来看，零售业实现零售额92.30亿元，同比增长10.2%，占零售总额的86.1%；批发、住宿、餐饮行业分别实现零售额4.82亿元、4.02亿元和6.08亿元，同比分别增长10.6%、10.2%和10.7%。集贸市场持续发展，全年成交额27.66亿元，同比增长11.2%。税收总额完成164.45亿元，同比增长32.2%，其中：三产税收

115.98亿元，占全区税收总额的70.5%，同比增长39.2%；商业税收14.00亿元，占三产税收的12.1%，同比增长12.7%。商品销售总额完成450.62亿元，同比增长11.4%。

(2) 传统节日对消费市场影响显著。元旦、春节、五一、国庆四大节假日，是城乡居民消费的集中和高峰时期，各大商家广泛开展节日营销系列活动，满足了广大居民和来崇游客的消费需求。据对14家主要商业企业抽样统计，元旦假期实现销售收入1 681万元，同比增长3%；春节销售收入3 709万元，同比增长2%；“五一”销售收入1 818万元，同比增长3%；“十一”销售收入3 840万元，同比增长2%。

（三）2017年崇明区服务业、商业发展趋势

2017年是崇明深入推进“十三五”规划实施的关键一年，也是奠定现代化生态岛建设基本框架的重要时期。党的十八届五中全会提出了创新、协调、绿色、开放、共享五大发展理念，牢固树立并切实贯彻这“五大发展理念”，是“十三五”乃至更长时期我国的发展思路、发展方式和发展着力点，将引领和推动经济社会发展深刻变革。即将发布的崇明世界级生态岛发展“十三五”规划，以及崇明生态岛建设第三轮(2016—2018)行动计划的明晰，为崇明经济社会发展引领方向，相关项目落地也将进一步夯实产业发展基础。

1. 发展生态旅游业

统筹点、线、面，全力推进国家全域旅游示范区建设。整合和提升东平国家森林公园、西沙·明珠湖景区、东滩鸟类保护区和中华鲟保护区等“2+2”旅游资源，加快东海瀛洲国家5A级景区创建。进一步完善旅游轴线。推出迪士尼崇明旅游精品线路。完善全域旅游基础设施，加快环岛生态景观大道一期项目建设前期工作，推进“1+3+N”旅游集散体系建设，全面建设旅游道路交通指引标志。推动“农家乐”向民宿等转型升级，全面提升乡村旅游品质。着力打造具有崇明特色的旅游节庆活动品牌。

2. 发展特色新兴经济

探索“生态+产业”发展新途径。积极发展体育产业，大力举办路跑、骑行、足球、水上运动等各类健身休闲活动，举办2017年环崇明岛国际自行车联盟女子公路世界巡回赛等体育赛事，推进皮划艇、帆船运动基地建设前期工作，培育和引进相关体育俱乐部。积极扶持文化艺术、休闲娱乐等文化创意产业发展，举办大型文化创意活动，协调推进实景影视剧拍摄基地和影视后期制作基地等项目规划和建设工作。有序发展高端健康养老产业，协调推进东滩生态养老社区建设。深化智慧岛产业园与

金桥集团、张江集团合作，推进崇明工业园区和富盛经济开发区转型升级。鼓励和支持乡镇、园区创新招商方式，不断增强经济发展综合实力。

3. 发展海洋经济

加大为驻地央企服务力度，加快中船长兴二期动迁。继续加强长兴配套产业基地建设，深化与临港集团合作，加快推进上海船舶研究所国家重点实验室、中船重工七〇四所等一批科研项目投产运营，启动天安智谷等产业配套项目建设。协调推进渔港公园建设，完善渔港综合功能区休闲、娱乐、餐饮等功能，促进渔旅经济发展。

4. 推进商业经济平稳运行

加强招商引资力度，进一步完善招商扶持政策，吸引优质税源，鼓励总部经济、楼宇经济、产业招商和品牌招商等发展模式。完善商业基础设施，推进百联崇明新城及绿地新都会2个商业综合体项目等重点地区及项目建设，了解企业推进过程中的困难和要求，切实帮助服务企业，推动百联项目尽早开业。继续开展全国县级文明城市创建工作，提升服务业、商业发展环境，提高商业窗口服务质量。提升农贸市场建设和管理水平，指导各乡镇推进集贸市场区域规划和专项整治，完成7家标准化菜市场实事项目建设。加强单用途商业预付卡管理，规范发卡、售卡、用卡企业经营行为。进一步规范废弃农药包装物、废塑料回收处置。加强酒类安全监管，保障酒类消费安全。加强节日消费品市场运行监测，保障市场供应和消费安全。

（四）崇明区主要功能区介绍

1. 崇明新城商业中心

崇明新城是崇明区城所在地，是崇明的政治、经济、文化中心，位于海岛中西部，规划人口为20万。崇明新城包括西部的老城区和东部的新城区两部分，现有商业布局主要集中在由北门路、西门路、东门路和长江围合而成的老城区。目前老城区有商业网点2 000多家，营业总面积约17万平方米，1 000平方米以上的商业服务业设施有30多家，商业设施比较齐全，交通十分便捷，是全岛商业的中心，岛上最负盛名的八一路步行街和八一商业广场位于该区域的中心地段，是海岛最繁华的消费场所。

业态布局方面，以中小型超市、专业专卖店、传统百货、便利店、小市场等满足本地居民日常生活消费的业态为主，商业用地分布较为集中，商住用地在各类用地中所占比例最大，体现崇明商业与居住关系密切的特点。

(1) 2016年发展概述和2017年建设和调整重点。2016年，崇明新城前期开发工作扎实开展，新城地区商贸业正在起步，重点工程建设有序推进，文化科技中心二期（区档案馆）、商务中心建成投用，滨江地块启动拆迁工作，道路交通、市政管网等基础设施不断完善。城桥新城商业中心定位为崇明三岛区域性商业商务中心，重点建设都市商业商务区，建成多功能、多业态、综合性服务业集聚区。

2017 年崇明新城将继续完善地区商贸业布局，有序推进重点工程建设，继续滨江地块拆迁工作，不断完善道路交通、市政管网等基础设施。加快推进百联崇明商业广场、绿地集团 31 号地块和 18 号地块二期，以及亚通广场、电力公司办公楼等社会投资工程，逐步启动新城东区一批景观道路和河道疏拓等基础设施建设。继续推进西部旧城区的改造，完善提升旧城区商业业态布局。

(2) 中长期发展目标、规划方案。崇明新城商业中心定位为崇明三岛区域性商业商务中心，重点建设都市商业商务区，建成多功能、多业态、综合性服务业集聚区。2020 年，基础商业网点总面积将达到 40 万平方米，人均商业建筑面积达到 2.0 平方米。

新城区以新建为主，体现田园水城风貌和中央商务区核心功能，以新城核心区为主要空间载体，沿老效港及其串联的滨水地带布局行政办公、商务金融、会展服务、商业中心、休闲娱乐、文化体育等都市中心功能；老城区以调整提升为主，体现历史老城风貌和商旅文特色，重点改造调整以八一路步行街为核心的"三纵三横"中心商业街区，建设成为集购物、休闲、旅游、观光、娱乐、餐饮为一体的城市商业文化中心，鼓励引进现代商业业态、上海老字号品牌和著名工业品牌，建设崇明特色商街。

2. 陈家镇现代服务业集聚区

陈家镇现代服务业集聚区位于崇明区东滩 · 陈家镇内，规划占地面积 845 公顷，根据集聚区产业定位，考虑便于综合管理的原则，在集聚区构建"论坛岛区、综合商务区"两大区域的空间布局。论坛岛区是集聚区的核心区域，用地面积 200 公顷，主要包括论坛岛和中央景观湖。其中"十二五"期间重点推进集聚区国际论坛商务区南部约 210 公顷的上海智慧岛数据产业园区的建设，2011 年 10 月份园区已经启动开工。产业功能战略定位为科技研发、创意产业、数字软件、会议会展、商务办公、总部经济、养生养老、休闲度假、生态居住等。在"十二五"期间，致力于将集聚区打造成为东滩 · 陈家镇现代服务业与生产性服务业的核心产业园，成为现代生态城经济发展的基础与支柱。

(1) 2016 年发展概述和 2017 年建设、调整重点。2016 年，陈家镇现代服务业集聚区的开发以上海智慧岛数据产业园建设为重点，全面推进配套基础设施和功能性项目的前期开发建设。以高端别墅、五星级酒店会所、休闲体育运动为功能的滨江休闲社区，已初步完成形态建设、功能建设和业态营运。能源管理中心基本建成，上海崇明体育训练基地、览海华山医疗中心、郊野公园组团等项目工作正在展开。2016

年共接洽了近百家企业、事业单位，涉及的行业有养老、医疗、科研、文化、商业旅游、国际教育、主题乐园等门类。目前，上海东滩思南路幼儿园实体工程已完工，市体育训练基地一期项目已结构封顶，上海实验学校附属东滩学校项目正有序推进，览海华山医疗中心、中信养老、葛洲坝新能源等项目各项土地出让前期工作有序进行。

2017 年，陈家镇现代服务业集聚区将继续以上海智慧岛数据产业园建设为重点，全面推进配套基础设施和功能性项目的前期开发建设。继续推进以高端别墅、五星级酒店会所、休闲体育运动为功能的滨江休闲社区的形态建设、功能建设和业态营运，建设能源管理中心，继续展开上海崇明体育训练基地、览海华山医疗中心、郊野公园组团等项目工作，继续接洽养老、医疗、科研、文化、商业旅游、国际教育、主题乐园等行业的企事业单位。

(2) 中长期发展目标、规划方案。中期注重集聚产业、重点发展。利用集聚区土地、交通、生态优势，加大招商工作力度，完善招商引资模式，启动标志性项目，重大项目开始入驻，形成一定产业规模，并初步具备集聚效应。努力突破发展优势明显、潜力大、辐射能力强的重点领域和行业，重点发展生态会议会展服务、总部商务和研发基地等产业，重点打造具有影响力的会展服务业态，吸引跨国大公司、国企总部及研发基地落户。

远期注重强化功能、增加效益。集聚区各方面综合平衡发展，强化集聚区的集聚功能、联动功能、辐射功能。以集聚功能壮大产业规模，以联动功能实现与陈家镇其他地区的联动发展，以辐射功能带动陈家镇地区整体功能协调。使得集聚区外部形态更加成熟，配套设施更加完善，生态环境更加优美，形成具有一定实力和影响范围的现代服务业集聚区。

附录1　2016年上海服务业大事记

一月

6日　国务院常务会议决定在上海等12个城市新设一批跨境电子商务综合试验区，复制推广杭州自贸区的两点经验做法：一是构建包括信息共享体系、在线金融服务体系、智能物流体系、电子商务信用体系、统计监测体系和风险防控体系等六大体系；二是建设线上“单一窗口”和线下“综合园区”两个平台，为跨境电子商务打造完整产业链和生态圈。

11日　上海市正式发布《上海市城市总体规划(2015—2040)纲要》提出上海的城市愿景是：追求卓越的全球城市，努力打造一座更具竞争力的繁荣创新之城、更具可持续发展能力的健康生态之城、更富魅力的幸福人文之城。《纲要》分为发展目标、发展模式、发展策略、实施保障四大部分、十个章节，重点聚焦空间体系、生态环境、综合交通、产业布局、城乡社区、城市魅力、城市安全等重大问题，明确发展策略和相关发展指标。

二月

1日　《上海市国民经济和社会发展第十三个五年规划纲要》正式发布，提出“十三五”期间上海经济社会发展的目标是：到2020年，形成具有全球影响力的科技创新中心基本框架，走出创新驱动发展新路，为推进科技创新、实施创新驱动发展战略走在全国前头、走到世界前列奠定基础。适应社会主义市场经济发展，建立健全更加成熟、更加定型的国际化、市场化、法治化制度规范，基本建成国际经济、金融、贸易、航运中心和社会主义现代化国际大都市，在更高水平上全面建成小康社会，让全市人民生活更美好。《纲要》贯彻落实创新、协调、绿色、开放、共享的新理念，分为七大部分，四十八个方面，重点聚焦创新发展、协调发展、绿色发展、开放发展和共享发展。

同日 上海市人民政府发布《上海市推进"互联网+"行动实施意见》，提出上海市推进"互联网+"的发展目标：到2018年，实现互联网与经济社会各领域深度融合，形成有利于互联网创新的宽松制度环境，确立上海互联网发展的优势地位，形成经济发展新动力，营造互联网发展新环境，打造互联网城市新品牌。

16日 市商务委透露，本市今年将在农产品流通供应和消费两端发力，完善农产品流通供应链，再建100家标准化菜场和500家社区智慧微菜场，预计到年底，全市标准化菜场达到1 010家，社区智慧微菜场达到955家。

17日 2016年上海市商务工作会议在市政府召开，会议确立2016年全市商务发展的预期目标：商品销售总额增长7%左右，社会消费品零售总额增长8%以上，电子商务交易额增长20%左右；货物进出口保持稳定力争有所增长，服务进出口增长12%左右；展览面积力争突破1 600万平方米；非金融类对外直接投资规模保持300亿美元左右，实到外资规模保持170亿美元左右。

20日 市商务委会同市人社局、市工商局、市卫计委、市妇联联合发布《关于本市加强家政服务业管理体系建设的实施意见》，提出从登记管理、健康体检、技能提升、行为规范、经营资格、经营规范、经营责任、信息监测、标准规范、日常监管、诚信服务、培训体系、服务形式等十三个方面加强建设，打造"诚信服务、安全家政"的上海家政服务业。

三月

2日 上海市商务委员会与金山区人民政府签署《共同推进金山商务发展战略合作协议》，双方将结合上海内贸流通体制改革发展综合试点和金山新型城镇化改革综合试点的推进，努力将金山打造成具有产业特色的上海国际贸易中心和科技创新中心的重要功能承载区。

15日 中国(上海)自由贸易试验区保税区域——"上海市跨境电子商务示范园区"启动仪式在外高桥保税区举行。自贸试验区管委会和保税区管理局表示，未来将进一步优化跨境电商监管流程，提高企业通关效率降低成本。推进保税集货、线上线下互动等模式多元化运作，吸引境外消费回流。

同日 2016年市政府实事项目早餐工程动员会召开。今年早餐工程将重点支持企业在大居和配套薄弱社区新建30家早餐示范门店，充分利用5年来已建成的24家早餐加工配送中心(中央厨房)，进一步释放其向早餐网点配送能力，起到引领行业标杆作用。

23 日 2016 年上海市电子商务发展联席会议在市政府召开。会议确立了 2016 年全市电子商务发展的预期指标:电子商务交易总额突破 2 万亿元,增长 20%以上。同时,明确了推动跨界融合创新,激发电子商务发展新动力;推进线上线下协调发展,促进经济转型升级;发挥开放型经济优势,提升电子商务开放水平;不断优化发展环境,完善电子商务服务体系;创新政府服务模式,促进电子商务规范发展等五方面重点工作。

30 日 上海国际棉花交易中心正式上线运营。市商务委主任尚玉英表示,"十三五"时期,上海将打造一批千亿、万亿级的大宗商品交易平台和市场,着力推进产品创新和服务创新,打造最开放、最便捷、最高效的棉花交易综合服务平台,进一步提高棉花商品的"上海价格"和"上海指数"的国际影响力,带动上海大市场建设再上新台阶。

31 日 市商务委与苏宁云商集团股份有限公司共同开展发挥新消费引领作用的战略合作,推动上海国际消费城市建设。此次合作围绕"促创新、助转型、补短板、惠民生"目标,主要从推进新建大型居住社区 O2O 商业发展、释放农村消费潜力、引领新消费模式、创新扩大有效供给、助力传统业态转型升级、发展智能绿色物流、发挥电商集聚效应等八个方面开展合作。

四月

1 日 市商务委召开本市家政服务业管理体系建设推进会,部署 2016 年家政服务管理体系建设的主要工作:推广家政持证上门服务试点,完成标准规范制定,开展行业立法调研,积极推进注册登记和灵活就业登记工作,推进家政服务机构建设。

5 日 市商务委召开平行进口试点工作专题会议,讨论如何加快推动汽车平行进口试点工作,尽快修改和完善试点方案,推动实施细则的制定并取得实效,力求确保各项政策措施早日落地。

6 日 市商务委主任尚玉英在上海环球港主持召开上海"'互联网+'商务创新实践区"建设现场会,指出各区县应根据各自不同的发展特点和产业优势,开展"互联网+"商务各个领域的创新实践区建设,并提出在理念上要"鼓励探索、宽松宽容"、在机制上要"行合趋同、各司其职"和在监管上要"引领航线、把牢底线"等三项要求。

26 日 上海市工商局联合第三方网络平台开发的"网购大家评"网站上线,该网站是国内首个网购消费评价意见收集平台,消费者对于网站的评价、网购体验、投诉举报等信息,经过分析加工,将成为市场监管部门开展行政指导甚至监管执法的重要参考。

五月

4日　《上海市文化创意产业发展三年行动计划(2016—2018年)》发布,提出上海市文化创意产业三个层次的发展目标:2018年底,形成结构更优化、特色更鲜明、布局更合理、优势更突出的文化创意产业集群,产业辐射带动效应更加强劲。《计划》提出了文化艺术类产业原创力激发行动、创意设计类产业驱动力升级行动、时尚体验类产业吸引力增强行动、网络信息类产业竞争力提升行动、咨询广告类产业影响力扩大行动等五项主要任务。

7日　上海迪士尼开始试运行。据了解,上海迪士尼度假区包括上海迪士尼乐园、迪士尼小镇以及星愿公园。其中主题乐园六大园区包括"探险岛""奇想花园""米奇大街""明日世界""宝藏湾"及拥有奇幻童话城堡的"梦幻世界"。

10日　市商务委组织召开汽车流通行业工作会议,通报了全市汽车流通推进工作情况。市商务委副主任刘敏出席会议并指出:汽车业是国民经济中重要的战略性、支柱性产业,是稳增长、扩消费的关键领域。上海市汽车流通业应当着力构建汽车市场主体自治、行业自律、社会监督、政府监管的社会共治格局,完善新型汽车流通治理模式,促进新车、二手车、报废车全生命周期的流通发展。

12日　第十九届国际商业论坛在上海开幕。本届论坛以"消费升级与城市商业"为主题,研究探讨如何提升城市消费竞争力,进一步打造集聚、繁荣、便利的城市商业。

16日　上海市政府办公厅印发《关于本市加强互联网领域侵权假冒行为治理的实施意见》,提出治理目标:用3年左右时间,有效遏制互联网领域侵权假冒行为,初步形成互联网领域政府高效监管、行业自觉自律、社会高度参与的综合治理格局,规范网络交易行为,促进电子商务健康有序发展。《意见》明确加强执法,打击网上销售假劣商品;加强保护,打击网络侵权盗版;落实主体责任;提升监管信息化水平等四大主要任务。

19日　位于上海国际旅游度假区核心地带的奕欧来上海购物村正式开业,涵盖国际高端时装、生活方式及家居品牌的140多间精品店铺及餐厅将陆续入驻。

20日　市商务委会同市人力资源保障局等部门,开展"上海颁发首批家政上门服务证暨查询系统开通仪式活动",推广家政上门服务证,推进家政持证上门服务试点工作。活动指出,家政上门服务证目前有网络查询、电话查询、二维码查询和微信查询等4种查询方法。

24日　市商务委组织召开专题座谈会,深入推进超市环节二维码食品安全信息追溯工作。会上,市商务委通报了商务部会同相关部门推进重要产品追溯体系建设的有关情况，介绍了上海市二维码食品流通追溯试点推进情况。

31日 上海宝石交易中心交易平台正式上线。交易平台将运用“互联网+”技术，构建以宝玉石身份证为载体的追溯体系。在提供B2B、B2C、C2C第三方撮合服务的基础上，交易平台将采集中国各地宝玉石市场和外国宝玉石产地和市场的目录、交易和标识信息，为产业的整体发展提供权威的统计和监管信息。

六月

1日 商务部在上海召开全国商务领域贯彻落实“互联网+流通”行动计划工作会议。上海市副市长周波指出，上海将继续紧紧围绕推进建设经济、金融、贸易、航运中心和具有全球影响力的全球科技创新中心主线，大力推进全球电子商务中心城市建设，按照供给侧结构性改革的要求，加大制度创新力度，提高政府服务和管理的能力水平，推动“互联网+流通”创新发展取得更大进展。

同日 上海市政府办公厅印发《中国(上海)跨境电子商务综合试验区实施方案》，明确了5个方面共23项主要任务：一是建设跨境电商公共服务平台，提升服务能级；二是推进跨境电商园区建设，促进线下线上协同发展；三是集聚跨境电商企业主体，培育完整产业链；四是完善跨境电商监管制度，促进多种模式协同发展；五是加强开放合作，探索形成国际通用规则。

6日 上海市政府常务会议召开，审议并通过《“十三五”时期上海国际贸易中心建设规划》，提出上海国际贸易中心建设的目标：到2020年基本建成具有国际国内两个市场资源配置功能、与我国经济贸易地位相匹配的国际贸易中心，基本形成商品和要素自由流动的现代市场体系，基本形成与高标准国际贸易投资规则衔接的制度体系。《规划》还从6个方面提出27项重点任务措施。

8日 市商务委与东方网签署战略协议，将在发展社区电子商务应用、推进电商快递末端配送服务、打造社区电商服务体系、构建服务到家合作联盟、推进新闻媒体宣传合作、推动国际经贸合作和推动商务领域便民数据共享等七个方面加强合作。

13日 上海市召开市政府常务会议，审议并通过《上海市服务业发展“十三五”规划》，“十三五”期间，上海将着眼于建立和完善与现代服务业相适应的体制机制，分门别类提出更具针对性的政策措施，大力推动服务业更快更好地发展。同时，上海还将加大对服务业发展的前瞻性、综合性研究，加强整体性、系统性谋划，特别注重与金融、贸易、航运等相关专业规划的有效衔接，统筹协调好各项制度安排和政策措施。

16日 上海迪士尼乐园举行开园仪式。国务院副总理汪洋指出，上海迪士尼乐园开园是“中美旅游年”框架下的重要活动，也是中美务实合作的一项成果。上海迪士尼乐园将传播快乐、友善、分享的理念，为游客提供安全、便利、优质、舒适的服务，努力打造成世界一流的主题公园和中美合作共赢的示范项目。

20 日 上海市市长杨雄主持召开市政府常务会议，审议并通过《上海虹桥商务区发展“十三五”规划》。《规划》提出，要抓住长三角城市群发展机遇，加快国际性综合交通枢纽建设，聚焦大交通、大商务、大会展三大功能，基本形成“产城融合发展、环境生态文明、配套优势明显、区域特色鲜明”的世界一流商务区框架。

22 日 上海嘉定智慧国际服务外包产业园成立。园区总面积 22 万平方米，产业核心区块 15 万平方米。智慧国际服务外包产业园以服务外包产业的升级业态——智慧服务外包产业为核心，以大数据、云计算、物联网、“互联网＋”等新兴技术为载体，和国内外企业联合搭建智能化和信息化的运营及管理平台，为入驻园区的企业、机构和人员提供到位的服务及成熟的产业环境。

27 日 上海市食品药品监督管理局印发《上海市网络餐饮服务监督管理办法》，从网络餐饮服务提供者、网络食品交易第三方平台和监督管理三个方面对本市网络餐饮服务进行规范，该办法将于 9 月 1 日起正式实施。

七月

1 日 上海市人民政府发布《上海市食品药品安全“十三五”规划》，提出着力构建与现代化国际大都市相适应的食品药品管理体制；完善食品安全现代治理体系；完善药品、医疗器械安全现代治理体系；加快完善食品药品法规标准体系；不断完善食品药品行政执法体系；健全科学监管的专业技术和人才支撑体系；构建严密高效的食品药品安全社会共治体系等七项主要任务。

12 日 市商务委会同市财政局等有关部门组织召开上海市物流标准化试点工作推进会议。市商务委推进工作提出三项要求，一是希望各试点企业高度重视本市物流标准化试点验收工作，争取年内全面完成所有试点项目验收工作；二是希望各有关单位精心组织项目验收工作，严格把握验收工作时间节点，明确工作进度表，严把验收材料质量；三是市商务委会同市财政局、市质监局将建立物流标准化试点项目验收情况通报制度，定期对试点企业进行实地勘察等验收组织工作，督办企业抓紧推进试点工作。

同日 市商务委组织召开上海市外延蔬菜生产基地专题筹备会，提出运用二维码技术建立蔬菜生产流通信息追溯系统，实现与上海食用农产品流通追溯管理平台对接，严格把控生产、销售环节，促使基地蔬菜规格化、包装化、标准化和建立联络机制等三项要求。

13 日 市商务委公布上海市社区微菜场名单，据了解，截至 2016 年 6 月 30 日，上海市共有社区微菜场 783 家，品牌涵盖食行生鲜、强丰、厨易时代、易小鲜等。

21 日 2016 年上海市年中商务工作会议召开，尚玉英部署五项下半年重点工作：一是全力以赴稳增长，加快培育新的消费增长点，大力推动外贸回稳向好；二是坚定不移促改革，以自贸试验区建设为突破口深化改革，全面完成内贸流通体制改革发展综合试点任务，支持各区开展先行先试的改革创新；三是千方百计强服务，加大对企业服务的力度，加强对民生的服务；四是落实规划起好步，注重与商务部和全市的规划的整体推进，积极发挥全市各部门、各区的协同效应，加快推进八个商务专项的实施；五是持之以恒抓保障，深入推进“两学一做”学习教育，全力抓好巡视整改工作，创新政府服务管理，抓好干部队伍和党风廉政建设。

29 日 《上海市人民政府关于本市推进供给侧结构性改革的意见》正式发布，明确了供给侧结构性改革的总体要求，提出了以制度创新为核心，着力构建开放型经济新体制；以科技创新为引领，着力培育经济发展新动能；多措并举降成本，着力减轻企业生产经营负担；加快政府管理制度创新，着力提高行政效率；加快推动产业结构转型升级，着力扩大有效供给；以深化国资国企改革为重点，着力激发各类市场主体活力；推进金融开放创新，着力防范金融风险和聚焦城乡发展一体化，着力补齐薄弱环节短板等八大任务。

八月

1 日 《上海推进国际航运中心建设条例》正式实施，对上海国际航运中心的总体目标、建设推进机制、发展扶持政策、航运创新措施、航运科技创新、航运营商环境等进行了规范。《条例》提出制定上海邮轮产业发展规划，争取国家有关部门支持，制定与国际接轨的邮轮旅游服务标准化体系，在邮轮口岸推进实施特定时限内的过境和出入境免签政策和鼓励境内外邮轮公司在上海市注册设立经营性机构等五方面措施。

8 日 上海最大市内免税店——中服上海免税店正式营业，免税店占地 3 300 平方米，涉及 100 多个生活类、消费类产品国际品牌。据了解，符合在中服上海免税店购物条件的顾客群为：持护照入境年满 16 周岁的中国籍旅客，自入境之日起 180 天内，可凭本人护照在中服上海免税店内一次性购买海关规定的限值限量范围内的免税商品。

16 日 上海市人民政府举行新闻发布会介绍全市商务经济转型升级情况：一是着力推进消费领域供给侧改革，商业转型升级取得新成效；二是着力推进外贸回稳向好，推动上海外贸培育形成竞争新优势；三是着力加大招商引资力度，利用外资质量和效益再上新台阶。

18 日　上海市人民政府印发《上海市服务业发展“十三五”规划》，提出上海市服务业发展目标：要继续发挥服务业促进产业结构调整、稳定经济增长、消费需求升级的基础作用，到 2020 年，服务业支撑作用要更加突出，服务业重点领域能级要进一步提升，服务业创新水平更上新台阶，服务业空间布局更加优化，服务业企业主体更具竞争力。《规划》明确了上海服务业发展的战略任务和 4 个方面 12 项举措。

30 日　上海市人民政府印发《“十三五”时期上海国际航运中心建设规划》，提出到 2020 年，上海国际航运中心进入世界航运中心前列，基本建成航运资源高度集聚、航运服务功能健全、航运市场环境优良、现代物流服务高效，具有全球航运资源配置能力的国际航运中心。《规划》明确了“十三五”期间的十项重点工作和六项保障措施。

九月

1 日　市商务委召开专题座谈会，为推进农产品“批零直配”工作提出三点要求，一是要高度认识“批零直配”模式对创新农产品流通体系的重要意义；二是要以项目化的方式推进农产品“批零直配”工作，明确相关方责任；三是各单位在政策方面要优先支持参与“批零直配”模式的有关批发市场、标准化菜市场，积极推行“政府引导，企业主体、社会参与”的农产品流通创新模式。

2 日　市商务委召开 2016 年市政府实事项目标准化菜市场暨社区智慧微菜场建设现场推进会，对推进标准化菜市场和社区智慧微菜场建设提出强化规划、多元布局、批零对接、管理公司化、政策保障和行业自律，充分发挥行业协会作用等六项要求。

12 日　上海市人民政府印发《上海市促进新消费发展发挥新消费引领作用行动计划(2016—2018 年)》，明确四项重点任务：一是加快推动消费提质升级，促进新兴消费蓬勃兴起，进一步释放消费潜力；二是打造面向全球的消费市场，增强对全球资源的集聚和辐射能力；三是优化消费市场综合环境，增强上海消费活力和创新创业动力；四是完善新消费发展的制度供给，以体制创新培植持久动力。《行动计划》提出四项具体措施，包括推动提质升级，培育拓展新兴消费热点；促进创新转型，打造面向全球的消费市场；突出重点领域，着力优化消费综合环境；深化制度创新，健全消费政策保障等。

同日　上海市商业信息中心监测数据显示，购物节前三日(9 月 9 日至 11 日)，全市 63 家大型商业企业共计销售 13.22 亿元，比 2015 年购物节同期增长 11.8%，主要呈现开幕式网络直播联动全城、商圈活动全面展开、供给侧改革融入城市商业、“她经济”引领时尚消费、消费多元化升级和中秋商品购销两旺等六大特点。

13 日 市商务委组织召开上海市主副食品价格信息监测工作会议，会议提出四项要求：一是继续加强主副食品价格监测的工作力度；二是加强行业人员培训；三是对市场的价格行情走势进行预判，增强对市场预测的研究，掌握价格变化的主动性；四是加强主副食品统筹安排，积极协调组织货源确保节日期间市场供应平稳、有序等。

19 日 上海市人民政府印发《上海市服务贸易创新发展试点实施方案》，明确了服务贸易的发展目标和完善服务贸易管理体制、加大服务业对外开放力度、鼓励服务业企业“走出去”、培育服务贸易市场主体、创新服务贸易发展模式、优化服务贸易支持政策、健全服务贸易统计体系、创新服务贸易人才培养机制等八项主要任务。

20 日 上海市国际贸易中心建设工作推进小组召开第三次会议，副市长周波对推进国际贸易中心建设提出三点要求：一是要充分认识到“十三五”时期是国际贸易中心建设的关键期，切实增强责任感和使命感；二是要将国际贸易中心建设与全市的中心工作紧密结合，更好地服务经济社会发展；三是要聚焦重点全力以赴打好基本建成国际贸易中心建设的攻坚战。

十月

3 日 上海市人民政府办公厅印发《关于本市加快推进重要产品追溯体系建设的实施意见》，提出到 2020 年，建立健全重要产品追溯地方标准认证体系，建设全市统一的重要产品信息追溯管理平台，提升重要产品生产经营企业追溯意识等。《实施意见》明确了推进重要产品追溯平台建设、推进食用农产品追溯体系建设、推进食品追溯体系建设、推进药品追溯体系建设、推进主要农业生产资料追溯体系建设、开展特种设备追溯体系建设、开展危险品追溯体系建设、落实企业主体责任和开展重要产品追溯体系建设示范等九项主要任务。

13 日 市商务委召开“三服务”工作会暨中小商贸流通企业公共服务平台工作推进会，提出进一步深化思想认识，提升服务水平和进一步加强联动协作，提升工作实效两项措施持续推进“三服务”工作。

14 日 市商务委召开 2016 年第四季度商务工作会议，通报了四季度商务运行情况：一是市场销售平稳增长，流通现代化水平持续提高；二是消费增长稳中趋快，新消费引领态势明显；三是外贸回稳向好势头明显，贸易结构持续改善；四是利用外资规模略有下降，质量效益稳步提高；五是对外投资快中趋稳，“一带一路”成为投资合作新热点；六是展出规模稳步扩大，展览业发展水平进一步提高。会议明确着力提升开放型经济水平、着力推进商务领域供给侧改革、着力推动外贸回稳向好和着力加强服务企业的力度等四方面重要工作。

19 日　市商务委召开全市生活性服务业工作座谈会，会议介绍了全市促进生活性服务业发展政策措施的制订情况和具体工作推进落实情况，并就建立促进全市生活性服务业发展的沟通协调工作机制提出建议。

十一月

10 日　上海国内贸易流通体制改革发展综合试点领导小组工作会议召开，会议审议通过了《上海市关于国内贸易流通体制改革发展综合试点的总结报告》，会议在肯定各部门试点期间所开展的工作和取得的成效的同时，提出下一步要抓住试点机遇，加快推进平台建设，完善农产品流通基础设施，大力推广先进技术应用，深化标准化建设，深入实施内贸流通领域的负面清单管理模式。

同日　上海迪士尼度假区宣布，上海迪士尼乐园首个扩建项目“玩具总动园”启动建设，据了解，该园区位于上海迪士尼乐园内，将呈现迪士尼经典动画电影《玩具总动员》中的人物，预计于 2018 年向游客开放。

11 日　上海市人民政府发布《关于全面建设杨浦国家大众创业万众创新示范基地的实施意见》，提出全面深化服务型政府建设、全面落实“双创”政策措施、建立健全创业投资基金、不断完善创业创新生态、加大“双创”文化建设力度、构筑创新载体建设新格局等六项主要任务。

15 日　上海市人民政府印发《上海市旅游业改革发展“十三五”规划》，提出到 2020 年，全市旅游业总收入达 5 000 亿元左右，年均增长 8%左右，形成一批具有上海特色、全球吸引力和国际竞争力的旅游目的地、旅游企业，引进培育一批具有世界影响力的旅游组织，创建一批富有上海都市特色的生态旅游功能区，打造一批世界级的旅游项目和产品。

23 日　人民银行上海总部发布《关于进一步拓展自贸区跨境金融服务功能支持科技创新和实体经济的通知》，提出十项措施，聚焦支持上海科创中心建设、支持“一带一路”建设和企业“走出去”、进一步拓展自由贸易账户功能和进一步提升跨国企业集团资金集约化管理能力等四方面，助力上海科创中心建设。

28 日　上海市人民政府发布《关于本市深化改革推进出租汽车行业健康发展的实施意见》，提出坚持公交优先发展和适度发展出租汽车、加强出租汽车经营权管理、促进巡游车转型发展、规范发展网约车和私人小客车合乘、营造良好市场环境等五项主要任务。

29 日 第十一届上海连锁(零售)业大会暨 2016 亚太零售创新峰会召开,该次大会由上海连锁经营协会主办,商务部驻上海特派员向欣、市商务委副主任吴星宝出席会议并致辞,国内外零售商、品牌商和供应商代表 300 多人参加峰会。大会主题为:零售业将迎来高新技术、创新延伸、崭新未来。

30 日 上海市人民政府发布《黄浦江两岸地区发展"十三五"规划》,提出推进有序开发,突出错位发展;贯通公共空间,提升综合品质;加强生态文明建设,构建黄浦江生态走廊;推进基础开发,保障城市安全;促进转型升级,提升区域功能;重视传承创新,荟萃优秀文化;强化精品意识,彰显示范引领等七项主要任务。

十二月

6 日 上海市商务委员会与商务部国际贸易经济合作研究院签署合作备忘录。市商务委主任尚玉英表示,"十三五"期间上海将加快建设国际贸易中心,构筑统一开放、竞争有序的市场体系和高标准贸易制度环境体系两大支撑体系,推动"创新、引领、提质、提速",加快实施 8 个专项建设。合作备忘录签署后,上海市商务委与商务部贸研院将在决策咨询支持、重大课题研究、信息交流共享、商务人才培训等方面开展合作。

9 日 "2016 年全市招商工作务虚会"在市外国投资促进中心召开。会议指出,2017 年招商工作要注重在六个方面创新突破:一是政府统筹、社会参与,创新国际化、专业化和社会化的招商方式;二要破解资源硬约束,形成市场机制与良好的公共政策;三要用好有限的公共资源,区(县)点单,市级部门提供服务;四是优化区域招商引资的工作机制;五是科学评价招商引资的工作质量;六是用好"引进来"与"走出去"的双轮驱动。

12 日 上海自贸区推进工作领导小组会议召开,上海市市长杨雄指出,当前自贸试验区的建设任务,要围绕上海特点和优势,着力深化有利于市场配置资源的投资管理体制改革,深化更高水平的贸易便利化环境建设,深化基本建成上海国际金融中心的制度创新,深化与科创中心建设联动的体制机制创新,深化与开放型经济相适应的政府管理体制创新。

15 日 由上海市商务委员会和上海市虹口区人民政府共同主办的"2016 第十二届上海酒节"展示交易活动于浦东新国际博览中心开幕。该届上海酒节为期 6 天,推出了"酒类交易专业展"与"酒类时尚嘉年华"两部分活动,分别在浦东新国际博览中心 N1 馆以及虹口区瑞虹天地"月亮湾"购物中心举办。该届酒节的展示交易活动展出面积达 1.3 万平方米，共计展位数超 200 个，其中特装展馆 20 余个。

上旬　市商务委召开年度工作务虚会，会议强调，做好 2017 年商务工作，重点做好以下四个方面：第一，要不畏难、不懈怠，全力推进改革攻坚；第二，要抓重点、求实效，完成全年目标任务；第三，补短板、强服务，加快政府职能转变；第四，要讲担当、守纪律，营造风清气正的氛围。

21 日　上海市政府发布《上海市网络预约出租汽车经营服务管理若干规定》，从网约车平台条件、网约车车辆条件、网约车驾驶员条件、平台责任等方面对上海市网络预约出租车汽车经营服务做出规定。

附录2　2016年服务业主要政策法规一览表

分类	制定单位	政策法规名称	发布/实施日期
国际贸易中心建设	商务部、中国出口信用保险公司	关于支持中小外贸企业提升国际化经营能力的通知	2016/1/5
	国家外汇管理局	关于印发《贸易信贷调查制度》的通知	2016/1/14
	商务部、工信部、公安部、环保部、交通部等	关于促进汽车平行进口试点的若干意见	2016/3/4
	国家外汇管理局	关于进一步促进贸易投资便利化完善真实性审核的通知	2016/4/29
	国务院	国务院关于促进外贸回稳向好的若干意见	2016/5/5
	商务部	港澳服务提供者在内地投资备案管理办法(试行)	2016/5/18
	国家外汇管理局	关于境外机构投资者投资银行间债券市场有关外汇管理问题的通知	2016/5/27
	商务部、财政部、海关总署	服务外包产业重点发展领域指导目录	2016/6/13
	市人民代表大会常务委员会	上海市推进国际航运中心建设条例	2016/8/1
	市政府	关于印发《"十三五"时期上海国际贸易中心建设规划》的通知	2016/8/5
	商务部、发改委、财政部	《鼓励进口服务目录》公告	2016/8/26
	中国人民银行、国家外汇管理局	关于人民币合格境外机构投资者境内证券投资管理有关问题的通知	2016/9/5
	市政府	关于印发《上海市服务贸易创新发展试点实施方案》的通知、关于转发《上海市服务贸易发展专项资金使用和管理办法》的通知	2016/9/19

续表

分类	制定单位	政策法规名称	发布/实施日期
国际贸易中心建设	商务部	外商投资企业设立及变更备案管理暂行办法	2016/10/8
	商务部	服务出口重点领域指导目录	2016/10/25
	商务部、发改委、科技部、海关总署、人民银行等	关于加强国际合作提高我国产业全球价值链地位的指导意见	2016/11
	财政部、国家税务总局、商务部科技部、发改委	关于在服务贸易创新发展试点地区推广技术先进型服务企业所得税优政策的通知	2016/11/10
	商务部	关于做好外商投资企业设立及变更备案监督检查有关工作的通知	2016/12/13
自贸区建设	市政府	进一步推进中国(上海)自由贸易试验区外汇管理改革试点实施细则	2016/1/27
	工信部	关于在中国(上海)自由贸易试验区放开在线数据处理与交易处理业务(经营类电子商务)外资股权比例限制的通告	2016/1/27
	银行间市场清算所股份有限公司	关于发布《中国(上海)自由贸易试验区跨境债券业务员登记托管、清算结算实施细则》《上海自贸区跨境债券业务登记托管、清算结算业务指南》的通知	2016/5/9
	市质量技术监督局	关于印发 2016 年自由贸易试验区质量技监工作改革举措的通知	2016/5/26
	市商委、市国税局	关于中国(上海)自由贸易试验区内资租赁企业从事融资租赁有关事项的通知	2016/6/1
	上海海关	关于在中国(上海)自由贸易试验区海关特殊监管区域内开展汽车平行进口试点保税仓储业务的公告	2016/6/29
	国务院	关于在自由贸易试验区暂时调整有关行政法规、国务院文件和经国务院批准的部门规章规定的决定	2016/7/19
	市政府办公室	发挥上海自贸试验区制度创新优势发展综合监管试点探索功能监管实施细则	2016/7/22
	上海自贸区管委会保税区管理局	关于中国(上海)自由贸易试验区保税区域综合用地规划和土地管理的实施意见	2016/8/2
	市政府办公厅	关于印发《进一步深化中国(上海)自由贸易试验区和浦东新区事中事后监管体系建设总体方案》的通知	2016/8/5
	中央国债登记结算有限责任公司	关于发布《中央国债登记结算有限责任公司中国(上海)自由贸易试验区债券业务指引》的通知	2016/9/7
	市银监局	关于进一步优化中国(上海)自由贸易试验区银行业机构和高管准入监管的通知	2016/10/28

续表

分类	制定单位	政策法规名称	发布/实施日期
自贸区建设	国务院	关于做好自由贸易试验区新一批改革试点经验复制推广工作的通知	2016/11/10
	上海市工商局	关于在浦东新区和自贸试验区开展企业名称登记改革试点的若干意见	2016/11/22
	市财政局	关于印发《2016 年上海市政府自贸区债券招标发行规则》的通知、关于印发《2016 年上海市政府自贸区债券招标发行兑付办法》的通知	2016/11/17
	中国人民银行上海总部	关于进一步拓展自贸区跨境金融服务功能支持科技创新和实体经济的通知	2016/11/18
	国务院办公厅	关于深入实施“互联网＋流通”行动计划的意见	2016/4/21
	国务院	关于修改《疫苗流通和预防接种管理条例》的决定	2016/4/25
	国务院办公厅	关于印发消费品标准和质量提升规划(2016—2020年)的通知	2016/9/12
	商务部、国土资源部、住房和城乡建设部等	关于推进商品交易市场转型升级的指导意见	2016/9/13
	市商委	关于印发《上海市开展重要产品追溯体系建设示范项目实施方案》的通知	2016/10/10
	国税总局	关于高档化妆品消费税征收管理事项的公告	2016/10/19
	商务部、发改委、科技部、工信部、公安部、财政部、交通部等	关于开展加快内贸流通创新推动供给侧结构性改革扩大消费专项行动的意见	2016/11/7
	市财政局、市国税局	关于转发《财政部国家税务总局关于调整化妆品消费税政策的通知》的通知	2016/11/8
	商务部、发改委、工信部、财政部等	国内贸易流通“十三五”发展规划	2016/11/11
	国务院办公厅	关于推动实体零售创新转型的意见	2016/11/11
	市食药监局	关于理顺本市流通环节肉品质量安全工作的通知	2016/11/24
	国税总局	关于超豪华小汽车消费税征收管理有关事项的公告	2016/11/30
餐饮业	国务院	关于整合调整餐饮服务场所的公共场所卫生许可证和食品经营许可证的决定	2016/2/29
	市食药监局	关于开展网络订餐第三方平台入网餐饮单位许可资质全面监督检查的通知	2016/3/1
	商务部	关于推动餐饮业转型发展的指导意见	2016/3/11

续表

分类	制定单位	政策法规名称	发布/实施日期
餐饮业	市食药监局	关于加强餐饮单位食品从业人员个人卫生管理的指导意见	2016/5/10
	市食药监局、市卫计委	关于做好餐饮服务场所的公共场所卫生许可证和食品经营许可证整合调整有关工作的通知	2016/6/22
	市食品药品监督管理局、市通信管理局	关于印发《上海市网络餐饮服务监督管理办法》的通知	2016/6/24
生活服务业	市商委、市人社局、市工商局等	关于本市加快家政服务业管理体系建设的实施意见	2016/2/19
	人民银行、民政部、银监会、证监会、保监会	关于金融支持养老服务业加快发展的指导意见	2016/3/3
	国务院	关于促进医疗产业健康发展的指导意见	2016/3/11
	民政部、卫计委	关于做好医养结合服务机构许可工作的通知	2016/4/8
	市民政局、市工商行政管理局	关于本市养老服务业企业登记管理的实施意见	2016/5/1
	国务院办公厅	关于促进通用航空业发展的指导意见	2016/5/17
	市发改委、市民政局	关于印发《上海市养老机构服务管理办法》的通知	2016/6/8
	国务院办公厅	关于推行法律顾问制度和公职律师公司律师制度的意见	2016/6/17
	市质量技监局	关于发布《便携式智能电子产品维修服务规范》地方标准的通知	2016/6/23
	国务院办公厅	关于促进和规范健康医疗大数据应用发展的指导意见	2016/6/24
	市卫计委办公室	关于转发《国家卫生计生委办公厅关于印发住院病案首页数据填写质量规范(暂行)和住院病案首页数据质量管理与控制指标(2016 版)的通知》的通知	2016/7/1
	市卫计委、市通信管理局、市互联网信息办公室等	关于印发《上海市集中整治"号贩子"和"网络医托"专项行动方案》的通知	2016/7/1
	市民政局、市财政局	关于调整本市养老服务补贴政策相关标准的通知	2016/7/8
	市卫计委、市人力资源和社保局	关于印发《上海市住院医师规范化培训劳动人事管理办法》的通知	2016/7/11
	交通部、公安部、商务部等	网络预约出租汽车经营服务管理暂行办法	2016/7/27
	国务院办公厅	关于深化改革推进出租汽车行业健康发展的指导意见	2016/7/28

续表

分类	制 定 单 位	政 策 法 规 名 称	发布/实施日期
生活服务业	市政府办公厅	印发《关于推进本市“十三五”期间养老服务建设的实施意见》的通知	2016/8/18
	市政府办公厅	关于印发《上海市中医药健康服务发展规划(2016—2020 年)》的通知	2016/8/29
	商务部	关于促进农村生活服务业发展扩大农村服务消费的指导意见	2016/10/8
	民政部、发改委、教育部等	关于支持整合改造闲置社会资源发展养老服务的通知	2016/10/9
	市住房和城建管理委员会	关于进一步贯彻实施《上海市住宅物业管理规定》的若干意见	2016/10/19
	国务院办公厅	关于加快发展健身休闲产业的指导意见	2016/10/28
	市卫计委	关于加强本市公立医疗机构预约诊疗服务管理工作的通知	2016/11/1
	国家邮政局	关于加快长江经济带邮政业发展的指导意见	2016/11/1
	市卫计委、市中医药发展办公室	关于开展上海市“家庭医生中医药服务示范岗”项目申报工作的通知	2016/11/9
	发改委	关于印发《全民健康保障工程建设规划》的通知	2016/11/23
	国务院办公厅	关于进一步扩大旅游文化体育健康养老教育培训等领域消费的意见	2016/11/28
	市政府	印发《关于本市深化改革推进出租汽车行业健康发展的实施意见》的通知	2016/11/28
	市政府	上海市网络预约出租汽车经营服务管理若干规定	2016/12/21
	国务院办公厅	关于全面开放养老服务市场提升养老服务质量的若干意见	2016/12/23
电子商务	工商总局	关于促进网络服务交易健康发展规范网络服务交易行为的指导意见(暂行)	2016/1/8
	国务院	关于同意在天津等 12 个城市设立跨境电子商务综合试验区的批复	2016/1/15
	市政府办公厅	关于印发《本市大力发展电子商务加快培育经济新动力实施方案》	2016/3/23
	财政部、海关总署、国家税务总局	关于跨境电子商务零售进口税收政策的通知	2016/3/24
	财政部、发改委、工信部等	关于公布跨境电子商务零售进口商品清单的公告	2016/4/6

续表

分类	制定单位	政策法规名称	发布/实施日期
电子商务	海关总署	关于跨境电子商务零售进出口商品有关监管事宜的公告	2016/4/6
	市商务委	关于印发《上海市跨境电子商务示范园区认定办法》的通知	2016/4/8
	质检总局	关于跨境电商零售进口通关单政策的说明	2016/5/15
	发改委办公厅、海关总署办公厅、商务部办公厅	关于推动电子商务发展有关工作的通知	2016/5/20
	市政府办公厅	关于印发《中国(上海)跨境电子商务综合试验区实施方案》的通知	2016/6/1
	食药监总局办公厅	关于食品跨境电子商务企业有关监管问题的复函	2016/8/29
	海关总署	关于跨境电子商务进口统一版信息化系统企业接入事宜的公告	2016/10/12
	工商总局	关于加强互联网领域消费者权益保护工作的意见	2016/10/19
	商务部、民政部、国土资源部、住房城乡建设部、质检总局	关于推进电子商务进社区促进居民便利消费的意见	2016/10/28
物流业	国家发改委、商务部、工信部、交通运输部等	关于加强物流短板建设促进有效投资和居民消费的若干意见	2016/2/29
	商务部、发改委、交通部、海关总署、国家邮政局、国家标准委	关于印发《全国电子商务物流发展专项规划(2016—2020 年)》的通知	2016/3/17
	发改委	关于做好现代物流创新发展城市试点工作的通知	2016/5/23
	国务院办公厅	关于转发国家发改委营造良好市场环境推动交通物流融合发展实施方案的通知	2016/6/21
	发改委	国有粮食仓储物流设施保护办法	2016/6/30
	发改委	“互联网+”高效物流实施意见	2016/7/29
	交通运输部	关于推进供给侧结构性改革促进物流业“降本增效”的若干意见	2016/8/16
	交通运输部办公厅	关于推进改革试点加快无车承运物流创新发展的意见	2016/8/26
	国务院办公厅	关于转发国家发展改革委物流业降本增效专项行动方案(2016—2018 年)的通知	2016/9/26
	市发改委	上海市现代物流业发展“十三五”规划	2016/10/12
	交通部、公安部、安全生产监管总局	关于进一步加强道路运输安全管理工作的通知	2016/12/8

续表

分类	制定单位	政策法规名称	发布/实施日期
旅游业	国务院	关于加强旅游市场综合监管的通知	2016/2/19
	市旅游局	上海市邮轮旅游经营规	2016/4/10
	市政府	上海国际旅游度假区管理办法	2016/6/17
	市旅游局	关于发布《2016 年度上海市旅游发展专项资金项目申报指南》的通知	2016/7/21
	国家旅游局、发改委、工信部、公安部、环保部等	关于促进自驾游旅居车旅游发展的若干意见	2016/11/7
	市政府办公厅	关于印发《上海市旅游业改革发展"十三五"规划》的通知	2016/11/15
	发改委、旅游局	关于实施旅游休闲重大工程的通知	2016/12/5
	国家旅游局	旅游安全管理办	2016/9/27
金融业	国务院	关于印发推进普惠金融发展规划（2016—2020 年）的通知	2016/1/15
	市政府	关于印发《上海市融资性担保公司管理办法》的通知	2016/1/23
	市科委、市财政局、市发改委	关于印发《上海市天使投资风险补偿管理暂行办法》的通知	2016/2/1
	国务院	关于进一步做好防范和处置非法集资工作的意见	2016/2/4
	发改委、中国人民银行	关于完善银行卡刷卡手续费定价机制的通知	2016/3/14
	中国人民银行、财政部	关于印发《农民住房财产权抵押贷款试点暂行办法》的通知	2016/3/15
	中国人民银行、发改委、财政部、银监会、证监会、保监会等	关于金融助推脱贫攻坚的实施意见	2016/3/16
	上海证券交易所	关于开展绿色公司债券试点的通知	2016/3/16
	中国人民银行、银监会	关于加大对新消费领域金融支持的指导意见	2016/3/24
	发改委	关于境内外资银行 2016 年度中长期外债规模的批复	2016/4/3
	中国人民银行、中宣部、发改委、财政部等	关于印发《非银行支付机构风险专项整治工作实施方案》的通知	2016/4/13
	中国银行业监督管理委员会	关于印发《P2P 网络借贷风险专项整治工作实施方案》的通知	2016/4/13
	工商总局、中宣部、发改委、工信部、公安部、财政部等	关于印发《开展互联网金融广告及以投资理财名义从事金融活动风险专项整治工作的实施方案》的通知	2016/4/13

续表

分类	制 定 单 位	政 策 法 规 名 称	发布/实施日期
金融业	证监会、发改委、工信部、财政部等	关于印发《股权众筹风险专项整治工作实施方案》的通知	2016/4/14
	中国人民银行、中宣部、维稳办、发改委、工信部等	关于印发《通过互联网开展资产管理及跨界从事金融业务风险专项整治工作实施方案》的通知	2016/4/14
	中基协	关于发布《私募投资基金募集行为管理办法》的通知	2016/4/15
	银监会、科技部、中国人民银行	关于支持银行业金融机构加大创新力度开展科创企业投贷联动试点的指导意见	2016/4/15
	中国人民银行	关于在全国范围内实施全口径跨境融资宏观审慎管理的通知	2016/4/29
	银监会	关于规范商业银行代理销售业务的通知	2016/5/5
	市财政局	关于调整和增补 2015—2017 年上海市政府债券承销团的通知	2016/5/11
	中国人民银行	境外机构投资者投资银行间债券市场备案管理实施细则	2016/5/27
	财政部	关于印发《金融企业绩效评价办法》的通知	2016/6/2
	国家外汇管理局	关于印发《对外金融资产负债及交易统计制度》的通知(2016)	2016/6/3
	中国人民银行、银监会	银行卡清算机构管理办法	2016/6/6
	市政府办公厅	关于印发《上海市互联网金融风险专项整治工作实施方案》的通知	2016/6/7
	证监会	关于修改《证券公司风险控制指标管理办法》的决定(2016)	2016/6/16
	国家外汇管理局	关于印发《对外金融资产负债及交易统计制度》的通知	2016/6/21
	国务院	关于深化投融资体制改革的意见	2016/7/5
	全国银行间同业拆借中心	关于发布《全国银行间同业拆借市场业务操作细则》的通知	2016/8/9
	证监会	上市公司股权激励管理办法	2016/8/13
	工信部、公安部、国家互联网信息办公室等	网络借贷信息中介机构业务活动管理暂行办法	2016/8/17
	中国人民银行、财政部、发改委、环保部、银监会、证监会、保监会	关于构建绿色金融体系的指导意见	2016/8/31

续表

分类	制定单位	政策法规名称	发布/实施日期
金融业	全国中小企业股份转让系统有限责任公司	关于发布《全国中小企业股份转让系统公开转让说明书信息披露指引(试行)》1—6 号的公告	2016/9/5
	中国银行间市场交易商协会	关于发布《投资人保护条款范例》的公告	2016/9/8
	银监会、公安部	关于印发电信网络新型违法犯罪案件冻结资金返还若干规定的通知	2016/9/18
	国务院	关于促进创业投资持续健康发展的若干意见	2016/9/20
	财政部	关于印发《普惠金融发展专项资金管理办法》的通知	2016/9/24
	银监会	关于印发银行业金融机构全面风险管理指引的通知	2016/9/27
	证监会	关于修改《证券公司风险控制指标管理办法》的决定	2016/10/1
	财政部、国税总局	关于银行业金融机构存款保险报废企业所得税税前扣除有关政策问题的通知	2016/10/8
	国务院	关于积极稳妥降低企业杠杆率的意见	2016/10/10
	国务院办公厅	关于印发互联网金融风险专项整治工作实施方案的通知	2016/10/13
	财政部、国税总局、中国证监会	关于深港股票市场交易互联互通机制试点有关税收政策的通知	2016/11/5
	国务院办公厅	关于同意建立积极稳妥降低企业杠杆率工作部际联席会议制度的函	2016/10/18
	国务院办公厅	关于印发地方政府性债务风险应急处置预案的通知	2016/11/14
保险业	保监厅	关于开展个人税收优惠型健康保险业务有关事项的通知	2016/1/4
	保监会	中国保险监督管理委员会派出机构监管职责规定	2016/1/11
	保监会	关于全面推进保险法制建设的指导意见	2016/1/18
	保监会	关于加强互联网平台保证保险业务管理的通知	2016/1/19
	保监会	关于正式实施中国风险导向的偿付能力体系有关事项的通知、关于调整保险业监管费收费标准等有关事项的通知	2016/1/25
	保监会	关于印发《深化保险标准化工作改革方案》的通知	2016/2/2
	保监会	关于开展财产保险公司备案产品自主注册改革的通知	2016/2/25

续表

分类	制定单位	政策法规名称	发布/实施日期
保险业	保监会、中国人民银行	关于发布《银行保险业务财产保险数据交换规范》行业标准的通知，关于发布《银行保险业务人寿保险数据交换规范》行业标准的通知	2016/3/16
	保监厅	关于进一步加强保险业信访工作的指导意见	2016/3/23
	保监会	关于印发《保险集团并表监管统计制度》的通知	2016/4/7
	中国保监会、中央宣传部、发改委等	关于印发《互联网保险风险专项整治工作实施方案》的通知	2016/4/14
	保监会	关于银行类保险兼业代理机构行政许可有关事项的通知	2016/4/25
	保监会	关于进一步加强保险公司合规管理工作有关问题的通知	2016/5/6
	保监会、财政部	关于印发《建立城乡居民住宅地震巨灾保险制度实施方案》的通知	2016/5/11
	保监会、国务院扶贫办	关于做好保险业助推脱贫攻坚工作的意见	2016/5/26
	保监会	关于加强组合类保险资产管理产品业务监管的通知	2016/6/13
	保监会	保险资金间接投资基础设施项目管理办法	2016/6/14
	保监会	关于商业车险条款费率管理制度改革试点全国推广有关问题的通知	2016/6/27
	保监会	关于进一步加强保险公司关联交易信息披露工作有关问题的通知	2016/6/30
	保监会	关于延长老年人住房反向抵押养老保险试点期间并扩大试点范围的通知	2016/7/4
	保监会	关于进一步加强保险公司股权信息披露有关事项的通知	2016/7/15
	保监会	关于进一步规范保险理赔服务有关事项的通知	2016/7/21
	保监会	关于保险公司在全国中小企业股份转让系统挂牌有关事项的通知、关于发布《保险公司参与社会医疗保险服务数据交换规范(JR/T 0147-2016)》行业标准的通知	2016/8/10
	保监会	关于印发《中国保险业标准化“十三五”规划》的通知	2016/8/16
	保监会	关于进一步完善人身保险精算制度有关事项的通知、关于强化人身保险产品监管工作的通知	2016/9/2
	保监会	关于印发《保险公司城乡居民大病保险投标管理暂行办法》等制度的通知	2016/10/9

续表

分类	制定单位	政策法规名称	发布/实施日期
保险业	财政部、国家税务总局	关于保险公司准备金支出企业所得税前扣除有关政策问题的通知	2016/11/2
	最高人民法院、保监会	关于全面推进保险纠纷与调解对接机制建设的意见	2016/11/4
	保监会	关于发布《再保险数据交换规范(JR/T0036-2016)》行业标准的通知	2016/11/21
租赁业	国务院办公厅	关于加快培育和发展住房租赁市场的若干意见	2016/6/3
	财政部、海关总署、国税总局	关于融资租赁货物出口退税政策有关问题的通知	2016/8/2
	市政府	关于加快本市融资租赁业发展的实施意见	2016/8/15
	国务院办公厅	关于促进金融租赁行业健康发展的指导意见	2016/9/8
文创产业	文化部办公厅	关于印发《文化市场黑名单管理办法(试行)》的通知	2016/1/6
	财政部办公厅	关于开展2016部分中央文化企业经济效益季度快报工作的通知	2016/2/29
	商务部办公厅	关于切实做好取消部分展览项目行政审批事项后续衔接工作和试运行展览业管理信息系统的通知(节选)	2016/3/1
	国务院	关于进一步加强文物工作的指导意见	2016/3/4
	文化部市场司	关于贯彻实施《艺术品经营管理办法》的通知	2016/3/24
	中共中央办公厅、国务院办公厅	关于进一步深化文化市场综合执法改革的意见	2016/4/4
	国务院	关于加快推进广播电视村村通向户户通升级工作的通知	2016/4/21
	商务部、中宣部、财政部、文化部、新闻出版广电总局	《2015—2016年度国家文化出口重点企业和重点项目》公告	2016/4/29
	市政府	关于促进本市展览业改革发展的实施意见的通知	2016/5/5
	财政部	关于"十三五"期间中西部地区国际性展会留购展品免征进口关税的通知	2016/5/6
	国务院办公厅	转发文化部等部门关于推动文化文物单位文化创意产品开发若干意见的通知	2016/5/11
	国家新闻出版广电总局、商务部	出版物市场管理规定	2016/5/31
	文化部	关于加强网络表演管理工作的通知	2016/7/1

续表

分类	制定单位	政策法规名称	发布/实施日期
文创产业	国家新闻出版广电总局	关于移动游戏出版服务管理的通知	2016/7/1
	国家标准委办公室、商务部办公厅	关于加强展览业标准化工作的指导意见	2016/7/12
	文化部	关于印发《文化志愿服务管理办法》的通知	2016/7/14
	财政部、国家税务总局、海关总署	关于动漫企业进口动漫开发生产用品税收政策的通知	2016/8/1
	文化部	关于推动文化娱乐行业转型升级的意见	2016/9/18
	市新闻出版局	关于印发《上海市新闻出版专项资金信用管理办法(试行)》的通知	2016/10/21
	国家版权局办公厅	关于加强网络文学作品版权管理的通知	2016/11/4
	国家互联网信息办公室	互联网直播服务管理规定	2016/11/4
	全国人大常委会	中华人民共和国电影产业促进法	2016/11/7
	文化部	关于规范网络游戏运营加强事中事后监管工作的通知	2016/12/1
市场监管	国务院办公厅	关于同意建立服务业发展部际联席会议制度的函	2016/1/5
	市食药监局	关于在浦东新区内试点施行小餐饮店备案和监督管理的通知	2016/3/30
	市食药监局	关于修改《上海市医疗器械经营质量管理规范实施细则》相关内容的通知	2016/4/7
	市食药监局	关于进一步加强药品生产质量管理的通知	2016/4/28
	食药监总局	关于修改《药品经营质量管理规范》的决定	2016/7/13
	市政府	上海市市场监督管理行政处罚程序规定	2016/9/5
	市政府	《上海市危险化学品安全管理办法》	2016/9/5
	国务院办公厅	关于印发消费品标准和质量提升规划(2016—2020年)的通知	2016/9/12
	商务部	《托盘租赁企业服务规范》等 36 项国内贸易行业标准的公告	2016/9/18
	市商委、市发改委、市财政局	上海市服务贸易发展专项资金使用和管理办法	2016/9/20
	市政府办公厅	关于印发《上海市小额贷款公司监管办法》的通知	2016/9/23
	市食安办	关于印发《上海市畜禽水产品抗生素、禁用化合物及兽药残留超标专项整治行动方案》的通知	2016/10/18

续表

分类	制定单位	政策法规名称	发布/实施日期
市场监管	商务部	机电产品国际招标代理机构监督管理办法(试行)	2016/11/16
	国务院办公厅	关于印发危险化学品安全综合治理方案的通知	2016/12/6
食品安全	食药监总局	食用农产品市场销售质量安全监督管理办法	2016/1/8
	市政府办公厅	关于转发《上海市食品安全举报奖励办法》的通知	2016/1/19
	食药监总局	保健食品注册与备案管理办法	2016/2/26
	食药监总局	食品生产经营日常监督检查管理办法	2016/5/1
	国务院	关于印发 2016 年食品安全重点工作安排的通知	2016/5/11
	市食药品监局	关于修改《上海市食品安全抽样检验实施细则》相关内容的通知	2016/5/12
	市卫计委	关于印发《上海市食品安全企业标准备案方法》的通知	2016/6/3
	食药监总局	特殊医学用途配方食品注册管理办法	2016/7/1
	市食药监局	关于印发《上海市食品药品严重违法生产经营者与相关责任人员重点监管名单管理办法》的通知	2016/7/4
	食药监总局	网络食品安全违法行为查处办法	2016/7/13
	食药监总局、国家认证认可监管委	关于印发食品检验机构资质认定条件的通知	2016/8/8
	食药监总局	关于加强食品药品监管系统法制建设的实施意见	2016/8/8
	食药监总局	关于印发食品生产许可证审查通则的通知	2016/8/9
	国务院办公厅	关于印发食品安全工作评议考核办法的通知	2016/8/17
	食药监总局	关于印发食品安全信用信息管理办法的通知	2016/8/22
	食药监总局	关于印发食品生产经营风险分级管理办法(试行)的通知	2016/9/5
	食药监总局	关于推动食品药品生产经营者完善追溯体系的意见	2016/9/22
	食药监总局	关于加强县级食品药品监督管理部门及其派出机构食品安全执法规范化的指导意见	2016/9/30
	食药监总局	婴幼儿配方乳粉产品配方注册管理办法	2016/10/1
	市食药品监局	关于换发及延续食品经营许可证有关工作的通知	2016/10/8
	食药监总局、中铁总公司	关于印发铁路运营食品安全管理办法的通知	2016/11/23
	食药监总局	关于进一步监督大型食品生产企业落实食品安全主体责任的指导意见	2016/11/28

续表

分类	制定单位	政策法规名称	发布/实施日期
食品安全	食品药品监管总局、教育部	关于进一步加强中小学校和幼儿园食品安全监督管理工作的通知	2016/12/7
	市食药监局	关于印发《网络食品药品安全违法行为查处工作规范》的通知	2016/12/16
知识产权	市知识产权局、市政府	关于加强知识产权运用和保护支撑科技创新中心建设的实施意见	2016/2/25
	国务院	关于同意建立国务院知识产权战略实施工作部际联席会议制度的批复	2016/3/30
	国家知识产权局办公室	知识产权保护规范化市场认定管理办法	2016/4/7
	国务院办公厅	关于印发 2016 全国打击侵犯知识产权和制售假冒伪劣商品工作要点的通知	2016/5/4
	国际知识产权局办公室	关于加强专利权权属纠纷案件办理工作的通知	2016/5/17
	国家知识产权局	关于修订印发《国家知识产权试点示范园区管理办法》的通知	2016/6/17
	市知识产权局	关于开展 2016 年度上海市知识产权服务业统计调查工作的通知	2016/6/22
	工商总局	关于大力推进商标注册便利化改革的意见	2016/7/14
	国务院办公厅	《国务院关于新形势下加快知识产权强国建设的若干意见》重点任务分工方案的通知	2016/7/18
	财政部、发改委	关于印发《专利收费减缴办法》的通知	2016/7/27
	国家知识产权局	关于印发《专利行政执法案卷评查办法(试行)》的通知	2016/8/25
	市版权局	关于申报 2016 年上海市版权"走出去"扶持资金的通知	2016/9/21
	国务院	关于完善产权保护制度依法保护产权的意见	2016/11/4
	国务院办公厅	关于实行以增加知识价值为导向分配政策的若干意见	2016/11/7
价格管理	国家烟草专卖局	关于印发涉案卷烟价格管理规定的通知	2016/4/22
	市发改委、市财政局	关于印发《上海市市级建设财力项目部分专业服务费用支出标准管理规定》的通知	2016/5/25
	市物价局	关于调整本市工商业销售电价的通知	2016/6/7
	发改委	关于加强政府定价成本监审工作的意见	2016/6/15

续表

分类	制定单位	政策法规名称	发布/实施日期
价格管理	市物价局、市卫计委、市医疗保险办公室	关于规范本市公立医疗器械价格行为的通知	2016/6/30
	发改委、民政局、财政部、人力资源社会保障局、统计局	关于进一步完善社会救助和保障标准与物价上涨挂钩联动机制的通知	2016/8/22
	国家发改委、国家卫生计生委、人力资源社会保障部、财政部	关于印发推进医疗服务价格改革意见的通知	2016/7/1
	市物价局、卫计委、上海市医疗保险办公室	关于进一步降低本市公立医疗机构销售药品加价率的通知	2016/9/27
	市物价局、市卫计委、市医疗保险办公室	关于调整本市静脉输液等部分医疗服务价格的通知	2016/9/30
	发改委	关于明确储气设施相关价格政策的通知	2016/10/15
	发改委	关于印发《天然气管道运输价格管理办法(试行)》和《天然气管道运输定价成本监审办法(试行)》的通知	2016/10/9
	发改委	关于印发《网络交易价格举报管辖规定(试行)》的通知	2016/10/25
	市物价局	关于车用汽、柴油价格的通知	2016/11/30
营改增试点	财政部、国税总局	关于进一步明确全面推开营改增试点金融业有关政策的通知	2016/4/29
	财政部、国家税务总局	《关于进一步明确推开营改增试点金融业有关政策的通知》、《关于进一步明确全面推开营改增试点有关劳务派遣服务、收费公路通行费抵扣等政策的通知》	2016/4/30
	国务院	关于做好全面推开营改增试点工作的通知、关于印发全面推开营改增试点后调整中央与地方增值税收入划分过渡方案的通知	2016/4/30
	财政部、国家税务总局	《关于营改增后契税房产税土地增值税个人所得税计税依据问题的通知》、《关于营业税改增值税试点有关文化事业建设费政策及征收管理问题的通知》	2016/5/1
	国税总局	营业税改征增值税跨境应税行为增值税免税管理办法(试行)	2016/5/6
	财政部、国税总局	关于营业税改征增值税试点有关文化事业建设费政策及征管问题的补充通知	2016/5/13
	财政部、国家税务总局	关于进一步明确全面推开营改增试点有关再保险、不动产租赁和非学历教育等政策的通知	2016/6/18

续表

分类	制定单位	政策法规名称	发布/实施日期
营改增试点	市政府	关于印发全面推开营改增试点后完善市与区县增值税收入划分方案的通知	2016/7/5
	市财政局、市国税局	关于转发《财政部、国家税务总局关于进一步明确全面推开营改增试点有关再保险不动产租赁和非学历教育等政策的通知》的通知	2016/7/7
	财政部、国家税务总局	关于部分营业税和增值税政策到期延续问题的通知	2016/7/25
	国家税务总局	关于营改增试点若干征管问题的公告	2016/8/18
	国务院	关于实行中央对地方增值税定额返还的通知	2016/12/15
	财政部、国税总局	关于明确金融、房地产开发、教育辅助服务等增值税政策的通知	2016/12/21

附录3　2016年上海服务业发展主要数据

附表1　2016年上海市生产总值及各大产业增加值

指标名称	2016年增加值/亿元	比上年增长率/%
上海市生产总值	28 178.65	6.9
其中:第一产业	109.47	−6.6
第二产业	8 406.28	1.2
第三产业	19 662.90	9.6

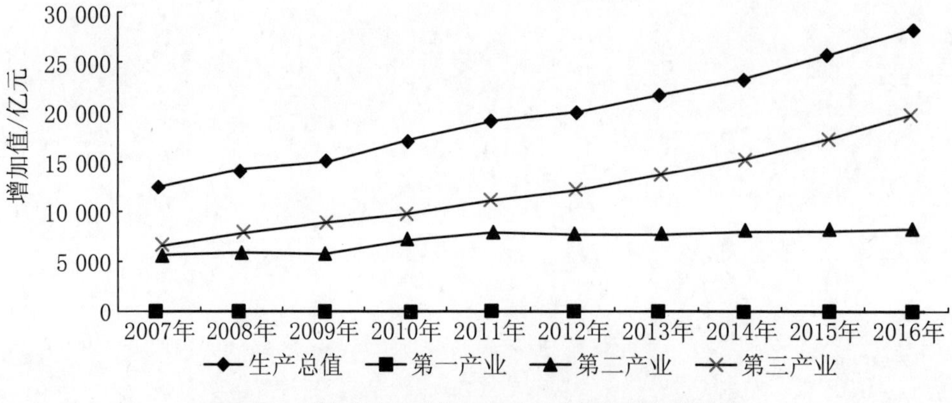

附图1　上海市生产总值及各大产业增加值变化趋势

附表 2　2016 年三次产业增加值对经济增长贡献率

指标名称	2015 年贡献率/%	2016 年贡献率/%
生产总值贡献率	100	100
第一产业	−0.9	−0.4
第二产业	6.5	5.7
第三产业	94.4	94.7
♯交通仓储和邮政业	4.7	4.2
信息传输、软件和信息技术服务业	8.9	12.2
批发零售业	10.0	10.3
住宿餐饮业	−0.1	0.1
金融业	45.0	31.2
房地产业	6.7	4.5

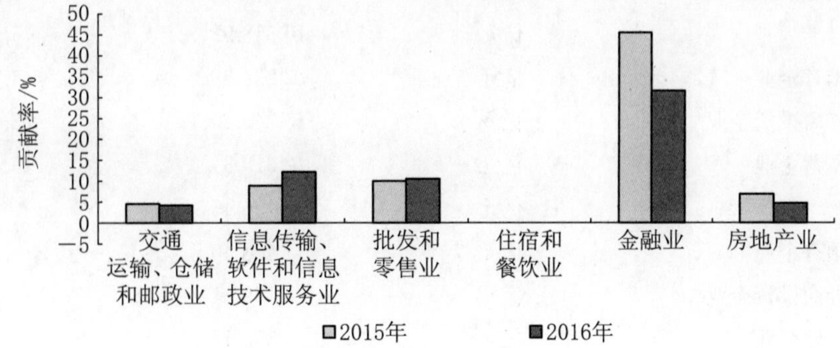

附图 2　第三产业增加值对经济增长贡献率

附表 3　2016 年旅游产业增加值

指标名称	单位	2016 年增加值	比上年增长率/%
旅游产业增加值	亿元	1 689.70	6.9
♯旅行住宿	亿元	205.50	4.1
旅游运输	亿元	215.17	5.1
旅游商业	亿元	539.74	6.2
景区游览	亿元	175.70	10.6
旅游产业增加值占 GDP 比重	%	6.0	

附表 4　2016 年信息产业增加值

指标名称	单位	2016 年增加值	比上年增长率/%
信息产业增加值	亿元	2 994.33	8.5
#信息产品制造业	亿元	866.73	1.4
信息产品销售业	亿元	163.81	6.2
信息服务业	亿元	1 963.79	11.9
信息产业增加值占 GDP 比重	%	10.6	

附表 5　2016 年上海进出口情况

指标名称	单位	2016 年	比上年增长率/%
上海关区货物进出口总额	亿元	52 334.85	3.3
进　口	亿元	20 683.76	5.1
出　口	亿元	31 651.09	2.1
上海市货物进出口总额	亿元	28 664.37	2.7
进　口	亿元	16 558.92	5.2
#国有企业	亿元	3 024.38	6.7
外商投资企业	亿元	10 749.20	2.0
私营企业	亿元	2 618.84	16.1
出 口	亿元	12 105.45	−0.5
#国有企业	亿元	1 478.40	−6.3
外商投资企业	亿元	8 159.31	0.3
私营企业	亿元	2 355.17	0.9

附表 6　2016 年上海市外商直接投资情况

指标名称	单位	2016 年	比上年增长率/%
外商直接投资合同项目	个	5 153	−14.2
#第三产业	个	5 058	−14.5
#批发和零售业	个	2 181	−18.8
外商直接投资合同金额	亿美元	509.78	−13.5
#第三产业	亿美元	473.72	−13.1
#批发和零售业	亿美元	94.70	22.6
外商直接投资实际到位金额	亿美元	185.14	0.3
#第三产业	亿美元	163.35	2.5
#批发和零售业	亿美元	20.34	−23.5

附表 7　上海市社会消费品零售总额

指　标　名　称	2016 年/亿元
社会消费品零售总额	10 946.57
1. 按商品类别分	
吃	2 399.22
穿	1 776.87
用	6 205.12
烧	565.36
2. 按行业分	
批发和零售	9 874.15
住宿和餐饮	1 072.42

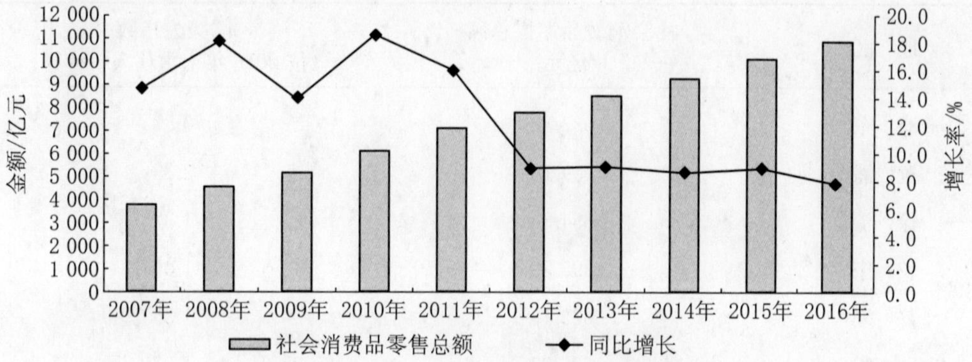

附图 3　上海市社会消费品零售总额及增长

附表 8　上海市社会消费品零售总额的用途结构

年　份	占比/%			
	吃	穿	用	烧
1990	42.6	15.7	41.1	0.6
1995	38.8	14.6	45.9	0.7
2000	39.8	13.3	46.0	0.8
2005	34.5	11.3	52.5	1.8
2010	25.9	13.6	51.9	8.6
2011	24.8	13.0	53.3	8.9
2012	23.5	13.5	54.4	8.6
2013	22.9	13.4	55.5	8.1
2014	22.2	14.1	56.0	7.7
2015	22.2	15.1	56.9	5.7
2016	20.6	14.3	59.6	5.4

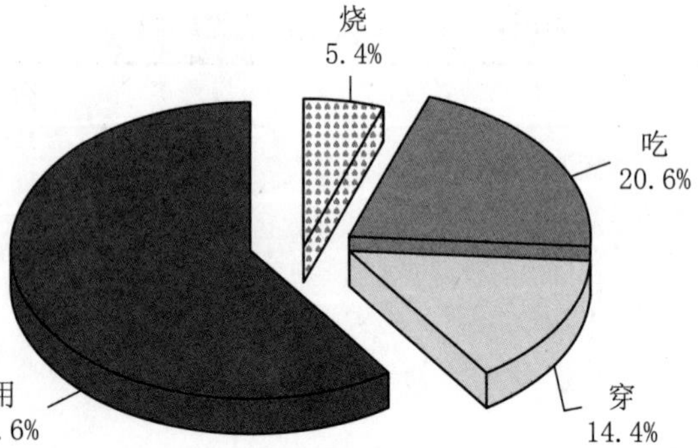

附图 4 2016 年上海市社会消费品零售总额的用途结构

附表 9 2016 年各区社会消费品零售总额及吸引购买力指数

地 区	社会消费品零售总额/亿元	购买力指数（按 2016 年末常住人口计算）
浦 东	2 037.33	0.87
黄 浦	799.18	2.85
徐 汇	634.86	1.37
长 宁	295.35	1.00
静 安	623.16	1.36
普 陀	585.23	1.07
虹 口	296.67	0.86
杨 浦	468.58	0.84
闵 行	892.41	0.82
宝 山	642.54	0.74
嘉 定	989.49	1.46
金 山	413.98	1.20
松 江	538.47	0.71
青 浦	538.73	1.04
奉 贤	490.31	0.98
崇 明	107.22	0.36
平 均	647.09	1.00

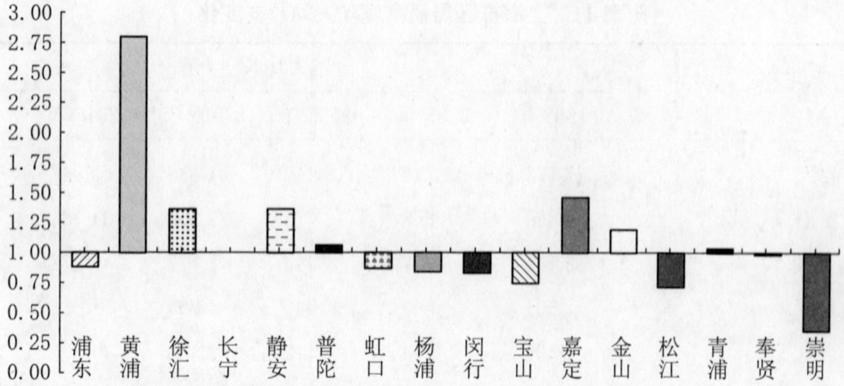

附图 5 2016 年各区购买力指数(按 2016 年末常住人口计算)

附表 10 2016 年上海居民消费价格指数

类　　别	价格指数(以上年为 100)
居民消费价格指数	103.2
#服务项目价格指数	104.5
食品烟酒	103.7
衣着	100.8
居住	105.1
生活用品及服务	101.2
交通及通信	97.0
教育文化和娱乐	102.7
医疗保健	109.0
其他用品和服务	103.3

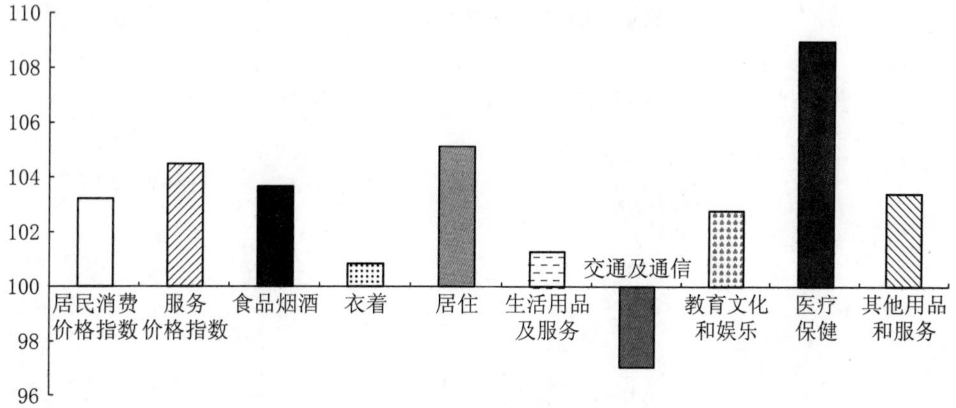

附图 6 居民消费价格指数

附表 11　上海市区居民家庭年人均收支变化

项　　目	年人均收支/元					
	1995 年	2000 年	2005 年	2010 年	2015 年	2016 年
可支配收入	7 172	11 718	18 645	31 838	49 867	54 305
消费性支出	5 868	8 868	13 773	23 200	34 784	37 458
1. 食品烟酒	3 131	3 947	4 940	7 777	9 272	9 564
2. 衣着	561	567	940	1 794	1 623	1 734
3. 居住	401	794	1 412	2 166	11 308	12 264
4. 生活用品及服务	637	683	800	1 800	1 485	1 755
5. 交通和通信	321	759	1 984	4 076	4 206	4 228
6. 教育文化和娱乐	508	1 287	2 273	3 363	3 718	4 174
7. 医疗保健	113	501	797	1 006	2 268	2 721
8. 其他用品和服务	196	330	627	1 218	904	1 018
消费倾向/%	81.8	75.7	73.9	72.9	69.8	69.0

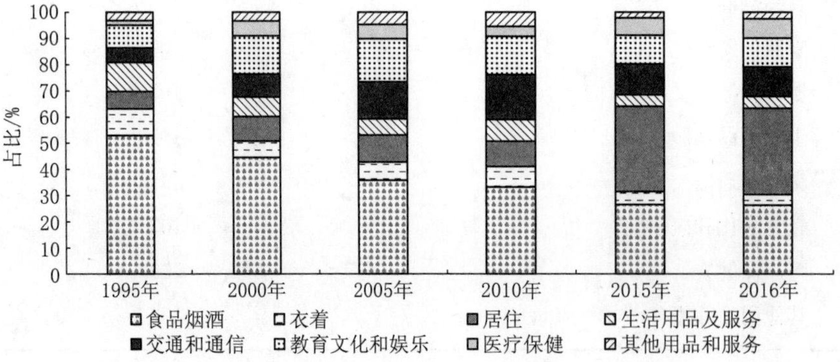

附图 7　上海市区居民家庭消费支出构成